사례로 길 알잖아 3

좋다 해보이 이어 3주차 사례관리단에 포낸다.

▷

종결보고
테약근
사상시
명성시
아산시
평가도
밀비시
활성시
야상시
사동시
언제평가시
평가도
진도시
언제평가시
장흔근

사례공건 싱징톳어 3

훌릭 테인어 인이 강화 활용좌딤데이터 끝러다

조판인쇄 2025년 10월 13일
조판발행 2025년 10월 20일

글_조윤정
펴낸이_이영자
펴낸처_도서출판 현자

신고_제1994-000196호 (1994. 12. 26)
주소_서울시 중구 수표로 50-1(을지로3가, 4층)
전화_(02) 2278-4239
팩스_(02) 2278-4286
E-mail_001hyunja@hanmail.net

값 20,000원

2025 ⓒ 조윤정 Printed in KOREA
무단으로 내용의 일부를 인용하거나 복사, 발췌를 금합니다.

ISBN 979-11-24054-00-0 03980

사해동포 상징동아3

옷터 테이어 이이 고향 관측진맙대에서 풀니다

조병용

도서출판 정사

목차

종주코스 태백산군

■ 71코스. 들입목재-가지산동해재/ 21.2km …14
다시 영남을 해남삼수정으로/ 태양 받으러 체백산 가자/ 정동사람 가자/ 등불해수욕장 경·일
행길의 갓길가/ 송촌에 상 호절 묘 장롱 곧 꼭 피해시가 등산에 지나며 가지나무공원주차장

■ 72코스. 가지나무공원-안대봉/ 8.3km …25
장령에 리 곳곳마다 태양 장엄이 여실/ 송용가기 지정이/ 수인들로 등대가 등을 밝힌

가기지, 안대봉', 그리고 언덕매봉

■ 73코스. 안대봉-두지재수양정장/ 11.7km …37
안개 송용기 영장/ 다시 사방산등을 휘돌아가진다

■ 74코스. 두지재수양정장-왕산리나들터/ 16.3km …45
인정이 또 한 번 가동을 자세고/ 송용기 4도시/ 왕산리나들터

■ 75코스. 왕산리나들터-고도황/ 21.4km …53
나르탈린 떠는/ 송용기 5도시/ 충주사/ 삼진리 생태공원으로 가는 길

종주코스 사사시

■ 76코스. 고도황-팽동초등학교/ 12.9km …64
고도양에서 가리고 엉 큰 피로도/ 가도 범마리/ 병미리길 공공이 궁근 엄숙한

■ 77코스. 팽동초등학교-도용3리동회정/ 12.3km …70
팽동산 지역 이에 팽동초등학교/ 나가는 어사가 배기/ 정지도 대장장이 마등 도장림

■ 78코스. 도용3리동회정-대산바스정이팀/ 13km …77
도장이에 대도읍 / 사장 공동사/ 충부실 공약이 전 농도/ 마등이 공자역에 마가

충청남도 당진시

■ 79코스. 대난지섬-아미미술관입구대사 / 11.9km …89
사선 9경 삼길포항 풍경 / 삼길포항 방파제에 몰래 온 바다 / 김대건 신부와 솔뫼성지 포구

충청남도 당진시

■ 80코스. 아미미술관입구대사-정효옹주합장묘 / 17.6km …100
드라마에서 유치원 놀이터로 변신한 백제불교전래사은공원 / 햇고구마 먹고 / 해 피고
해 지듯 애태우듯 / 노가이들 / 양지서 밭풀 뽑으시네

■ 81코스. 정효옹주합장묘-유숙고가지묘 / 21.9km …112
음운공주가 있는 세운공주, 나, 너랑 얘기 좀 하고 싶다

■ 82코스. 유숙고가지묘-복운가나몽돌 / 14.7km …117
신흥기념관 평강사 / 종아웅 마을숲

■ 83코스. 복운가나몽돌-인주공단고지입 / 15.1km …123
음난양보 / 해안둘레길 즐기기 / 서해대교를 바라보며 / 삽교방조공제를 건너 당진에서 아산으로

충청남도 아산시

■ 84코스. 인주공단고지입-모운하둥콩힘플장 / 18.3km …136
순례길들의 상충 삽교호광창장·행당호장·행장·기장세 여사 / 시설 타행이 양지에 반가운 다리긴들의 정곽 아산호
이삿쿠김바조옥체해 설군개정

목 차

경기도 평택시

■ 85코스 ─ 느왕이둘레길공원장 ─ 평택항/ 23.9km …150
자전거길과 경기 남부권 평택기 마산진이 아크, 평택호 예술공원이 풍경/ 근대역사
유산의 도시, 지영점 조이읍/ 신영리 마을의 유래/ 팽성 8경 평택항

■ 86코스 ─ 평택항 ─ 이원리시내버스정류장/ 14.1km …170
해양 인상의 속으로, 실효대사 배종등이 오도항기, 수도사, 원정 8경 당원호

경기도 화성시

■ 87코스 ─ 이원리시내버스정류장 ─ 궁평항시내버스정류장/ 18.8km …178
평화로운 마음 매향리, 매향리 평화생태공원/ 화성방조제/ 궁평낙조로 유명한 궁평항

■ 88코스 ─ 궁평항시내버스정류장 ─ 전곡항/ 18.3km …188
화성의 생태드라이브 요지, 황성 쿠거지공원장/ 우음도, 배미길 그리고 베이미꽃제
원미술, 공성항에 에일, 제부도, 전곡항

경기도 안산시

■ 89코스 ─ 전곡항 ─ 탄도방조제입구/ 19.1km …206
만과 드는 대부해솔길이 있어요, 동주방조제, 살상자전거길 및 엑시, 살상갈매기원시
림, 무엇이든지 되는 상상대공원/ 대부당해마/ 팅정동등/ 탄도항

■ 90코스 ─ 탄도방조제입구 ─ 대부남동입구/ 15.7km …221

고양누리길 중 지도로3연 / 경기둘레길을 걷는 이들 이중에일 고르고 / 옹공 이중예월 마을 /
송전저수지장

■ 91코스_바다나리터 입구-대부도 방아머리대교 / 15.3km …232
원시두리기 상동 펜션 /마동 / 구봉도 둘길 /종현동·이중체원 중앙자원등

경기도 지흥시

■ 92코스_대부도 방아머리-해수천원광 / 16.7km …244
자른 않이 된 시화호 / 시흥스마트허브공언에 들린 유진장 도고 / 오이드 배곤등데
예초 오고기 / 시흥 배곤공룡운공원 해수천원광 모고

■ 93코스_해수천원광-부웅폭제입구 / 11.9km …255
배곤생명공언 / 월곡포구 / 소래포구생태공언 상징듬 / 소래포구아람생태공언 / 인천광역시

부웅폭제 장곡 이지고

인진광역시

■ 94코스_부웅폭제입구-시흥역 3번 출구 / 12.8km …270
인천에는 인접주주지가 있어 있요, 수집 덧이 틀 해변으로, 노폼해고공원 예사서
미와 휘구표의 잠월 사당 일인게

■ 95코스_시흥역 3번 출구-자장공원 입구 / 17.4km …279
암주둘게 마른 만주공원으로, 인접시에서 기주동의 예사들 / 송월동 동화마을 / 인점 차
이나운 / 인접 근대역사자료공 / 시가예 / 인접대구 동재대정원이 되고

경기도 남시

■ 96코스 _ 자유공원 입구-대우하나아파트 버스정류장/ 14.4km ··· 296
최초의 인천항/ 인천 자유공원을 지나며/ 조계지역인 중구청을 걸으며/ 인천 상륙작전 6.25
참전 기념관/ 배다리 헌책방 골목/ 인천 3.1운동 발상지/ 인천도호부에서 미추홀구까지 원통이고개를 넘고

■ 97코스 _ 대우하나아파트 버스정류장-장명이 / 15.1km ··· 313
장명한 명품 피고가 되어서/ 계양산 둘레길로/ 바람들이에서 계양산성 이야기를 듣고/
정자산에서 산행을 마치고

■ 98코스 _ 장명이-가현산 입구/ 11.9km ··· 320
동양에서 원예박사님이 있는 진달래동산이 가현산으로

경기도 평사 김포시

■ 99코스 _ 가현산 입구-대명포구/ 13.5km ··· 328
누가에 대명항/ 강화도로길/ 김포환경생태공원/ 만수재말들녁과 누콩이 있고/ 술이 사는
과 수인선을 업고

인천광역시 강화군

■ 100코스 _ 대명포구-곳배마을정류장/ 16.5km ··· 340
고 양나루를 건너 강화도로/ 조지진과 돌고개나루에서/ 가가호고 길을 더 걷지 없어요/ 함 밭지 어
고/ 여차리 고립 진음 사이에서/ 이마지 끝도 보려고/ 마을길을 지나 끝까지

■ 읽러가기

1. 가급적 한양도성 사대문정길의 답사 표지와 동일하다. 강원도 답사로는 별도지정, 해파랑길은 파란색으로 표시하였다.
2. 책의 복사는 사해달라고 고로 많은 손으로 나아왔었다.
3. 모든 사진은 필자가 직접 촬영한 것이다.

* 후기_ 사해달라길을 완료하고 …390

■ 인증 및 완고공원 …394

■ 101코스_ 고을빠시장품장-의포동/ 13.6km …361
웅을王陵 가는 길/ 경나루의 포/ 김녕진/ 경화현광진성의 치친/ 가침현장용이 체험/ 의포현이 진동개의 등장
들풍이 있는 이유

■ 102코스_ 의포동-장호동/ 10.4km …372
돈마블 앞나는 예원/ 정호동의 추억

■ 103코스_ 장호동-강화대교장일대/ 13km …380
산림에 조성된 생태탐벙 벗이시/ 강화대로일대/ 벽화장일대가 보이주는 장말

종주넘드 사해대길

태안군

71코스_ 학암포해변-꾸지나무골해변 / 21.2km
72코스_ 꾸지나무골해변-만대항 / 8.3km
73코스_ 만대항-누리재싸강변 / 11.7km
74코스_ 누리재싸강변-청산나룻터 / 16.3km
75코스_ 청산나룻터-구포항 / 21.4km

서산시

76코스_ 구포항-팔봉초등학교 / 12.9km
77코스_ 팔봉초등학교-도상3리마을회관 / 12.3km
78코스_ 도상3리마을회관-대산버스터미널 / 13km
79코스_ 대산버스터미널-아매미길잠원안내소 / 11.9km

당진시

80코스_ 아매미길잠원안내소-장고항2리잠플 / 17.6km
81코스_ 장고항2리잠플-유숙1교차로 / 21.9km
82코스_ 유숙2교차로-북목기나욱동 / 14.7km
83코스_ 북목기나욱동-인주국군교차로 / 15.1km

아산시

84코스_ 인주국군교차로-노양아동둔치농장 / 18.3km

충청남도 태안군

71코스 —
72코스 —
73코스 —
74코스 —
75코스 —

화암포해변

서해랑길 71코스 태안군

학암포해변- 방갈리버스정류장- 이원방조제- 음포해수욕장- 꾸지나무골해변 / 21.2km

다시 학암포 해수욕장으로

까미노 블루Camino Blue를 아시나요?

산티아고 순례 후 산티아고를 잊지 못하고 산티아고에 계속 머물러 있는 마음을 말한다. 그렇기 때문인지 순례길은 유독 다시 찾는 이들이 많다. 같은 길을 다시 걸어도 순례길이 주는 감동은 언제나 변함없기 때문이다.

태안반도 해변 길도 마찬가지다. 서해랑길 70코스를 끝마쳤을 때다. 손 한번 뻗으면 닿을 것 같은 바다가 내 마음에서 떠나지 않는다. 파란 바다, 아름다운 해변과 작열하는 태양, 풍부한 해산물 요리. 태안반도는 달콤한 인생을 즐길 수 있는 바다다. 그런 태안의 해변이 그립다.

그런데 해변이 마냥 그리운 계절이 다시 찾아왔다. 봄은 이미 끝나고 여름 더위가 살짝살짝 밀려오기 시작하는 6월이다. 70코스에서 끝난 학암포 해변을 다시 찾았다. 71코스를 기대하며.

역시나 '노을명소 학암포' 방파제의 타일벽화가 먼저 반긴다. 손에 잡힐 듯 가깝게 보이는 섬들, 넓은 백사장과 바위들, 그리고 갯벌이 어울린 학암포 해수욕장의 아름다움이 더욱 생생하게 느껴진다.

학암포구는 그 옛날 분점포구盆店浦口였다. 과거 중국과 교역하던 무역항으로 질그릇항아리을 많이 수출한데서 분점盆店이라 부르게 된 포구다. 그러나 1968년 해수욕장이 개장되면서 주변 지형에서 학 모양 바위 이름을 딴

'학암포'란 지명으로 바뀌었다.

'Hakampo' 알파벳이 학암포 해수욕장의 분위기를 업^{up} 시킨다. 아버지와 어린 아들이 바다를 해바라기하는 모습 또한 아름다운 해변의 풍경 하나를 더 한다. 너른 바다를 바라보며 창창한 미래를 함께 꿈꾸는 그들을 보며, 그래! 가족해수욕장으로 손색없는 학암포 해수욕장이지. 그들의 꿈이 실현되는 날, 추억이 되는 해변이 되고.

해변을 벗어나면 곧바로 임도로 이어진다. 태안화력 서부발전소를 지난다. 발전기 소리가 대단하다. 그래도 숲이 소리를 조금은 덮어주기 때문인가, 그런대로 발길이 가볍다.

갈말을 지나고, 방갈2리 마을쉼터 버스정류장을 지나고, 이원방조제를 따라 몸을 맡긴다. 긴 이원방조제에 쭉 이어진 '희망벽화', 색이 희미해진 벽화가 역사처럼 어른거린다. 드론이 있다면 하늘로 날려 찍어보고 싶지만. 다가갈 수도 없는 거리감 때문에 그냥 지나칠 수밖에 없어 안타까움만 남기고 앞으로 전진, 관리1리 버스정류장에서는 그래도 잠시 쉬었다. 지나가던 자동차가 태워주려고 하는지 뒤로 다가오더니 그냥 떠나 버린다. 탈 생각이 없는 나를 읽었을까?

태안 볏가리 체험마을

'볏가리마을 0.8km' 서해랑길 안내판이 곧 볏가리마을에 이르렀다는 신호를 보낸다. 충청남도 태안군 이원면 볏가리길[62].

다양한 전통체험을 즐길 수 있는 볏가리 마을에 오신 것을 환영합니다. 볏가리마을에는 따스한 햇살, 풋풋한 풀과 흙 내음, 온몸을 휘감고 도는 시원한 바닷바람, 할아버지 농부의 환한 웃음이 있습니다.

볏가리체험마을 소개 글이 정겹다. 마을의 전통체험이라니, 즐길만한 체험이지 않은가! 원래 볏가리는 볏짚을 묶은 볏가리에 제사를 지내는 풍습으로 선통을 지키는 마을이기 때문에 '볏가리마을'이라 했다. 지금도 추수가 끝난 뒤 논에 볏가리를 세우는 풍속이 남아 있어 '볏가리마을'로 불리게 됐다(두루누비).

볏가리마을의 전통이란, 볏가릿대 세우기를 말한다. 한해 농사의 풍년을 기리기 위해 음력 1월 14일 주민들이 모두 모여 논·밭둑에 쥐불을 놓으며 소나무를 세 방향으로 동아줄을 매어 세운 볏가릿대에 창호지로 오곡을 싸서 매달아 음력 2월 1일 머슴의 날에 풀어 싹이 트인 정도에 따라 그해 농사의 풍/흉을 짐작했던 고유의 민족행사다(볏가리마을). 음력 정월 열나흘부터 2월 초하루까지 행해지며 그해 다작과 풍년을 기원하는 민속놀이다.

그리고 '희망 솟대세우기'도 한다. 나무로 깎은 오리에 소원을 적어 소나무 장대에 꽂아 바닷가에 쭉 세워두면 소원이 이루어진다는 믿음에서 시작된 마을의 전통이다.

서해바다와 가로림만 사이에 길게 뻗은 이원반도에 자리 잡은 볏가리마을은 우리나라에서 가장 유명한 농·어촌체험마을 중 하나로 꼽힌다. 언뜻 보면 들녘이 많아서 농사에만 의존하는 듯하지만, 그에 못지않게 어업도 활발한 반농반어의 바닷가 마을이기 때문이다. 이처럼 농·어촌의 풍속과 풍경을 모두 지닌 덕택에 농촌체험, 놀이체험, 그리고 갯벌체험이 동시에 가능하다. 주민들의 친절한 도움 속에서 마을 앞 갯벌에서는 '쏙'집이 갯기재 잡이, '굴'잡이, '미꾸라지'잡이 체험이 가능하다.

꾸물거리는 농게, 진흙에서 허우적거리는 가재, 물새, 물고기, 새우, 굴, 땅에도 물에도 살아 있는 것들이 겹겹이 쌓여 꿈틀거렸다. 좀 휘젓고 체험하면 한 끼 거리를 찾을만한 곳이다.

마을 서쪽의 바닷가 절벽엔 구멍바위가 있는데, 이 구멍바위를 통과하면서 소원을 빌면 이뤄진다는 전설이 있어서 옛날부터 아들 낳기를 바라는 아낙네의 발길이 잦았다고 한다. 또한 이 구멍바위로 바라보는 일몰 광경이 인상적이란다.

전통시장 구경

태안반도 걷기 첫날, 아직 한 여름은 아니지만 더운 날씨로 20km가 넘는 거리는 만만치 않았다. 다음 날을 위해 음포길에서 마무리하였다.

마침 오늘이 '태안 5일장 개장식'. 전통시장의 맥을 잇고자 새로이 출발한 5일장 행사다. 서부시장으로 방향을 틀었다. 오후지만 장터를 돌아보는데 전통을 이을 만한 특별한 물건은 거의 보이지 않았다. 이래서야 전통시장의 맥이 이어질까, 걱정이 앞선다.

유명 가수는 아니지만 음악에 맞춰 신나게 노는 사람들 구경에 내가 더 신명 났다. 사람들이 점차 많아지는 바람에 해산물 야외구이 장터에 자리를 차지하고 앉았다. 농협마트로 장을 보러 간 팀이 늦게 오길 기다리며 눈길은 무대에 꽂혔다.

태안에는 동부시장과 서부시장이 있다.

동문3리에 위치한 동부시장은 1919년 처음 문을 열어서 100년이 넘은 전통시장이다. 보통 전통시장은 5일장 형태인데 동부시장은 상시 운영된다. 대신 장날에는 토요시장과 야외구이, 시골장터를 추가로 운영하고 있다(태안군). 태안은 야외구이가 대세다.

서부시장은 1970년경 버스터미널을 중심으로 형성되기 시작하였으며, 2012년 시설현대화 사업으로 현대적인 모습을 갖춘 상설 재래시장이다. 대표 명물로 태안의 향토 음식인 우럭젓국과 말린 우럭, 일명 쏙이라 불리는 뻥설게 등이 있다.

1박 2일이나 2박 3일 여정으로 걸을 때면 주로 서부시장을 중심으로 숙소를 잡고 서부시장으로 가서 저녁을 챙기는 것으로 마무리했다. 소머리국밥집이 맛도 좋고 가성비가 높아 단골이 되었다.

음포해수욕장 청·일해전의 격전지

오전 7시 이른 아침. 음포길에서 이어지는 음포해수욕장에 이르렀다. 바다를 삼켜버린 안개 때문에 운치 있는 희미한 바다를 바라보며 잠깐이지만 명상에 잠겨 나만의 시간을 가져본다.

음포해수욕장의 음포는 '숨은 개'라는 한자 말이다. 숨을 은隱자와 개포浦를 써서 은포隱浦라고 하는데 오랜 기간이 지나오면서 변음되어 음포로 불려 오고 있다.

구한말 청·일전쟁 당시1894년 내리 앞 경기도 풍도 방향 해전에서 청국 함정 제원호가 패하여 도주하다가 숨은 개 앞바다에서 침몰되고 청군들이 이곳으로 숨어들어 군막을 치고 숨어 있다가 돌아갔다고 하여 '숨은 개'라고 전해지기도 한다.

이젠 음포해수욕장으로 더 유명하지만, 숨은 개는 여러 설이 전해지는 유서 깊은 역사지이다. 음포해수욕장 앞 바다가 청·일해전의 격전지였음을 사적비事跡碑가 그 역사를 낱낱이 말해주고 있다.

청·일해전은 갑신정변 이후 청·일 간의 조선지배권 다툼이 심화되어 오던 중 1894년 동학혁명을 계기로 청·일해전이 발발하였고 동년 7월 25일 제1유격대 사령관 쓰보이平井航彡소장이 3척의 순양함 요시노, 나니와, 아끼스시마를 지휘하여 내리內里와 豊島풍도 간 앞바다에서 청국선 제원호, 광을호 2척을 발견하고 양측은 오전 7시 25분부터 서로 포격전에 들어갔으나 전투력에서 열세한 청군 함정 2척이 외해로 도주하였다. 때마침 청군 약 1,100명이 승선한 영국 상선 고승호와 호위함 조강호操江號가 지나가는 것을 보고 접근하자 조강操江은 백기게양 전의를 상실하였고 고승호를 격침시키고 영국선원을 구조하였고 조강을 나포하였다. 이 제원호는 포격을 당한 채 피하다가 '숨은 개' 앞 약 300m 전방 해상에서 침몰되고 청군들이 이곳 '숨은 개'로 숨어 들어와 안화영 씨 댁 근방에 군막을 설치 주둔하였다가 약 2-3개월 후에 돌아갔다고 전해진다. 이로 인하여 이곳 주민들은 피해를 당하였기 때문에 군막터를 놈터, 약 50m 전방 식수샘을 놈샘, 북방 능선 넘어 피구지 해안 사구림沙丘林에 수십 구의 청군 시체를 한 구덩이에 이몰 매몰한 곳을 떼놈총塚이라고 한다.

여기서 피구지는 이곳 북방 능선 넘어 해안지대로서 지리상 서해 인천항로를 사이에 두고 덕적군과 선갑도先甲島가 마주하고 있는 곳을 말한다.

피구지에서 있었던 또 다른 이야기, 6·25 한국전쟁 때의 사건이 전해진다.

인천 상륙작전을 계획하면서 미 해병대가 선갑도에 임시 주둔하고 정비 함정이 정박하면서 순항巡航하였다. 인민군 점령 하에 있던 이원면에서는 인민군이 후망봉에 포대를 설치하고 서해 연안에 피구지부터 만대까지 방호로防護路를 설치하면서 주민을 동원하여 야간으로 굴착작업을 하였다. 그러나 동년 9월 22일 아침 주간작업으로 피구지 일대에 백여 명의 주민을 동원, 배치시켜 1인당 20m씩 규격대로 방호로를 설치, 작업을 실시하였다. 그런데 주민들이 대개 흰옷을 입고 있어 수km의 인간 띠를 이루었다. 순항하던 경비함 2척이 근접, 함포사격을 10분 간 함으로써 작업은 중단되었다. 인부 피해는 없었고 인민군 사상자가 있었다고 하나 확인된 바 없다. 다음 날 아군의 폭격으로 포진지가 파괴된 전적지이며, 현재도 그 흔적이 남아 있다.

또한 1968년 1월 21일에는 북한 무장공비가 침투하는 사건이 발생하였다. 이후 아군의 해안경비소가 주둔한 곳이기도 하다.

숲속엔 성 요한 보스코의 동상이

음포해수욕장에서 곧바로 언덕을 올라가면서 오솔길을 걷는다. 태안의 절경 솔향기길이다.

이른 아침, 풀잎에 맺힌 이슬이 걸을 때마다 바지 밑단으로 스며든다. 시원하고 상쾌한 이 기분, 느낌이 좋다. 이상야릇하기도 하고. 그런데 무릎까지 다 젖어버렸을 때에는 이슬이 내 몸을 휘감아버리는 듯하다. 하여튼 기분도 좋고 길도 운치 있고, 길에서 보이는 해변의 풍경도 더할 나위 없이 아름답고. 이런 자연에서 자유로움을 만끽하며 오랜만에 에너지를 충전한다.

이 아름다운 해변이 살레시오공원, 살레시오해변이라고 적혀 있다. 해변의 이름이 특별하다고 생각했는데, '사유지로 함부로 들어갈 수 없다'는 메시지가 눈길을 끈다. 숲속에는 동화 속에서나 나올듯한 하얀 건물 '살레시오 피정센터'가 우뚝 서 있고. 청소년의 아버지 살레시오회 창립자 성 요한 보스코[1815-1888]의 동상이 있다. 이탈리아 영화 〈돈 보스코Don Bosco〉가 얼른 연관되었다. 청소년들을 위해서 헌신한 돈 보스코[1815-1888]신부의 생애가 잔잔한 울림으로 전해온다.

이탈리아 투리노 근교의 시골 마을 베키에서 태어난 요한 보스코는 일찍이 두 살 때 아버지를 여의고 가난한 홀어머니 말가리다 오키에나의 보살핌을 받으며 다른 두 형제들과 함께 힘든 유년기를 보낸다. 요한 보스코가 아홉 살 때 꿈을 꿨는데 그 꿈은 그의 일생을 게시해 주는 것으로 유명하다. 그 꿈을 계기로 요한 보스코는 사제성소에 대한 열망을 갖게 되지만, 가난한 과부의 아들로서 공부를 할 수 있는 여건이 마련되지 않아

남의 집 머슴살이, 상점의 점원 또는 직공 등을 하면서 신부가 되는데 필요한 공부의 길을 찾는다.

남들보다 늦게 공부한 탓에 그는 26세가 되던 1814년 토리노교구의 사제로 서품된다. 사제가 된 보스코 신부가 가장 먼저 한 일은 소년원에 수감되어 있는 소년 죄수들을 찾아보는 것이었다(이태석).

당시 이탈리아 사회는 공업화가 한창 진행되고 있었으며 시골에서 일자리를 찾아 도시로 몰려드는 청소년들로 인해 많은 혼란이 있었다. 도시에 안정적인 거처를 마련하지 못한 시골 출신의 젊은이들은 쉽게 범죄에 빠져들었고 교도소는 항상 넘쳐나고 있었다.

보스코 신부는 버림받는 청소년들이 그들을 돌보아주고 곁에 있어주고 정직한 주인 밑에서 일할 수 있도록 여건을 마련해주면, 정직한 시민과 착한 그리스도인으로 거듭나게 된다는 것을 체험으로 간파했다. 보살펴주는 이가 아무도 없는 소년들을 위하여 '오라토리오'라는 기숙사를 세워 의식주를 마련해주고 일자리를 얻는데 필요한 기술과 공부를 가르쳐주는 일을 시작하였다. 그의 보살핌을 받는 소년들의 숫자가 점점 늘어나자 보스코 신부는 많은 평신도들을 영입하여 자신의 일을 돕게 하였다. 특히 보살핌을 받고 있는 소년들 가운데서 보다 성숙한 젊은이들이 보스코 신부를 적극적으로 도왔으며 이들을 주축으로 하여 수도회를 창설하기에 이른다.

초창기 오라토리오에는 600명이 넘는 소년들이 제각기 자신이 보스코 신부의 각별한 사랑을 받고 있다는 것을 절실히 느끼고 있었다. 이와 같이 느껴지는 각별한 사랑의 친밀감으로 인하여 소년들은 보스코 신부를 '돈 보스코'라 부르면서 자신의 삶을 의지했다. 이들을 중심으로 1859년 살레시오 수도회가 탄생되었고 마침내 1869년 교황청의 정식 승인을 받았다.

살레시오 수도회에 이어 '살레시오 수녀회'와 평신도 단체인 '살레시오 협력자회'를 창설하여 남녀 청소년들을 위한 교육 사도직의 기틀을 확고히 다졌다. 특히 가난한 청소년들을 위해 학교, 기숙사, 기술학교, 주일학교, 야간학교 등 다양한 교육 기회를 제공하였다. 보스코 신부는 19세기의 가장 훌륭한 교육자이며, 동시에 2천 권이 넘는 책을 집필한 경이로운 작가이고, 사회 변혁의 순간에 교회를 적극적으로 옹호한 호교론자護教論者이며, 청소년 교육이라는 새로운 영성을 교회 안에 심은 대영성가이기도 하다.

1934년 부활절, 교황 비오 11세에 의해 성인으로 반포되어 '청소년들의 아버지요 스승'이라는 칭호를 받는다.

청소년은 젊다는 이유 하나만으로 사랑받기에 충분합니다.
아이들을 사랑하는 것만으로는 부족합니다. 그들이 사랑받고 있음을 알도록 사랑하십시오.

그의 유명한 말이다.

한국에는 이태석1962-2010 신부가 톤즈Tonj의 돈 보스코로 알려져 있다. 영화 〈울지마 톤즈〉는 남수단 톤즈에서 2001년 12월부터 2008년 11월까지 봉사활동을 펼친, 한 사람의 헌신이 기적을 만든 이태석 신부의 이야기다. 문화적으로 눈물을 흘리는 것을 수치스럽게 여기는 딩카족의 아이들이 이태석 신부의 죽음 앞에서 눈물을 흘리는 장면이 〈울지마 톤즈〉라는 제목으로 유래되었다.

『친구가 되어 주실래요?』와 이태석 신부의 강론 모음집 『당신의 이름은 사랑』을 읽으면 톤즈에서 신부로서의 생활이 잔잔히 전해온다. 아이들에게 공부를 가르치고 음악을 가르치고 옷을 입히고 마음을 읽고 사랑을 나누고 희망을 심어주고. 사랑을 가르치는 거룩한 학교, 그리고 환자 진료.

　의사로서의 삶을 포기하고 돌연 사제의 삶을 살기로 결심한 이태석 신부. 1991년 살레시오회에 입회하고 1994년 첫 서원을 한다. 1997년 1월 로마 교황청 살레시오 대학교 유학 후 2000년 4월 살레시오회 종신 서원을 통해 살레시오인으로, 2001년 12월 남 수단 톤즈에 부임하였다.

사목해변 지나면 꾸지나무골해수욕장

　내리1리 마을회관을 지나고, 사목종합관리사무소를 지난다.

　이곳에는 이원반도 내에서 가족 단위로 찾아가기 좋은 해수욕장이 많다. 모래밭의 길이가 1km에 달하며 폭은 100m 정도가 되는 내리1구의 사목해수욕장이다. 대로변에서 700m 가량 서쪽 바다로 들어가면 해변이 나타난다. 솔숲 동산이 해변 가운데 있고, 그 양편으로 백사장이 뻗어 있다. 화려하진 않아도 인파에 시달리지 않고 조용히 해변 정경을 즐기고 싶은 이들에게 어울리는 곳이다.

　사목이라는 이름은, 이곳 지형이 모래가 많은 곳이어서 뭍의 폭이 좁아 한자어로는 '사항沙港'이라고 지어졌는데 주민들이 사목이라고 부르고 있다. 군부대가 철수하면서 해안이 일반에게 개방되었는데, 이곳은 솔숲이 워낙 좋아 텐트를 안 쳐도 시원하기로 유명하다.

　곧이어 꾸지나무골해수욕장이다. 꾸지나무골해수욕장과 사목해수욕장이 사이좋게 이어져 있다. 71코스의 종착지 72코스의 시작지이다. 사람들이 많다. 텐트도 많고. 하여튼 이름 있는 해수욕장과 해변은 모두 사람들로 만원이다.

　꾸지나무골해수욕장은 꾸지나무가 많았던 탓에 이 같은 지명이 생겨났다. 꾸지나무는 큰 가시가 달린 뽕나무과 수종으로, 가을에 오디처럼 빨간

열매가 달린다. 옛날 불을 때서 소금을 구워 만들 적에 죄다 땔감으로 써버려 지금에 와서는 꾸지나무가 많이 남아있지 않지만. 그래도 꾸지나무골이라고 불리고 있다.

생소한 이름만큼 일반인에겐 다소 낯선 곳이다. 하지만 자연 그대로의 모습을 간직하고 있는 해수욕장이다. 작고 아담한 백사장과 잘생긴 소나무가 방풍림처럼 빼곡하게 늘어선 백사장은 신비감마저 자아낸다.

꾸지나무골해변 또한 멋지다. 작은 백사장이 있는 해변으로 길이가 1km가 넘으며 폭도 50m에 달한다. 양쪽에 갯바위가 있어 바다낚시터로도 각광받는 곳이다. 놀래미 낚시를 즐기기에 안성맞춤이다. 모래사장 가운데 바위지대가 있어 해변 풍경이 심심하지 않다. 조용하고 아름다운 바다 풍경이 한번 간 사람들이 다시 찾는 그런 곳이다.

산재산을 옆으로 끼고 걷는다. 소나무 숲길이 그늘을 만들어 준다. 덕분에 서늘한 기운에 힘든 줄 모르고 유유히 시간감 없이 걸었다.

만대포구로 들어가기 직전 왼편 산등성이로 넘어가는 길이 하나 있다. 그 길을 따라가면 '작은 구매', '큰 구매'라는 아늑한 모래 해변을 만난다. '작은 구매'에서 바로 앞바다에 떠 있는 삼형제바위까지는 썰물 때는 걸어서 갈 수 있다. '큰 구매'는 물이 빠졌을 때 만대포구에서 접근이 가능하다.

드넓은 하늘과 끝이 보이지 않는 바다, 새 울음소리 가득한 세상으로 스르르 걸어 들어간다. 바다와 숲이 있는 곳. 마침내 껍데기를 깨고 나온 병아리처럼 서해랑길을 따라 탐험했다.

서해랑길 72코스 태안군
꾸지나무골해변- 용난굴- 여섬- 만대항 / 8.3km

천삼백 리 곳곳마다 태안 절경이

솔향기길 1코스 10.2km를 따라 가는 길이 서해랑길이다. 태안 솔향기길은 이원면 만대항에서 시작해 태안읍의 백화산에 이르는 총 51.4km, 다섯 개 코스의 해안 탐방길이다.

2007년 원유유출사건으로 전국에서 120만 명의 자원봉사자들이 오갔던 보은의 길이 솔향기길이다. 꾸지나무골해수욕장에서 만대항까지 약 3-4시간 정도 소요되는 길인데 두루누비 앱에는 72코스 난이도 '보통'이지만 산길이라 매우 힘들었다. 그 이유는 리아스식 해안으로 이어진 산길로 올라갔다가 해변으로 내려가는 오르막내리막이 교차되는 길이기 때문이다.

하지만 자연으로부터 사랑과 위로를 받았다. 우거진 녹음 속 숲길을 따라 새소리를 들으며 흘러가듯 유유히 걸어갈 때, 탁 트인 푸른 바다를 보며 가슴 가득 시원함을 만끽할 때, 숨이 차서 잠시 멈추어 서서 파란 하늘을 올려다보았을 때, 나도 모르게 "와- 좋다."라고. 마음이 한껏 열린다. 자연이 걸어오는 말도 들린다. "힘 내! 넌 걸을 수 있어!" 자연이 주는 메시지가 사실 내 안에서 울려 퍼지는 내면의 소리들이다. 자연과 진정한 벗이 된다.

어느 날 갑자기 본 적도 없는 풍경이 눈앞에 펼쳐지니 그동안의 일상 풍경과 비교해 놀랍고 신기하고 남다르다. 이런 풍광은 이곳 태안에서만 볼 수 있는 비경이 아닐까? 인적이 드문 유토피아 같은 곳?

바다와 접한 해변 다양한 돌이 다양한 모양으로 바다를 아우르고 있는 풍경 또한 특이하다. 자연이 만든 조각공원, 아름다운 해변, 그리고 삼형제 바위, 용난굴 등등. 아름다운 솔향기길 추천 코스다.

숲길을 내려가면 돌해변 '도투매기'다. 모래해변이 아닌 돌해변에서 보이는 바다는 무척 파랗다. 돌들과 대비되는 풍광이라 더 돋보이는 것이겠지. 다시 숲속 오솔길을 따라가다 보면 '작은 어리골'을 지나고, '뱃면'이라는 표시판이 보인다. 이곳엔 차돌박이, 와랑창, 독수리바위를 톺아볼 수 있다.

와랑창은 바위 틈새로 깊은 굴이 있는데 파도가 조금만 쳐도 와랑- 와랑- 소리가 요란하게 들려서 '와랑창'이라 불린다. 이는 세모꼴 모양의 수직으로 뚫린 해저동굴 속 바위 틈 사이로 바다와 이어진 작은 창이 있어 작은 물결에도 파도가 일어 울려 퍼지는 물소리가 와랑와랑 소리가 난다 해서 붙여진 이름이다.

와랑창이 깊다는 것은 전해져 오는 이야기에서도 알 수 있듯이 오래전 안타까운 사고로 부인을 잃은 남편이 꿈속에 나타난 도승의 말을 듣고 안흥해변에서 시신을 찾았다는 전설이 있다. 와랑창과 안흥해변이 맞뚫려 있다고 구전되고 있다. 예로부터 이 굴에서 빠져 죽은 원혼들의 억울함을 호소하는 소리라고 하여 와랑창이라 불렸다는 이야기도 전해진다. 다른 이야기에 의하면 와랑창이 온양온천까지 뚫려 있다고도 전해진다. 솔향기길 독수리 바위가 이 와랑창을 지키고 있다.

뱃면 마을에서 더 앞으로 나가면, 중막골이다. 이곳에는 용난굴, 별쌍금, 약수터, 꾀깔섬이 있다. 톺아보면 재미있다.

벽쌍금은 '자라 한 쌍이 산다' 하여 붙여진 이름이고, 옛날에 용이 나와 승천한 곳이라 하여 '용난굴'이라 전해오는 이야기다. 동굴 속으로 18m

쯤 들어가면 양쪽으로 두 개의 굴로 나누어진다. 두 마리 용이 자리를 잡고 하늘로 오르기 위해 도를 닦았는데 우측의 용이 먼저 하늘로 승천하는 바람에 좌측의 용은 승천길이 막혀 버리고 돌로 변하여 망부석이 되어 '용굴을 지키고 있다'는 것이다. 명소가 있는 곳엔 명물이 있는 법 망부석 주위에 곰바위, 거북바위도 자리 값을 톡톡히 한다.

곧이어 중막골해변이다. 역시 돌 해변과 마찬가지로 돌이 절반 이상을 차지한다. 이곳에서 만대항까지 5.9km. 끝도 없이 까마득하게 펼쳐진 바다가 온 하늘과 구름을 담고 있다. 굴이 드러나는 바위 '돌앙뗑'을 지나면 '여섬'이 보이는 풍광이 시선을 끈다.

여섬

그리움을 달래주는 곳, 망망한 풀과 하늘과 물의 공간이 말이다. 안내판 만이 여섬의 역사를 자세히 전해주고 있다.

여섬패갈섬은 아주 작은 섬이다. 이원면 내리산 43번지 서쪽으로 약 220m 떨어져 있는 면적 약 1ha, 높이는 20m 되는 작은 섬이다. 안쪽에 있는 대섬과 비교하면 면적과 높이, 섬 생긴 모양이 비슷하다.

여섬은 서해 쪽으로 이원방조제가 축조되면서 제방 안에 있던 섬이 육지화 되고 단 하나 남은 섬이 되었다. 먼 옛날 선인들이 지명을 지을 때 이 섬이 유일하게 하나만 남게 될 것을 예견하고 남을 여餘자를 붙여서 여餘섬이라고 하였다는 설이다.

또 다른 이야기는 북쪽 가마봉 쪽에서 여섬을 바라 볼 때 여인상으로 보이고, 서쪽 끝부분에 우뚝 솟은 바위가 남자의 신臀처럼 보인다 해서 파마

여섬 풍경

천마봉

머리를 한 여인이 남근을 바라보고 있는 형국이라 계집녀女자를 붙여서 여女섬이라고 이름 지었다.

그리고 또 다른 이야기는 이렇다.

여섬 부근에는 바위로만 둘려 쌓여 있어 바다 물속 멀리까지 바위들이 뻗어 나가 있다. 들물밀물에 물발이 세서, 유속이 빨라지면 물속 바위를 넘으면서 생기는 농울파도이 물보라를 일으키며 섬이 일어나는 것처럼 장관이었다. 물발이 더 거세지면 여섬은 신기함을 느낄 정도로 신비감에 싸인다고 한다. 옛날 조그마한 범선들은 섬 부근을 항해하다 섬 안으로 빨려들게 되면 배는 소용돌이치며 빠져나오기가 힘들었다. 그래서 바위 여汝자를 써서 여汝섬이라 했다.

여섬 부근에는 어족이 풍부한 편이다. 여섬 독살은 고기가 잘 잡히기로 유명해서 문전 답 열 마지기하고도 안 바꾼다, 하였다. 지금도 갯바위 낚시터로는 제일로 꼽힌다. 시간, 파도, 바람에 끝이 길게 늘어져 다른 해변보다 전복, 해삼, 우뭇가사리, 미역 등 고급 어패류들이 자생하고 있다. 파도가 철썩이자 하얀 물보라가 일었고, 새들이 물고기를 찾아 고개를 돌리며 물결에 바짝 붙어 낮게 날았다. 나도 파도를 타고 출렁이며 표류하고 싶다.

솔향기길 지킴이

바위 모양이 칼날 같이 날카롭게 세워져 있어서 '칼바위'라는 바위도 구경하고. 길은 계속해서 돌해변으로 이어진다.

바다를 바라본다. 나무 사이로 펼쳐진 바다는 오늘따라 더 밝고 푸르고 풍성했다. 바닷물이 고스란히 올라가 하늘이 되고, 하늘이 그대로 내려와 바닷물로 출렁거렸다. 바다는 더 고요하고 더 맑고 더 그립고 더 슬펐다.

괜히.

이곳이 기름이 번진 곳이라고 믿기지 않을 만큼 깨끗한 바다다. 이런 바다는 그냥 만들어진 것이 아니었다. 자연이 빚고 사람이 지켜낸 태안바다. 솔향기길 지킴이 차윤천 선생이 있었다. 이곳 게시판이 그의 흔적을 알린다.

천혜의 자연 경관 절경을 자랑하는 우리 태안 앞바다에 2007년 12월 7일 허베이스피리트호에서 원유가 유출되어 뜻하지 않은 재앙이 일어났다. 당시 차윤천 선생은 기름 제거 작업을 위해 위험한 비탈길과 언덕에 길을 내어 간신히 바닷가로 접근하도록 험한 수고를 혼자서 감내하였다.

그 후 오솔길을 3년에 거쳐 달랑 곡괭이 하나 가지고 산을 깎고 다듬어 꾸지나무골과 만대를 연결하여 지금의 솔향기길 1코스 10.2km가 탄생하였다. 또한 태안군에서 안전시설과 정자를 세우고 화장실 등 편의시설을 설치하여 솔향기길 방문객들이 편안하고 안전하게 이용하고 있다.

이제 솔향기길은 절망을 희망으로 바꾸고 123만 명의 자원봉사자들에 대한 보답과 함께 휴식과 건강의 길로 국민 모두가 즐겨 찾는 명소로 탈바꿈하였다.

지난 10년 간 꾸준히 정성 들여 가꾸어 온 차윤천 선생의 노고에 아낌없는 찬사를 보내며, 그 공을 오래도록 기리고자 한다.

2017년 11월 4일 태안군사회복지협의회

절로 고개가 숙어지고 눈물이 글썽해진다. 기름 유출로 망가진 바다는 장장 375km, 수많은 봉사자들이 천리를 걷고 결국 기적을 만들어 냈다(EBS). 100년이 되어도 회복되기 어렵다는 바다가 빠르게 회복된 것이다.

이름도 재미있는 '근욱골'. '샘너머' '회목쟁이'를 지난다. 바다가 들어가고 나오는 길이 좁고 잘록해서 회목쟁이라고 하였다. 위에서 내려다보면

쇠막금 해변

계곡으로 내려가는 길이 없을 것 같은 좁디좁은 틈새처럼 보인다. 그 아래 돌 사이로 바다가 빼꼼 얼굴을 디밀고 들어온다. 고요히, 말없이 서서 텅 비어 정적이 내려앉은 물길을 뚫어져라 바라보았다. 기다림이 길어도 괜찮았다.

수인등표 등대가 불을 밝히기까지

당봉전망대에 이르렀다. 예로부터 풍어제를 지내던 곳이었다. 이곳 '당봉'에서 제를 지내면 구매 독살에 물고기들이 가득 잡혔다고 하여 당봉으로 부르게 되었다. 그 후 솔향기길이 조성되었고 바다에서 떠오르는 일출이 아름다워 해맞이 행사장이 되었다. 당봉전망대에서 바라보면 삼면이 바다로 둘러싸여서 섬 같은 느낌을 받는다.

등산 온 사람이 나를 보더니 말했다. "그쪽 길이 아니라 만대항으로 가는 길은 이쪽입니다. 그 길은 돌아가는 길입니다."

잠깐 사이에 말한 사람은 자취도

없어졌다. 뛰어 내려간 것이다. 그만큼 편한 길이었을까. 하지만 서해랑길은 아직도 험했다. '붉은 앵맹이'를 지나자 수인등표 등대와 '장안여'가 보인다.

섬돌 모양으로 길게 뻗어 물에 잠겼다 드러나기 때문에 '장안여'라고 주민들과 항해하는 선원들에 의하여 이름 지어진 곳이다. 만대부리 해안으로부터 150m 바다 깊숙이 뻗어 나간 가로림만으로 들어오는 항로 근방에 있다. 그래서 장안여는 항해의 위험요소로 항시 주의하여야 하는 바위였다. 해수의 유속이 빠르게 흐르고 안개가 자주 짙게 끼어 크고 작은 해난사고가 여러 차례 발생하였다.

그중 대표적인 사고가 1938년 2월 17일음력에 있었다. 인천-구도 간 여객선 해룡환이 짙은 안개로 파선하여 80명의 승선 인원 중 7명만이 생존하고 모두 사망하는 대형 사고였다. 이 지점에 등대를 세워야 한다고 이구동성으로 건의하였으나 60년이 지난 1998년에야 점등하여 이 해역을 항해하는 선박들을 인도하고 있다. 작은 등대가 만들어지는데 참 오랜 세월이 걸렸다.

입성끝 전망대, 큰 구매수둥, 큰 구매 등등 곳곳이 특이한 이름이다. 어디에서든 이곳 바다는 곱고 파랗고 아름답다. 뭉게구름만 서너 점 깔린 푸른 하늘이다. 갈매기 두 마리가 눈높이에서 솟구쳐 날아올랐다. 날개 밑으로 바람이 바스락거렸다. 새들은 자신의 활공영역에 우뚝 선 나를 보고 놀라서 날아가 버렸다. 그런데 지친 갈매기인가? 허공을 어지럽히지 않고 바위에 내려와 쉬고 있다. 섬들과 어우러진 모습이 마냥 즐겁게 보인다.

큰 구매는, 위쪽으로는 소나무 숲과 아래에는 수등사구이 자리하고 있는데 물살이 세서 독살에 큰 고기들이 많이 잡히는 곳이다.

산길 숲속의 숲을 헤쳐 나뭇가지를 피해 나가면 어느덧 목적지에 이른다. 언제나 그렇듯 시작이 있으면 끝이 나게 마련이다. 언덕을 내려가면 만대항이다. 언덕 위에서 내려다보이는 바다는 광활하기 그지없다.

만대항, 그리고 만대마을

태안읍에서 603번 지방도를 따라 북쪽으로 올라가면 이원방조제가 만든 이원반도가 시작되는데 그 최북단에 만대포구가 자리 잡고 있다. 태안읍에서부터 31km 정도 떨어져 있는, 일명 태안의 땅끝마을이다. 충청남도 태안군 이원면 내리[666-24]. 만대항.

만대항은 예전에는 작은 배 몇 척이 있는 포구였으나, 배들이 점점 많아지면서 2004년 어촌 정주항으로 지정되었다. 2010년에는 '지방어항'으로 승격되었다.

이곳 바다는 오염이 되지 않은 바다로 유명하다. 특히 조수간만의 차가 크고 갯벌상태가 양호하여 각종 물고기의 산란장소로 다양한 어종이 서식하고 있다. 때문에 많은 낚시꾼이 방문한다. 선착장에서 미끼를 던지면 망둑어를 비롯해 우럭, 노래미 등이 올라온다.

'어서 오십시오- 가다가다 만데… 만대항'.

이제는 수산회센터가 자리를 잡을 만큼 사람들이 많이 찾는 항구가 되었다. 점심 한 끼 맛있고 배부르게 먹고 서해랑길을 걸었다고 앞서간 팀이 전했다. '점심시간이 안 되면 저녁이라도 먹고' 오라고 신신당부한다.

끝자락 만대항에서 바다를 빠져나가면, 서해랑길은 만대마을로 이어진다. 서울로부터 174km, 대전으로부터 181km 떨어진 태안군의 북단인 이원면 내리 2리에 위치하고 있다. 농촌과 어촌이 복합된 만대마을 앞은 가로림만의 갯벌과 갯바위가 있는 다양한 지리적, 생태적 자원이 압축되어 있는 것이 장점이다. 이원면의 80%를 차지하고 있을 정도의 큰 마을이다.

행복마을, 녹색체험마을. 수식어가 많은 만대마을이다. 체험도 농사체험, 바다체험, 예술치유 체험 등 다양하다. 만대마을 축제는 당봉전망대에서 매년 1월 1일 새해 해맞이 축제로 시작한다. 10월에는 '솔향기길 축제'가, 나오리마을에서는 '생태예술축제'가 개최된다. 도예와 무용, 야외 설치미술이 융합된 축제로 색다른 볼거리를 제공한다(태안군 관광진흥과). 마을의 특산품은 전국에서도 명성이 자자한 만대 깜장굴, 마늘, 고구마, 쌀, 고사리 등이다.

마을 뒷산에는 부처산이 있는데 큰 돌멩이가 부처처럼 생겨 지게에 지고 오는데 그 돌멩이가 무거워 들고 올 수 없어서 그대로 두고 왔다는 전설이 전해진다. 그리하여 그 큰 돌멩이 부처를 마을에서 신으로 모시고 있다.

주민의 애환과 삶이 묻어나는 '만대 강강술래'는 주민인 최화정 무용가의 지도 안무와 마을주민들이 함께 만든 작품으로 지역적 특색을 살린 민속예술로 가치를 인정받았다. 태안을 알리는 '소리춤'으로 2016년 행복마을 콘테스트에서 문화복지분야 대통령상을 수상했다.

강강술래 강강술래 강강술래

솔향기길 걸어보세 강강술래

행복한길 걸어보세 강강술래

방방곡곡 모여들어 강강술래

용난굴도 둘러보고 강강술래

당봉에서 일출보고 강강술래

여섬에서 일몰보세 강강술래

삼형제바위 둘러보고 강강술래

강- 강- 술- 래-

서해랑길 73코스 태안군

만대항- 모째골버스정류장- 후망산- 솔향기길캠핑장- 누리재버스정류장 / 11.7km

만대 솔향기염전

이른 아침. 만대항은 사람이라고는 아무도 보이지 않는다. 아름다운 바다를 보며 데크길을 두 번 걸었다. 아무런 움직임도 없는 조용한 아침의 항구는 내 것인 양 자유 그 자체다. 바다 끝에 일출이 윤슬로 아름다운 나래를 펼치고. 시원한 바다 바람을 맞으며 상쾌한 기분으로 오늘의 코스 '모째골'로 향한다.

먼저 '솔향기염전'에 이른다. 이곳에서는 황토소금, 즉 토판소금을 생산하고 있다. 용이 승천한 송화소금, 자연에서 얻은 귀한 보물, 세계로 가는 소금, 만대 특산물, 황토소금을 만들어 내는 정갑훈[77세] 명인의 염전이다. 황토소금의 특징은 원심력을 이용하여 탈수를 하여 저염[低鹽]소금을 만든다는 것이다. 그러면 중금속이 제거된 순수소금이 되기 때문이다.

만대 솔향기염전 건물 벽에는 Master Certification사본, 한국예술문화명인 인증서, KBS와 더불어 JTBC, MBN, EBS, SBS 등 각 방송에 출연한 자료들이 빼곡히 붙어 있다. 소금으로 일군 집주인의 삶을 돌아보게 한다. 또한 황토소금 생산과정을 자세히 설명해 놓은 자료를 보면서, 이곳이 황토소금으로 유명한 곳이라는 사실을 알게 한다.

생산과정을 간단히 보면 이렇다.

먼저 황토를 준비한다-갯벌토판에 황토를 깔고 정화된 바닷물을 넣는다-

만대 솔향기 염전

도자기를 빗듯이 발로 다짐을 해서 건조한다-소금물을 빼고 건조한다-로라 다짐을 하고 염전바닥에 물을 깔고 염전바닥 수평을 만든다-물을 빼고 건조시킨다. 로라 다짐을 열십자로 반복하여 염전 바닥판을 단단하게 해서 태양과 바람과 지역을 이용하여 천일염을 생산한다.

황토토판에 황토소금이 결정체가 될 때까지 약 10일이 경과되어야 황토소금을 생산할 수 있다.

솔향기염전은 태안반도 끝자락에 위치한 70대 노부부가 40년째 운영하는 염전이다. 부부는 염전 일을 천직으로 여기며 일평생을 바쳐왔다. 녹록지 않은 세상살이였지만 남들 부럽지 않게 2남 3녀도 잘 키워냈다. 세월이 흘러 가정을 꾸리고 사는 자식들과 손주들을 바라보면 더 없이 행복하지만 오늘도 염전을 놀릴 수 없어 연장을 들고 집을 나선다.

이상수 사진가가 취재한 내용의 일부다. 그는 왕복 400km, 6시간을 오가며 3여 년간 공을 들여 염전 노부부의 생활상을 담아 세상 밖으로 내보냈다. 그의 글이 묘하게 다가오는 문장이다. 새벽 4시에 일어나 하루에 2만 보를 넘게 걸으면서, 바닷물을 가두고, 소금을 걷어 들이는 일을 반복해야 하는 염전, 자연이 준 보물을 얻기 위해 노력하는 작업자를 소개했다.

EBS '극한직업'[2024.7.20.]에서도 솔향기 염전이 나왔다. 염전일도 극한직업인 것이다.

7월, 염전의 최대 성수기.

"소금을 만드는 공정은 단순한데요. 밀대로 염판을 밀어 소금을 모으면 돼요." 아버지의 말씀이다.

그러나 그의 아들 정치훈[56세]은 말한다.

"소금은 상상을 못할 정도로 무겁습니다. 2년이 되었지만 좀처럼 익숙해지지 않아요."

40년 경력의 아버지의 말이다.

"힘들죠. 힘들다고 하면 더 힘들어지죠. 내가 이겨내는 거지. 노력 없이는 결과를 얻어낼 수 없는 것이 소금입니다. 훌쩍 뛰어넘을 수 없는 일이죠."

하루에 손수레로 4개 정도, 한 가마니를 20kg로 치면 80kg이 되는 양을 만든다.

"힘에 부치는 것이 사실이지만 아직은 소금을 만드는 것이 즐겁습니다. 좋은 소금을 만들기 위해서는 오늘 살고 내일 죽더라도 생 마감할 때까지 할 거예요."

아버지의 말씀이 가슴을 울린다.

다시 사목마을을 휘돌아나간다

내리2리, 목로골을 지난다.

땔감이나 볏단을 지고 높은 고개를 넘다 보면 힘이 들어 목이 축지고 숨이 차서 붙여진 이름이 목로골이다. 이곳에는 금부리, 웅둥벗터, 이화염전, 돌앙골이라는 특별한 마을들이 서로 보듬고 살아간다.

그 다음이 '지레넘어'고. 지레넘어 옆엔 돌로 이루어진 낭떠러지 큰 바위, '돌앙뗑이'가 자리한다. 고사리, 약초가 나고 굴, 바지락, 해삼, 전복이 유명한 야무진 곳이다. 그들만의 보물을 간직한 자리로 삶을 이어준 비밀스러운 장소다.

임도를 따라 산속을 지나다 '문화의 쉼터'라는 작은 오두막집을 만난다. 이런 곳에 문학인들을 위한 아담한 쉼터라니? 발상이 야무지지만, 지키기 어려울 것 같다는 생각이 든다. 아니나 다를까. 아무도 없다. 벽에 붙여진 문구가 무슨 의미인지 열심히 읽었다.

"내일 지구가 멸망할 지라도 오늘은 마음껏 사랑하여라!" 진정한 사랑을 하라는 이야기가 구구절절 소설로 쓰여 진 A4 용지가 희미하지만, 읽을 만하다.

"당신"

이라고…

평생에 단 한 번 느껴 본 은은하고 따뜻한 음성, 신비로운 그 첫사랑 맹서의 의미, 그러나 우리의 운명은 결코 순탄할 수 없었습니다. 우리들의 뜻과는 달리 그녀의 부모는 내가 단지 가난하다는 이유만으로 우리의 결혼을 결사반대하더니 급기야 자신의 딸을 집안에 감금하기에 이르렀습니다.

그러나 그 정도만으로는 우리의 깊은 사랑을 꺾을 수가 없었습니다. 숨바꼭질 끝에 몰래 빠져 나와 근처 다방에서 만난 우리는 "어쩌다 생각이 나겠지"를 부르며 눈물로 서로를 위로하기도 했으나, 결국 앞으로의 무가치한 삶에 모든 것을 포기하기로 약속하는 순간, …그녀의 부모님이 나타나서…

80년대 초, 어수선한 시국 속에 다니던 직장에서 강제 해직된 나는 쓸쓸한 결혼식을 하루 앞둔 어느 날 아버님마저 돌아가셔 슬픔에 잠겨 있을 때 한 여성으로부터 조문 전화가 걸려 왔으니, 그녀는 다름 아닌 죽음을 마다하고 사랑했던 바로 그 여인이었습니다. …

또 다시 시간은 세월을 재촉하며 백발이 가까운 현재에 이르렀으나 그 슬픈 로맨스는 수십 년이 지난 지금까지도 뇌리에 생생합니다. 무수한 별빛들이 흘러간 아득한 기억 속에서, 속삭이던 그날들을 잊지 못해 틈날 때마다 먼 하늘을 쳐다보면서도 결코 더 이상 누구에게도 듣거나 말할 수 없었던 "당신"이라는 그 마지막 남긴 한 마디는 끝끝내 가슴에 선명한 낙인이 되어 한 평생 지울 수가 없었습니다. …

아주 보편적인 지고지순한 사랑 이야기지만, 개인으로서는 일생일대의 한 번의 슬픈 사랑이었다. 사랑은 맺지 못하여 슬펐다고 하지만, 죽음마저 무릅쓰고 사랑하였던 그 추억의 열매는 쓰리도록 아름답기 때문이지 않을까. 사랑을 버린 사람이든 사랑에 버림받은 사람이든, 다시 한 번 가슴 아프게 떠올리며 보석 같은 눈물을 흘릴 수 있는 사랑의 추억이 있다는 것은 언제나 한껏 누릴 수 있는 커다란 축복이다.

사랑이 그렇게 쉽지 만은 아닌 것 같다.
불은 물을 뿌리면 끌 수 있지만
사랑은 불붙으면 끄기 어렵다
얼음은 녹지만 잃어버린 사랑은
그보다 더 차가워서
사람 마음속에 동상만 남긴다.
건드릴수록 아프고 시리다.

최문희 장편소설 『난설헌』을 읽다가 '사랑은 그렇게 쉽지 만은 아닌 것 같다'고 시작하는 뭉클한 사랑 시를 글의 주인공에게 알려주고 싶었다.
산길이 끝나면서 집 몇 채가 보이는 길로 서해랑길 리본이 안내한다. 그런데 막다른 골목이다. 발끝엔 바다가 출렁인다. 밀물이 밀려와 더 이상 나아갈 수가 없다. 길이 어디지? 망막하다. 두리번거리며 찾게 된다. 앞만 바라보면 끝이 없는 바다다. 세상의 끝인 것 같지만, 고개를 왼쪽으로 돌리자 바닷가 외딴 집 한 채가 늠름하게 앉아 있다. 다시 고개를 오른쪽으로 돌리자 방조제가 이어진다. 그제야 서해랑길 리본이 바람에 휘날리는 것이 보인다. 방조제 끝자락에서. 아하! 이 길이구나!

방조제 길로 들어서자 강한 바닷바람이 휘몰아친다. 몸 하나 지탱하기도 힘들 정도. 모자를 잡고 방조제를 따라갔지만 아차 하는 순간 그만 모자가 날아가 버렸다. 달려가 잡을 수 있어 다행이지만 정말 아차 하는 순간이었다. 바람이 이처럼 잔인하다는 것을 새삼 깨우치게 하는 방조제 길.

방조제 끝자락에선 아예 바닷가로 내려가 걸어야 한다. 그런데 해변이 아예 바위다. 이곳까진 밀물이 들어차지 않아 여차여차 조심조심 한 발 한 발 그렇게 해변을 벗어났다. '사항' 안내판이 사항임을 알려줄 뿐 어떤 단서도 없다. 이곳은 바람이 센지 안내판도 바람에 뽑히기 직전이다. 간신히 '사항'이라고 알려주어 고맙지만 다음 걸어올 사람이 걱정이다.

이원면 내리1리 사목마을 석비 앞에 이른다.

서해랑길 74코스 태안군

누리재버스정류장- 노인봉- 당산3리버스정류장- 마봉산- 청산리나루터 / 16.3km

인생의 또 한 번 겨울을 지내고

　3개월 만에 걷게 되는 서해랑길이다. 교통편이 불편하여 미뤄두었던 코스를 이제야 걷는다.

　지난겨울은 개인적으로 너무 힘든 시기였다. 집 안팎으로 우환이 닥쳐 견딜 수 없을 만큼 고통스러웠다. 이사 준비로 한창 바쁠 때였는데 그 와중에 엄지발가락의 골절로 자유롭게 움직일 수 없는 상황까지 벌어졌다. 물론 서해랑길을 걷는 일을 포기해야만 했다. 10개 정도의 코스를 남긴 채.

　삶을 살아가다가 우리가 만나는 역경과 고난, 그리고 혼란스러운 상황들 때문에 걱정과 근심에 휩싸이는 시기가 있다. 돌이켜보면 내 인생에서 또 한 번의 겨울이었던 것으로 생각된다. 그야말로 힘든 추운 계절이었다. 지난겨울이 바로 나에게는 그런 시기가 아닐까?

　누구나 한 번쯤 겨울을 겪는다. 어떤 이들은 겨울을 겪고 또 겪기를 반복한다. 윈터링wintering이란 추운 계절을 살아내는 것을 말한다. 겨울은 세상으로부터 단절되어 거부당하거나, 대열에서 벗어나거나, 발전하는데 실패하거나, 아웃사이더가 된 듯한 감정을 느끼게 되는, 인생의 휴한기라고 캐서린 메이Katherine May는 그의 저서 『우리의 인생이 겨울을 지날 때』에서 말한다.

　이 시기는 질병으로 인해 찾아올 수도 있고, 사별이나 아이의 출생과 같은 큰 사건으로 인해 찾아올 수도 있고, 또 치욕이나 실패로 인해 찾아올 수도 있다. 겨울나기를 하는 사람은 과도기에 있는 것일 수도 있고, 일시적으로 현실 세계와 어딘가 다른 세계 사이에 떨어진 것일 수도 있다. 어떤 겨울은 우리에게 자주 천천히 살금살금 다가오는데, 질질 끌어온 인간관계의 종결, 부모님이 나이 듦에 따라 점진적으로 늘어난 돌봄의 부담, 가랑비에 옷 젖듯 서서히 줄어드는 확신 따위와 함께 온다. 어떤 겨울은 몸서리쳐지도록 갑작스럽게 온다. 윈터링은 보통 비자발적이고 외롭고, 극도로 고통스럽다.

겨울에 우리는 바로 그런 것을 배운다. 과거가 있으면 현재, 그리고 미래가 있다는 것. 어떤 일을 겪은 후에는 또 다른 시간이 온다는 것. 거저 얻어지는 것은 없다. 내 귀중한 것을 희생하지 않으면 얻는 게 없다는 것이다. 그것이 등가교환의 법칙이다. 이는 무엇인가를 얻기 위해서는 그에 상응하는 대가를 치러야 한다는 것을 의미한다. 즉, 얻기 위해서는 무엇인가를 잃어야 하고, 어떤 행위에는 그에 따른 결과가 따른다는 것을 나타낸다. 운이 좋았다 해도 노력하지 않으면 사라진다.

TV방송 중 '유 퀴즈!'라는 프로그램2025.5.22에서다. 「돌아온 전성시대 해피 걸 선우용여」편에서 그녀는 겨울을 인용하며 이런 말을 하였다.

누구든 어려운 시기가 있다. 누구든 겨울이 온다. 하지만 겨울이 왔다고 추워하지만 말고 겨울이 왔어도 조금 있으면 봄이 오겠네, 하고 열심히 살면 된다.

그녀는 뇌경색이 오면서 인생이 바뀌었다고 말한다. 그동안 내 몸을 챙기지 않았는데 이제는 '나'를 찾아야겠다는 생각이 들었다며, "용여야. 너를 사랑해"라고 항상 자신한테 말한다는 것이다. 이제부터가 시작인 것 같다. 더 사랑하고 살아야겠다고 그녀는 말한다.

동지섣달 눈보라가 삼사월 꽃 시절을 불러온다는 옛 말씀은 단순한 낙관론이 아니다. 동지섣달 눈보라를 겪지 않으면, 삼사월 꽃 시절을 얘기하긴 어렵다는 진리를 품고 있다.

옛 선비들은 '구구소한도$_{九九消寒圖}$'를 사용했다는 이야기가 『인생견문록』에 나온다. 이는 북풍한설이 몰아치는 기나긴 겨울을 지혜롭게 이겨내는 참 근사한 방법이다. 주거 환경이 지금보다 매우 열악했고 난방시설도 좋지 않던 시절이어서 겨우살이는 몹시 매서웠을 것이다. 추운 겨울, 동지 이튿날 채색되지 않은 하얀 매화 꽃송이를 여든한 개 그려 벽에 붙인 뒤 매일 한 송이씩 붉은 색으로 칠했다. 그렇게 여든 한 개의 하얀 꽃송이가 모두 붉은 꽃송이로 변하면 겨울의 매서운 추위가 물러나는 봄이 되고 햇살도 따스해졌다고 한다. 그 무렵이면 실제로 양지바른 곳의 매화나무에 꽃이 피었을 것이고 사람들도 봄을 맞이했을 것이다.

한용운의 「이른 봄$_{早春}$」이라는 시처럼 눈 쌓인 작은 언덕에 봄, 봄, 봄이 오고 있다. 굳이 쌓인 눈을 치울 필요는 없다. 저처럼 매운 눈바람에도 매화는 어김없이 봉오리를 맺고 있나니, 눈 쌓인 언덕에 봄이 오듯 내 몸도 조금씩 회복되고 있다.

봄이 아름다운 것은 추위를 이겨냈기 때문이고, 인생이 참으로 향기로운 것은 시련을 극복했기 때문일 것이다. 땅을 일구듯이 나를 다시 일구고 새로 거름을 주자. 추운 겨울을 잘 견디어 낸 덕분에, 간절히 원하고 열심히 일구어 나가면 무엇인가 이루어진다는 믿음을 가져본다.

솔향기길 4코스

태안 솔향기길이 이어진다. 솔향기길 4코스는 새섬리조트-호안·임도-청산포구-갈두천까지다. 서해랑길은 청산포구에서 끝난다. 태안절경 삼백리길로 천혜의 해안경관을 감상하는 길이다.

지금까지 걸었던 태안65-70코스의 산하山河 풍경과는 대조적이다. 리아스식 해안선을 따라 가파른 언덕을 넘어야 했던 산길과는 대조적으로 편안하게 넓은 임도가 지속되는 구간이다.

피톤치드 그윽한 솔잎이 바람에 서걱대는 소리가 생생하게 들린다. 늘 몽환 속에서만 듣는 그리운 소리다. 나뭇잎들은 물감을 먹인 듯 검푸르게 번들거린다. 넓은 임도로 이루어진 숲길을 마냥 혼자 걷는다. 혼자만의 편안한 시간을 누린다. 가끔은 바다가 보인다. 파도소리를 들으며 밀려오는 바다내음 상큼하다. 눈을 감으면 깊고 그윽한 흔들림이 몸을 실어간다. 바닷가의 솔바람 소리, 일렁이는 푸른 파도, 파도를 딛고 걸어간다. 너른 바다와 하늘이 하나로 맞닿아 있다. 자연에 흠뻑 매료되는 길이다.

선돌바위

애팔래치아 트레일을 완주한 최초의 여성 엠마 게이트우드의 이야기를 적은 『할머니, 그만 집으로 돌아가세요』는 퍽 오래전의 이야기다. 공학기술과 고속도로의 건설이 접점을 찾은 바로 그 무렵, '사람들의 길'이라는 뜻의 애팔래치아 트레일이 만들어져 대중에게 공개되었다. 사람들은 이제 하루나 일주일 동안, 혹은 한 달 넘게 황야에서 자유로움을 만끽할 수 있게 된 것이다. 해럴드 앨런 Harold Allen이라는 남자가 그 모습을 이렇게 정리했다.

고립을 위한 먼 길,
선택된 사람들만을 위한 좁은 길,
여가를 즐기는 구불구불한 길,
사색에 잠기는 외로운 길,
애팔래치아 트레일은 그저 북쪽과 남쪽을 연결하는 길이 아니라 인간의 육체와 정신, 그리고 영혼을 연결해 주는 길이다.

서해랑길도 애팔래치아 트레일과 유사하다. 남쪽 해남 땅끝에서 북쪽 강화 평화전망대까지 이어진 트레킹코스다. 현대인에게 자연을 맛볼 수 있는 기회를 제공한 길이고, 신체가 건강해지고 정신이 밝아지는 순간들이며 영혼을 연결해 주는 길이다. 구간마다 좋은 숲길이 있다는 사실이 힐링이고 행복이다.

새섬리조트가 있는 곳을 지난다. 임도가 더 넓고 나무가 햇볕을 넓게 가려주어 걷기에 좋다. 새섬은 섬의 모양이 만조 시는 자라, 거북과 같고 간조 시는 3발 자라와 같다고 해서 새섬이라 했다(태안군).

바다를 멀리 내려다보며 노인봉, 국사봉, 마봉산을 지난다. 봉우리가 높지는 않으나 산길을 걷는 길이 고즈넉하고 아늑하다.

봄은 어느덧 뒤로 물러나고 여름의 더위가 스멀스멀 찾아오는 녹음을 바라본다. 벌써 봄의 색깔은 잊히고 여름의 색으로 변한 자연의 모습을 본다. 잠시 김형석 철학자의 '자연 그리고 친구'에서 말한 정감 있는 대사가 맞아떨어지는 길이다.

자연은 소박하면서도 정직하다. 말없이 계절의 변화를 잘 알려준다. 어김없이 사계의 아름다움과 바뀌는 풍취를 깨닫게 해준다. 벚꽃 잎이 담뿍 깔린 이른 봄이 지나면, 깊이를 알 수 없는 녹음이 우리의 시야를 가린다. 더위를 피할 양으로 책을 들고 올라갔다가는 소나기를 만나 옷을 적시며 내려오는 여름이 된다. 늦가을부터 단풍이 들기 시작하는가 싶으면 낙엽으로 가득한 오솔길을 거닐게도 된다. 눈이 내린 아침은 일찍 산책을 떠난다. 아무도 걷지 않은 길 위에 내 발자국을 먼저 남겨보고 싶은 욕심이다.

산에서 김훈 작가는, 언어와 개념으로부터 풀려나서 자유로웠고 몸으로 살아 있다는 느낌으로 자족했다고 『허송세월』에서 말한다.

여름에 장대비가 쏟아지거나, 겨울에 폭설이 내리면 나는 집 안에서 책을 읽다가도 장비를 챙겨서 산으로 들어갔다. 산과 숲의 매혹에는 중독성이 있었다. 산에는 내가 특별히 편애하는 나무와 바위가 있었다. …
나는 이 자유의 느낌에 의지해서 속세를 헤쳐 나갈 수 있었다.

해맞이터에 이른다. 떠오르는 해를 맞이하는 곳이다. 그곳에 서서 사면에 펼쳐진 경치를 보면, 한마디로 말해 장엄 그 자체다. 푸른 하늘이 머리

위로부터 무한의 공간을 차지한다. 모든 공간이 뚫려 있는 가운데 손만 뻗어도 바다가 내 손에 닿는다. 새해뿐만 아니라 언제든지, 아침에 뜨는 태양을 맞이하고 싶으면 이곳으로 오면 된다. 해가 떠오르는 순간 손으로 해를 떠서 가슴에 안아보자.

뜨거운 가슴으로 열정적인 삶을 나름 살아보자. 하지만 산을 넘어야 하는 수고를 해야 한다는 사실이 무슨 일이든 쉽지 않음을 일깨운다.

청산리나루터

서해랑길 두루누비 앱에서 종착지 청산리나루터까지 다 왔는데도 나루터는 보일 기미가 없다. 청산리나루터가 어디지? 아무리 두리번거려도 바다는 보이지 않는다.

리조트와 펜션이 있는 흙길에서 갑자기 아스팔트 도로로 바뀐다. 도로를 따라 내려가다 귀퉁이에 청산리나루터 안내판이 보였다. 안내판이 없었으면 나루터인지도 모를 정도로 바닷가는 보이지 않는다. 주위는 온통 펜션과 카페들뿐이다.

하여튼 좀 더 내려가면 바다가 물결친다. 산길 언덕 끝자락에 나루터가 존재했다. 바닷가로 내려가 보았다. 몇 척의 조그만 배들이 오밀조밀 바닷가에 붙어 있고 묵직한 주홍색 크레인이 나루터를 장식하고 있다.

그런데 옛날에는 청산리나루터가 매우 중요한 나루터 역할을 하였다. 자료에 따르면 최초 운항 시기는 알 수 없으나, 인천-구도 간 정기여객선이 운항됨으로 내리 부도와 청산리에 기항하여 태안군 주민들의 경인지방 내왕에 편의를 제공하였다(태안군).

농산물과 잡화, 여객, 우편물 운송으로 1927년대에 월 6회 운항하였다. 그러나 1930년대에는 운항 횟수가 1일 1회이고 항로 기항 포구는 구도항에서 청산리로 와서 인천까지 갔다. 구도-청산-고파도-내리-오지-풍도-여흥-인천이었다. 운항거리가 해로 320리^{128Km}에 불과하며 그리 멀지 않아 많은 주민들이 이용하였다. 연고지가 자연스럽게 인천지방으로 형성되었으며, 자동차 산업과 도로교통이 발전함에 따라 육로 이동이 편리해져서 화물의 물동량이 급속히 떨어지고 여객도 줄어 1978년도에 운항이 중단되었다. 폐쇄된 후 현재에 이르고 지금은 농어촌 정주어항만의 역할을 하고 있다.

청산리나루터

서해랑길 75코스 태안군

청산리나루터- 반계저수지- 용주사- 어은리마을회관- 구도항 / 21.4km

나루터길 따라

태안 절경 천삼백 리에 해당되는 솔향기길 4코스 청산리나루터에서 출발이다. 도로 지명地名이 나루터길이다.

길은 평평했고 아무것도 없었다. 2차선 아스팔트 포장도로가 펼쳐져 있을 뿐이다. 심심해서 버스정류장을 세며 걸었다. 청산1리 '아랫말' 버스정류장을 지나고, 다음은 윗말구판장버스정류장을 지난다. 다목적회관도 있고 '청산1리 감태마을' 석비가 감태 유명세를 더한다. 시우치저수지가 있는 시우치정류장을 지나면 마산1리 버스정류장이다. 몇 정거장을 걸었다.

바다를 끼고 반대편은 마을이지만 바다 풍경이 나름 특이하다. 논과 집들이 서너 채 옹기종기 바다를 장식한다. 모내기를 막 끝낸 논과 집과 바다 풍경이 정겹게 어우러진다. 바다를 끼고 있는 조용한 농촌마을 풍경.

하지만 도로가에 배낚시터 홍보판이 길을 막듯이 서 있고, 낚시가게도 있고, 멋진 펜션도 있고, 무늬만 나루터길이 아니다. 곳곳이 배를 정착할 만한 바다가 빤히 도로와 평행선이다.

시우치저수지가 멋지다. 2012년 가뭄에 대비하기 위해 준설된 시우치저수지는 수심이 깊고 면적도 넓은 저수지로 알려져 있다. 강물반계천이 바닷가로 흘러 들어가는 것을 방조제로 쌓아 막아 만든 저수지로 바다와 혼돈될 정도로 옆에 서로 붙어 있다. 마산1리 버스정류장에도 저수지 앞이라고 적혀 있을 정도로 저수지가 크다.

시우치저수지

반계천을 따라 서해랑길을 다시 시우치저수지 반대 방향으로 에돌아나간다. 숲길로 이어진다. 반계리 임도를 걷는다.

네 명의 사람들이 임도에서 맛있게 점심을 먹고 있다. 내가 그냥 지나쳐 지나가니까, 밥을 먹다가 한 사람이 일어나 이화산 정상을 가리키며 말한다.

"어디로 가세요. 산 정상으로 가는 길이 이쪽이에요."

"저는 이 길로 가야 해서요." 하자.

"우리는 산길 정비하는 사람들이에요. 오늘 정상으로 가는 길을 말끔하게, 아주 좋게 하고 내려왔어요. 길이 좋을 겁니다." 한다.

정중하게 서해랑길을 걷고 있다고 말하자, 몹시 궁금해하기에 서해랑길에 대해 자세하게 설명했다.

 아쉬워하는 그들을 뒤로 하고, 임도를 걷는데 유난히 깔끔하고 정비된 느낌을 받았다. 그들이 있기 때문이라는 생각에. 하늘이 가려 햇볕이 보이지 않는 숲길이 오늘따라 감사한 마음이 차오른다.

솔향기길 5코스

 솔향기길 4코스가 끝나고 갈두천-선돌바위-용주사-생태공원-백화산으로 이어지는 솔향기 5코스 이정표가 방향을 제시한다. 일부 코스는 서해랑길과 만난다.

 방조제에 이르러 바다가 시원하게 펼쳐지는데, 특이한 바위가 바다 가운데 튼실하게 서 있다. 선돌바위다. 무엇인가 사연을 품고 있을 것 같다.

 가로림만 바다에 있는 선돌바위는 본래 지금보다 크기가 훨씬 큰 형태이고 신성시 여기는 바위였다. 그런데 과거 일제강점기[1910-1945]에 일본인들이 바위를 깨뜨려 배에 실어 어디론가 나르기 시작했다. 뒤늦게 이 사실을 알게 된 마을 주민들이 더 이상 바위를 깨뜨리지 못하게 힘을 합쳐 막아 내어 지금 크기의 형태로 남았다. 그때의 고마움을 표현하는 듯 마을을 바라보고 있다.

 바위도 주민들도 한마음이 된 시절, 일제강점기, 그 시절의 이야기가 이곳에도 남아 있다. 더 작아지지 말고 그대로 머물러 있기를 바랄 뿐이라는 마음이 지그시 무얼 말하는 지 알 것 같다.

 금굴산 임도를 따라 걷는다. 예전 이곳에서 금을 채굴하였다는 '금굴산'을 지난다.

용주사

'용주사' 석비가 있는 곳에서 우측 숲길로 들어선다. 야트막한 고개를 넘으면 길 가 양쪽에서 2쌍의 돌사자상이 맞이한다. 그리고 양옆으로 돌 사천왕상이 두 손을 모으게 한다. 그러면 용주사 절 안으로 들어선 것이 된다. 길이 절 마당이나 다름없다.

처음이야! 이런 돌 사천왕상. 아무런 색깔이 없는 돌 사천왕이 오히려 화려한 색의 사천왕보다 경이로운 자연과 하나 되는 순간이다.

오른쪽 계단을 따라 올라가 만난 용주사본당는 자그마한 사찰이다. 태안에서는 알아주는 사찰이다. 지난번에 화마火魔에 휩싸인 적이 있다고 걱정하는 주민을 만난 적이 있었는데 별 문제가 없이 말끔한 모습이다.

용주사는 대한불교 총화종總和宗에 속한다. 1960년, 전라남도 지역의 승려들을 주축으로 창립된 현대 한국불교 종단이다(한국민족문

용주사 입구 사천왕상

화대백과사전).

총화종總和宗은 1969년 5월 15일 추강秋岡 최득연崔得淵에 의해 설립되었다. 정식 명칭은 '대한불교 총화종大韓佛敎 總和宗'이다. 1960년 '화동회'라는 불교단체로 시작하였다가 '총화회'로 이름을 바꾸었다. 1969년 불교재산관리법에 따라 '대한불교 총화회'라는 명칭으로 국가에 등록한 뒤 1979년 10월 23일 '대한불교 총화종'으로 개명하여 현재에 이른다.

종단 구성은 행정 전반을 다루는 총무원總務院, 대외 활동을 하는 포교원布敎院, 승려를 가르치는 교육원敎育院 등으로 이루어져 있다. 총화종의 소의경전所依經典, 즉 가르침의 근본으로 삼는 경전은 화엄경華嚴經과 반야경般若經이고, 본존불本尊佛이라 일컫는 예배의 중심 부처는 석가여래釋迦如來이다. 총무원이 있는 본산은 서울시 종로구 창신동에 위치하며, 소속된 사찰 수가 2018년도 기준 총 951개이다. 경기도 가평군에 있는 총화종 사찰은 설악면 본각사本覺寺가 있다(naver.com).

삭선리 생태공원으로 가는 길

용주사 마당에서 좁은 오솔길로 들어서면 '습지 생태관찰로'라는 이름의 오솔길이다. 조금만 걸어가면 원시림에 가까운, 낮이지만 암순응이 필요할 정도로 어두운 깊고 큰 숲은 아니지만 자연의 모습이 남아 있는 좁디좁은 숲길이다. 산이 깊지 않아 종달새는 노래하지 않지만 아늑하고 편안하고 따뜻한 길이나. 숲 냄새가 나는 흙길을 밟으며 걷는 길은 즐거움이 배가 된다.

리투아니라 시인이 살았던 그곳 '아닉쉬챠이 솔숲'의 시가 바로 이 생태 숲길과 동일시되는 순간이다.

아닉쉬챠이 솔숲

숲은 향긋함을 덧입어 고운 소리를 내뿜고.
살랑살랑 윙윙대며, 기쁨을 또 예쁨을 낭랑히 울려 운다.
고요한 밤, 숨결조차 사라진 듯 세상은 조용하다.
잎과 꽃이 새로이 가지에서 싹 트는 소리가 들릴 만큼,
나무 가지로 손짓하듯 전하는 성스러운 속삭임이 들릴 만큼,
별이 깜박이고 이슬이 쓰라리게 내리는 소리가 들릴 만큼.
이렇듯, 가슴 속 수많은 감정이 고이 가라앉고,
마음은, 입을 다문 채 잠잠히 하늘을 향해 기도를 드린다.
보라, 여명이 저 먼 동녘을 햇빛으로 물들이고,
무수한 약 잎이 이슬을 머리에 인 채 고개를 조아릴 무렵,
숲은 잠에서 깨고, 세상의 고요함이 산산이 부서지는 이때,
날은 주섬주섬 성스러운 말을 꺼내기 시작하도다.

- 안타나스 바라나우스카스(1835-1902), 전문

하늘을 덮고 있는 나무 굴을 지나면 환한 하늘을 만난다. 주민들의 휴식처, 환경사랑 운동의 진원지 역할을 한 삭선리 생태공원으로 나온다. 태안읍 산후·삭선리 매립장 일대를 동식물 집단서식지이자 자연생태공원으로 자리매김한 곳이다(충청일보).

지역 주민들과의 적극적인 소통을 바탕으로 자연 친화적 공원 조성에 나선다. 환경관리센터 인근에 위치한 삭선리 생태공원은 마을 주민들의 휴식 공간 마련을 위해 지난 2007년 조성된 공원으로, 조성된 지 14년이 경과돼 시설 노후화로 인한 안전사고 위험이 있어 왔다. 이에 군은 해당 공원에 대한 재정비의 필요성을 절감하고 인근 마을

인 삭선3리 주민들의 의견을 적극 수렴, 단순한 공원 기능을 넘어 주민 쉼터와 다목적 문화공연장으로도 활용할 수 있는 복합 힐링 공간으로 조성키로 하고…

각종 수목을 식재하고 순환형 산책로를 조성해 군민들의 눈높이에 맞는 공원 조성에 힘쓰겠다는 각오다.

정작 나무, 새, 꽃, 숲은 생태공원에 없었다. 요즈음 공원은 많은 체육시설이 설치되어 있고 다양한 장식품은 물론 야간 경관조명까지 다채롭다. 이곳

생태공원도 다를 바 없이 똑같다. 토끼 모양의 조명등. 기대했던 생태공원은 오솔길과는 대조적이다. 단지 주민의 쉼터와 문화공간이라는 것이다.

자연생태공원 주차장에는 자동차 몇 대가 주차돼 있다. 아마도 삭선천 올레길을 걷거나 가로림만으로 간 사람들의 차일 것이다. 그늘을 만들어주는 나무조차 없는 공원. 주위에 갈만한 장소가 있어 다행이다.

삭선리 생태공원

서산시

충청남도

76코스 —
77코스 —
78코스 —
79코스 —

삼길산 벚나무

서해랑길 76코스 서산시
구도항- 장구섬- 팔봉갯벌체험장- 호덕간사지- 팔봉초등학교 / 12.9km

구도항에서는 가보고 싶은 섬 고파도로

해안선은 이어지나 태안반도에서 벗어나 서산의 구도항에 첫 발을 내딛는다. 초봄인데도 따가운 햇볕이 내리쬐는 가운데 어떤 움직임도 감지되지 않는 정적만이 흐르는 작은 항구, 구도항.

작은 대합실은 문이 굳게 잠겨 있고, 고파도古波島 운항선 차량운임표만 붙어 있을 뿐이다. '승선권 인터넷 예매사이트 안내'가 대신한다. '가보고 싶은 섬' 접속 후 예매하면 된다고. 참 살기 쉬운 세상이다.

충청남도 서산시 팔봉면 고파도2길10, 고파도는 가로림만의 잔잔한 바다 위에 떠 있는 조용한 섬으로 지역 주민 외에는 외지인들의 발길이 아주 드문 섬이었다. 하지만 청정지역으로 해산물이 많이 잡히면서 최근에 알려지기 시작하면서 발걸음이 늘고 있다.

섬 이름 '고파도古波島'에서도 알 수 있듯이, 파도가 아름다운 섬이다. 태안반도와 서산 땅끝이 옴팍하게 패여, 파도와 거센 바람을 막아주는 가로림만에 안겨 있어서 파도라고 할 것도 없이 잔잔하게 다듬어진 물결만이 밀려오는 곳이다. 이 물결에 실려 온 고운 모래는 고파도 해변에서 황금빛 모래사장을 만든다.

해마다 6월이 되면 붉은 해당화가 흐드러지게 피어난다. 특히, 이곳 해당화는 순수 야생이어서 색깔이 더욱 곱고 자태가 건강하기로 유명하다. 이렇듯 붉은 해당화와 황금빛 모래밭, 쪽빛 수평선이 어우러진 풍경은 한 폭의 수채화다. 섬의 면적은 총 1.23㎢이고, 최고봉의 높이는 해발 69.1m, 해안선의 길이는 약 5km 정도이다. 500m 가량의 모래사장, 썰물 때 드러나는 모래톱이 궁금하다.

수산업의 중심지로서 부근 바다에서는 조기, 새우 등이 많이 잡히며 연안의 갯벌에서는 바지락과 같은 조개양식도 성하다. 이제는 먹거리도 쏠쏠하여 방문할 만하다.

구도 범머리길

구도항을 출발하면 곧바로 구도 범머리길 입구에 이른다. 구도범머리길 14km은 '범머리 게이트'를 출발해서 드넓은 가로림만 해변을 따라 호리반도를 한 바퀴 돌아 다시 구도항으로 오는 길이다. 서산아라메길 중 서산시 팔봉면이 하나의 코스. 서해안과 팔봉산을 따라 조성된 트레킹 코스이다.

구도 범머리길은 A 24km코스와 B길 14.5km코스로 나뉜다. A코스는 팔봉산 양길리 주차장-솔감저수지-구도항-주벅배 전망대-팔봉갯벌체험장-호덕간사지-팔봉산 양길리 주차장에 돌아오는 원점회귀 길이다. B코스는 구도항-옻샘-주벅배 전망대-팔봉갯벌체험장-범머리-호리1리 마을회관-호덕간사지-구도항에 이른다. 단순한 길이다.

'범머리 게이트' 아치를 통해 산길로 접어든다. 바다에서 갑자기 산으로 오르는 오솔길, 자드락길로 접어든다. 나무 사이로 보이는 가로림만이 넓기도 하다. 광활한 갯벌이 끝도 없이 펼쳐진 광경이 천혜의 자연환경이자 생태자원의 보고임에 틀림없다. 가로림만의 풍광을 직접 보고 느끼며 걷는 길이다.

범머리는 범의 머리를 한 거대한 돌출 바위산에서 연유된 마을 이름이다. 2015년 '지역창의 아이디어 공모사업'에 선정되어 걷는 길로, 3.5km가 조성되었다. 가로림만 해변을 따라 걸으며 지친 마음을 달래는 힐링 길로 거듭난 것이다.

구도 범머리길에서는 호랑이 이야기를 전해주는 '해님 달님 이야기' 코너를 지난다. 옛날 따스하던 어린 시절에 누구나 들었던 동화다. 동심의 세계로 들어가 본다.

아주 먼 옛날, 어느 산골에 홀어머니와 남매가 살고 있었다. 하루는 어머니가 잔칫집에 일을 하고 아이들에게 주려고 떡을 싸서 바구니에 담아 이고 집으로 돌아오게 되었다. 날이 저물어 컴컴한 산길을 걸어 집으로 가는 스무고개 중 첫 번째 고개를 막 넘어서는데 마침 큰 호랑이가 나타났다.

"떡 하나 주면 안 잡아먹지" 하여 떡 한 덩어리를 주었더니 고개를 넘을 때마다 호랑이가 나타났고 어머니는 그때마다 떡을 주었다. 마지막 스무고개 째 떡이 떨어지자 호랑이는 어머니를 꿀꺽 먹어 삼켰다. 그리고 호랑이는 어머니 옷을 입고 변장한 후 남매가 있는 집으로 가서 문을 열어 달라고 했다. 밀가루를 묻힌 호랑이의 하얀 손이 어머니인 줄 속아 넘어가 문을 열어 준 남매는 호랑이를 보고 부랴부랴 우물가에 서 있는 나무 위로 올라갔다. 호랑이가 도끼로 나무를 찍으며 따라 올라와 남매는 다급하여 하늘에 기도를 했다.

"하느님 저희를 살려 주시려거든 새 동아줄을 내려 주시고 죽이려거든 헌 동아줄을 내려 주세요."라고 말하자 하늘에서 새 동아줄이 내려와 하늘로 올라갔다. 이를 본 호랑이도 따라서 기도했다.

"하느님 저를 살려 주시려거든 헌 동아줄을 내려 주시고 죽이시려거든 새 동아줄을 내려주세요"라고 거꾸로 기도하였다. 헌 동아줄이 내려왔다. 호랑이는 밧줄을 타고 올라가다 밧줄이 뚝 끊어져서 그만 수수밭으로 떨어지고 말았다. 수수밭에 떨어져 수숫대에 찔린 호랑이는 피를 흘리며 그 자리에서 죽었다. 그래서 그 후 수숫대의 속은 빨갛게 물들게 되었다는 것이다. 하늘로 올라간 여동생은 밤이 싫어 해가 되었고, 오빠는 달님이 되었다. 낮에는 해님이, 밤에는 달님이 둥실 떠올라 세상을 환하게 비춰주고 있다.

범머리길 곳곳의 숨은 명소들

호랑이 이야기가 끝나고 나면 길 위 곳곳에 대한 안내와 설명이 이어진다.

먼저 '연두곶이'다. 숲으로 가려 잘 보이지 않지만, 돌출된 산의 모양이 제비부리燕頭를 닮았다고 해서 붙여진 이름이다. 또한 산 형상이 연꽃의 수술머리를 닮았다고 해서 붙여진 이름이기도 하다.

숲길이 끝나고 해변으로 내려간다. 바닷가에서 '스문여'를 본다. 바다 가운데에 있어 썰물 때만 드러나는 바위섬을 말한다. '숨어 있는 바위'라는 뜻에서 붙여진 이름이다. 해산물을 채취하러 갔던 스무 명의 아낙들이 밀물에 빠져 모두 죽었다는 슬픈 전설이 전해지는 곳이다. 갯벌 사이로 바닷물이 잔잔히 스며들고 있다. 아직은 바위가 살짝 보여 스문여의 진가를 보여준다.

바닷가에서 '구도성' 방향으로 올라가면, 언덕 위에 구도성이 있다. 가로림만으로 들어오는 해로를 관찰했던 옛 성으로 1516년경 약 2.5m 높이로 600m 둘레의 석성을 축성했다고 전해진다. 지금은 그 흔적만 남아있을 뿐이다. 언덕 그 자체가 석성인 듯하다.

'산양포' 간판이 보인다. 바다에서 바라보면 산의 모양이 마치 산양과 같다 하여 붙어진 이름이다. 산골자락 봉우리에는 옛날 해미읍성을 지키던 충청 병마절도사 이유직의 묘소가 놓여 있다. 아마도 명당이었나 보다.

'옻샘'이라고 적혀 있는 곳이다. 구도포구의 갯벌에 민물과 바닷물이 겹쳐 둠벙을 이룬 샘, 옻샘이 있다. 가로림만 해안가 고부레 해변에 예부터 백사장 모래밭에서 맑은 물이 사시사철 뽀글뽀글 솟아났다. 바다 중간에 샘솟는 물이 짜지도 않고 여름에는 차갑고 겨울에는 따뜻한 물이 항상 쫄쫄 흘러서 바다로 들어갔다. 여름에는 유난히 차가운 물이 솟아 주변 사람들이 작은 샘을 파 놓고 무더운 여름에는 목욕하며 더위를 식히는데 더없이 좋은 우물이었다. 특히 여름철에 모기 등 벌레에 물려 가려운 곳, 땀띠 난 곳, 습진, 옻이 오른 피부를 이 물로 씻어내면 신기하게도 나았다는 것이다. 그때부터 사람들은 이 샘을 '옻샘'이라 불렀다.

옛날에는 약이 귀하고 특별한 치료법이 없었기 때문에 이 옻샘 물이 인근 주민에게는 신통한 샘물로 알려지게 된 것이다. 옛날 유래를 되살려 해변 중간에서 솟아나는 곳에 우물을 파서 옻샘을 복원한 것이 지금의 옻샘이다.

고부레 해변은 바다를 향해 삐쳐 나온 산세의 양쪽 곶이 고양이의 머리를 닮았다고 하여 붙여진 이름이다. 고양이의 토속어 '고이'와 머리를 뜻하는 '부리'의 합성어이다. 왼쪽이 암고양이, 오른쪽이 수고양이라고 한다.

다시 산으로 올라간다. '돌이산'이다. 세상을 만든 마구할멈 신화가 깃든 산이다. 유난히 돌이 많아서 '돌이산'이라 했고, 빙 돌아간다고 해서 붙여진 이름이다. 돌이산 아래 바다에는 '우럴목'이 있고 마구할멈 바위가 있다. 우럴목은 호리병 모양의 가로림만 22.4km 중 병목현상이 된 유일한 곳으로 바다 폭이 300m 정도 된다. 썰물 때 물살이 거세서 '우럴- 우럴-' 소리를 내며 물이 운다고 해서 붙여졌다.

창세신화가 흩어져 있는 신화적 공간, 마구할멈 바위 이야기는 이렇다.

옻샘

거인인 마구 할머니가 가로림만의 우럴목을 건너다 수심이 하도 깊고 물결이 너무 세차서 속옷이 젖게 되자 놀란 나머지 소변이 급해서 쪼그려 앉았던 자리다. 쪼그려 앉는 힘이 어찌나 셌던지 바위에 엉덩이 자국과 오줌물이 흐른 흔적이 남아 있다는 전설이다. 그 오줌물이 흘러 가로림만 바다를 이루었다고 하며 젖은 속옷을 벗어 말렸다는 곳이 하얀 마구할미 바위다.

자드락길과 해변이 끝나면 멀리 보이던 팔봉산 자락에 어느새 내가 있다.

서해랑길 77코스 서산시

팔봉초등학교- 흑석소류지- 검은굿지산- 서산창작예술촌- 도성3리마을회관 / 12.3km

팔봉산 자락 아래 팔봉초등학교

서산 9경 중 제5경 팔봉산 자락 팔봉초등학교에서 시작한다.

태안반도 서편에 위치한 팔봉산364.4m은 하늘과 바다 사이에 놓인 여덟 산봉우리가 줄지어 이어졌다 하여, '팔봉八峯'이란 이름이 붙었다(서산시). 팔봉산은 팔봉면 어송리, 양길리, 금학리의 3개 마을에 접하여 솟아 있다.

원래 팔봉산 봉우리는 9개인데 가장 작은 봉을 제외하고 8개의 봉우리를 합쳐 팔봉산이라 하였다는 것이다. 그래서일까? 이런 전설도 전해온다. 봉이 9개인데 제일 작은 봉을 제외하고 팔봉산이라 하여, 매년 12월 말이면 그 작은 봉우리가 자기를 넣지 않았다고 울었다는 전설이다.

팔봉산에는 운암사지와 정수암지 등이 남아 있어 다양한 사찰이 자리했음을 짐작케 한다. 가뭄이 심하면 군수가 산에 올라가 기우제를 지내던 천제단도 남아 있다. 마을의 각종 중요 행사도 이곳에서 이루어졌던 것으로 추정되는 의미를 가진 산이다(서산시).

8개 봉우리 모두가 기암괴석으로 이루어져 있는데 특히 가장 높은 제3봉은 삼면이 석벽으로 이루어져 있다. 때문에 등산의 재미를 한층 더해 준다는 팔봉산이다. 정상에서는 서해안 지역의 가로림만 일대가 한눈에 펼쳐져 장관을 이룬다. 3시간 정도의 등산코스는 크게 북쪽과 남쪽으로 나뉜다. 북쪽의 양길리 방면이 정상과 가까우며 서산아라메길 구도 범머리길 A코스가 시종점이기도 하다.

팔봉산 자락 아래 100살이 다 돼가는 팔봉초등학교^{1927년 개교}가 코스의 종착지이자 시작점이다. 안온安穩한 마을에 살아가는 어린이들의 교육을 책임지고 있다. '배움으로 꿈을 여는 행복한 학교' 이미지가 정겹다. 꿈을 키우기 위해 열심히 공부하는 아이들의 모습이 눈에 선하다.

학교 마당에 가서 앉았다. 공간적 여유도 있지만, 조용하고 포근하고 평화롭기까지 하다. 수업 중이라 아주 조용하지만, 학생 수가 적어 이젠 쉬는 시간에도 조용하다. 「학교알리미」에 들어가 보았다. 학생들이 55명인데 저학년이 적어 앞으로는 더 감소할 것 같다. 200살까지 팔봉의 어린 꿈이 영그는 행복한 초등학교가 되길 기대해도 될까?

낙지는 어디서 낚지?

서해랑길은 가로림만을 따라 올라간다. 시골 마을을 지나는 코스라는 말 그대로 한가로운 마을들을 지나고 밭 사이를 걷는다.

밭에는 양배추 수확이 한창이다. 서산에서도 특히 팔봉산 주변에는 감자가 유명하지만, 양배추 또한 알아주는 농작물이란다. 감자와 양배추와 생강이 이곳의 특산물이다. 서해랑길이 여기저기 양배추 산지를 이어준다. 생강도 한창이고.

아주머니가 생강 굴 앞에 앉아 있다가 나를 보고 반긴다. 생강은 땅바닥을 우물처럼 파고, 아래에는 더 넓은 지하공간을 만들어 생강을 보관한다. 보통 200m 직선으로 땅굴을 파고 그 밑에 보관하는 것이 생강보관법이다. 남편이 생강을 가지러 땅굴로 내려갔다며, 무사히 올라오기를 기다리는 마음, 이해된다. 문제는 여름철에 생강이 부패하여 대량의 메탄가스가 굴 안에 차면 유독가스로 생명이 위험할 수도 있기 때문이다.

서해랑길은 바닷가로 내려간다. 중왕마을이다. 낙지는 서산 중왕리에서! 여기가 바로 중리포구가 있는 중리어촌체험마을이다.

안녕하세요. 중리어촌체험마을입니다. 중리어촌체험마을은 세계 5대 청정 갯벌 중 하나인 가로림만에 있는 마을로 농어업이 조화롭게 이루어지고 있는 마을입니다. 중리 북쪽은 망미산을 비롯한 구릉성 산지이며, 마을 안쪽 주변으로는 대규모 간척지가 발달해 있어 바다 낚시뿐만 아니라 민물 낚시와 산책로로도 각광받고 있습니다. 뉴딜300에 선정되어 많은 변화가 이루어질 예정입니다. 앞으로도 더욱 더 발전이 될 그리고 발전하고 있는 중리마을 많이 사랑해 주시고 방문해 주시면 감사하겠습니다.

중왕마을-낙지는 어디서 낚지?

    중리체험마을로 들어서자, 서산시 가로림 수산학교도 있고 감태가공시설도 있고 체험실도 잘 갖추어져 있다. 10월 한 달 동안의 체험 가능 시간표가 붙어 있을 정도다. 가로림만의 특산물이 '서산해품감태'이듯 많은 사람들이 감태체험에 참여하고 있었다.

    잠깐 밖에 나온 '귀어歸漁수업'을 듣는다는 60대 후반의 수강생을 만났다. 충청남도에서 실시하는 귀어수업이 귀어인들에게 도움이 되는 것으로 알려졌다며, 본인도 많은 도움이 된다고 말한다. 정년한 사람들에게 필요한 정보를 얻을 수 있다는 친구의 소개로 왔다는 그는 열정적이다. 곧 귀어할 것 같다.

    중리어촌체험마을은 자연환경이 잘 보존되어 있기에 풍부한 수산자원을 바탕으로 주민들은 주로 바지락, 굴, 감태, 낙지잡이로 생활을 하고 있다. 주요 체험은 감태초콜릿 만들기, 수산물체험, 깡통열차 마을투어와 전기차 마을투어, 바지락 캐기, 쪽대 그물체험, 낙지잡기, 개막이체험 등 다양하다. 그 중에서도 낙지잡기가 최고!

중리어촌체험마을은 체험마을로서의 그 무한한 가능성을 인정받아 전국의 체험마을 106개 마을이 경쟁하는 2014년 체험마을 전진대회에서 최우수상을 수상하기도 했다.

칠지도 대장장이 마을 도성리

77코스의 종착지 도성3리 마을회관에 도착했다. 그런데 벽화가 특별하다. 만화로 그려져 있는 것이 재미있기도 하고 무엇을 말하려나, 유심히 읽었다. 칠지도?

1. 안녕하세요?
   도성리 지킴이 쇠돌이에요! 우리 마을 도성리를 소개해 드릴게요.
2. 옛날 옛적에 사철이 많이 나와 '쇠 팽이마을'이라 불렸던 도성리가 있었어요. 1970년대 초까지 철광산이 운영되었어요.
3. 단련공鍛鍊工들은 매일 같이 쇠만 다루는 일을 하다가 생을 마쳤는데 나라에서 왜왕에게 보내는 칠지도七指刀를 만들라 해서 모든 정성을 다해 칠지도를 만들었어요.
   ……
10. 칠지도는 우리가 일본 왕에게 하사해 줬어요. 서산시 지곡면 도성리에서는 매년 4월 14일 칠지도 도공장 추모제 행사를 해요.

도성3리 마을회관 앞에는 칠지도 제작 야철지冶鐵地기념비가 세워져 있다. 그 옆으로는 칠지도 사진과 함께 영어와 일본어로 적힌 기념비도 함께 있다. 올해로 제15회 칠지도 제작기념 문화제가 열렸다. 칠지도의 문서기록의 일부이다.

일본국日本國 나라현奈良縣 덴리시天理市 이소노까미징구우에는 일본국日本國 국보로 되어 있는 칠지도七支刀가 있다. 우리나라 사서史書에는 기록이 없으나, 일본서기日本書紀에는 이 칠지도는 일본국 신공왕후 52년 임신壬申에 백제의 구저 등이 천웅장언天雄壯彦을 따라 와서 칠지도 일구와 칠자경 일면 등의 중보를 전해 주면서 말하기를 이 칠지도는 나라의 서쪽으로 하河를 건너 7일 간이나 걸려 가는 먼 곳의 곡나谷那라는 맑은 물이 나오는 철산鐵山에서 만든 것이라 하였다고 기록되어 있다.

신공 52년은 252년으로 보는 견해도 있고 372년으로 보는 견해도 있다. 252년으로 보는 견해대로라면 백제 제8대 고미왕19 때이고 372년으로 보는 견해에 따른다면 제13대 근초고왕近肖古王 때이다. 일본서기 신공 55년 초에 초고왕충이라 하는 기록으로 보아서는 근초고왕 때로 추정된다.

도성리- 칠지도 만화벽화

이때의 백제 서울은 한성에 있었으므로 백제 서울에서 서방으로 하천河川를 건너 7일간 가는 '곡나'라는 땅은 충남 서산 지곡地谷을 말하는 것이다. 따라서 칠지도를 만든 야철지冶鐵地는 도성리 마을 철산鐵山 또는 철동鐵洞이라 부르는 야철지를 이르는 것이다.

이곳에는 아주 오랜 옛날부터 철을 다루는 훌륭한 기술자들이 많았다고 전해온다. 이민영 저 1926년 『서산군지』瑞山郡誌에 의하면 지곡면, 대산면, 성연면, 팔봉면의 4개 면 중에서 쇠를 다루는 기술자인 단연공鍛鍊工이 유일하게 지곡면에만 4명이었던 것으로 보아 이런 전통과 관련이 있다고 할 것이다.

칠지도는 도의 전장이 길이가 75cm이고, 도신이 65cm, 자루부분이 약 10cm이며, 도신 좌우에 삼본씩의 각형과 지인이 서로 엇갈리게 돋쳐 있는 특이한 제품으로, 좌우의 지인은 모두 여섯 개이나 도신까지 합쳐 칠지도라 한다(이문열). 칠지도의 전면과 후면에는 금자상감金子象嵌 61자의 명문名文이 있다.

선세 이래 아직 이 같은 칼은 없었던 바, 백제 왕세자가 일부러 왜왕 지旨를 위하여 만들었으니, 후세에 길이 전하여 보일 것이다.

이 점에서 백제의 것이 틀림없으며, 백제의 힘을 과시하기 위해 당시 빈국이었던 일본을 속국으로 생각하여 하사한 것으로 풀이된다(이문열).

『하룻밤에 읽는 한국사』에 따르면 백제 284년 무렵에 백제의 아직기와 왕인은 일본에 논어와 천자문을 전했으며, 태자의 스승과 사관이 되어 최초로 역사기록을 맡기도 했다 또한 일본에 불교佛敎를 전파했으며 577년위덕왕24에 불상 만드는 기술자, 절 건축자를 보냈고, 이어 금속공예사, 기와 굽는 기술자까지 보냈다. 백제는 이러한 학문적인 전수 말고도, 의학, 역학, 천문, 지리, 점술 등도 전파했다. 이런 백제인의 문화 전파는 일본의 고대 국가 수립에 주요한 역할을 했다.

서해랑길 78코스 서산시

도성3리마을회관- 진충사- 환성3리마을회관- 염전저수지- 대산버스터미널 / 13km

도성리에서 대요리로

도성3리를 출발하여 '바깥고잔' 버스정류장을 지나고 '대요리'로 향했다.

가을빛이 깊게 스며든 날, 서늘하고 안개 낀 아침나절. 일출을 맞이하며 조용한 마을 사이를 걷는다. 눈부신 아침 햇살 속 씨앗을 품은 강아지풀은 살랑이는 바람에 흔들리며 햇살을 나에게 건네준다. 야마와키 리코의 '아침은 거기 사는 사람들의 것, 달리면 그 안에 들어갈 수 있다'는 글귀를 빌려, 아침은 거기 사는 사람들의 것, '걸으면' 그 안에 들어갈 수 있다고 말해보고 싶다. 천천히 마을 안으로 스며든다.

아침 이슬을 머물고 있는 풀잎들을 하나하나 눈여겨보며 아름다움에 나도 모르게 이슬에 몸이 젖는다. 따라서 마음마저 이슬에 젖는다. 나뭇잎에 맺힌 이슬을 손가락에 받아 먹어보기도 하고 눈 밑에 발라보기도 한다. 달콤할 뿐만 아니라 눈이 참으로 밝아지는 기분. 행복을 추구하지 않은 채, 가장 행복한 사람이 된다.

대일어촌계의 광활한 갯벌도 햇빛에 반짝이며 새들을 불러 모은다. 새소리에 귀를 기울였다. 우우우- 우우- 새소리에 발걸음을 멈출 수밖에 없었다. 곧 날아오를 것만 같아 기대했으나 좀처럼 날아오를 기미가 보이지 않는다. 새들의 노래 소리만 귀에 꾹꾹 담아 본다.

진충사 0.2km 지점에서 코스모스 무리를 만난다. 저마다의 빛깔과 향기를

머문 코스모스. 꽃의 빛깔이 한층 더 곱게 다가온다. 시월의 마지막 가을을 음미한다.

문득 이 가을에 나는 무슨 색으로 발하고 있는가?, 생각이 들었다. 지금 이즈음 무슨 색이어야 하는가. 꽃들에게 물어볼까. 대답이 듣고 싶다.

사당 진충사

진충사振忠祠에 이르렀다. 사당 진충사는 충무공 정충신鄭忠信 1576~1636 장군의 신위神位와 영정影幀을 모신 사당祠堂이다. 또 한 사람의 충무공을 만났다. 사당과 사택을 둘러보고 그의 삶을 톺아본다.

1926년도의 서산구지瑞山舊誌를 번역한 『서산군지』에는 충무공 정충신 장군을 간략하게 소개하고 있다.

정충신은 금성 사람으로 고려의 명장 경렬공의 9대 손이다. 조선 선조 임진년1592년 17세로 난을 만난서 적병을 토살했고 인조 갑자년에는 이괄李适의 역모를 평정해서 1등 공신으로 책훈되어 금남군錦南君에 봉해졌다. 후에 부원수 경상 병마절도사에 이르렀다. 시호는 충무공이며 지곡면 고수철산古水鐵山에 돌아가 묻혔다

진충사에 기록된 자료에서는 정충신의 구체적 활동이 보다 자세하게 적혀 있다.

금성錦城정鄭씨인 공公은 고려 말 명장 경렬공景烈公의 9대 손으로 금천군 윤倫과 정경부인 영천이씨 사이의 둘째 아들로 1575년 12월 29일선조8년 전라남도 광주 향교동에서 태어났다. 집안이 어려워 변변한 교육도 받지 못하고 유년시절을 보냈다. 공公은 어려서부터 총명하고 천문, 지리, 의술, 시문 등 다방면에 정통하였다.

진충사 입구

 임진왜란이 일어났던 1592년 광주목사 권율權慄 밑에서 종군하였는데 당시 행재소 임금이 피난하여 거처하던 곳인 의주에 장계를 전달하고자 했으나 가고자 하는 사람이 없자 17세의 소년인 정충신이 자원하여 왜군의 사이를 뚫고 의주까지 가서 장계를 전달한 의협심이 강한 인물이었다.

 장계狀啓 즉, 전황보고서를 광주光州에서 평안도 의주義州에 계신 선조 임금께 전달하여 조정의 만주 망명을 막았다. 공은 그해1592년 무과에 급제한 후 1623년 안주목사로 방어사를 겸임하고 1624년 이괄이 반란을 일으키자 도원수 장만의 휘하에서 전부대장前部大將이 되어 서울 안현鞍峴, 길마재전투에서 반란군을 토벌, 난을 평정하여 진무공신 1등 훈호와 금남군錦南君에 봉하여졌다.

1627년 정묘호란 때에는 팔도부원수로 활약, 청군 3만을 외교적으로 철수시켜 서북지방을 회복하였다. 1630년 명나라 장수 유흥치가 일으킨 난에는 주사원수로 참전하여 난을 수습하였다. 1633년 조정에서 후금에 대한 쇄폐를 거절하고 청과 절교할 것을 결정하여 이 사실을 청조에 알리려고 김대건을 사신으로 보내자 공은 김시향과 함께 탄식하며 사신을 머무르게 하고 조정에 재고할 것을 청하는 상소를 올렸다가 당진으로 유배되었다. 그 후 다시 장연으로 옮겨서 유배생활을 하였다. 그러나 곧 풀려서 이듬해 포도대장, 경상도 병마절도사를 지냈다.

　1636년 5월 4일 숙환이 악화되어 61세로 별세하니 임금이 크게 슬퍼하시며, 어의御衣를 벗어 수의壽衣로 하사하고 예장禮葬을 명하였다.

　1685년숙종11년에 충무 시호를 주어 공의 업적을 후세에 전하도록 하였다. 이곳 마힐산摩詰山은 인조가 하사한 봉토로서 공이 생전에 정한 유택에 모셨다. 진충사와 사택은 충남문화재제206호로 지정되었다. 현재 사택은 개인 거주공간으로 사용되고 있다. 1966년 후손과 지방 유지들이 박정희 대통령에게 건의하여 1970년 진충사를 건립하게 되었다. 매년 4월 25일 제향을 올리고 있다.

　이곳 대요리 일대는 당시 이괄의 땅이었던 것을 정부에서 환수한 바 있었다. 정충신이 이괄의 난을 평정한 후 장만의 건의로 이 땅을 정충신에게 주어 사패지지賜牌之地가 되었다.

　말년에 병이 깊어지자 당진에 와 있었는데 대산 망일사에서 40일간 정양한 바 있고 이곳 국사봉을 돌아보고 자기가 죽거든 이곳에 장사 지내라고 묘소를 지정해 놓았다. 이때 지정한 곳이 현재의 묘소로서 진충사에서 위쪽 국사봉 아래에 있다. 따라서 지곡면과 특별한 인과관계는 없고 이후 정충신의 자손들이 이곳에 터를 잡고 살기 시작하여 현재까지도 금성정씨 일가가 살고 있다.

'또 한 명의 충무공 정충신' 기획전시가 충남역사박물관[2024. 10. 15-2025. 1. 31]에서 개최되었다.

휴가철 찾아가고 싶은 섬 웅도

이제는 섬이다. 섬. 늙어도 낡지 않는다. 가고 싶고 살고 싶은 섬. 하나하나가 우주이고 세상이고 특별한 곳이다. 그런 섬으로 가고 싶나요? 혹시 휴가철에 가고 싶은 섬이 있나요?

'휴가철 가고 싶은 여름 섬 33섬'에 2년 연속 선정[2016-2017년]된 섬이 웅도熊島다(행정자치부, 한국관광공사, 도서문화연구원). 2022년에는 행정안전부와 한국섬진흥원이 주관한 '찾아가고 싶은 여름 섬'에 선정되었다.

웅도는 섬의 모양이 웅크리고 있는 곰과 같다 해서 웅도, '곰섬'이라 불리고 있다. 가로림만 내해의 정중앙에 자리하고 있으면서 대산읍의 7개 도서 중 유일한 유인도서이다(서산시). 웅도는 조수간만의 차에 따라 육지와 연결된 마을이 되기도 하고, 섬마을이 되기도 하여 시간에 따라 다양한 경관을 자랑하고 있다.

서산공용버스터미널에서 웅도 행 버스를 이용하면 40분 만에 도착한다. 다리가 놓아졌기 때문이다. 섬과 육지를 연결하는 유두교는 섬의 관문이자 모세의 기적이 펼쳐지는 신비의 바닷길이다.

이성복 시인의 시 「서해」를 읽으면, 가보지 않은 섬을 남겨두어야 할 것 같기도 하지만, 8도로 가보자.

아직 서해엔 가보지 않았습니다.
어쩌면 당신이 거기 계실지 모르겠기에

그곳 바다인들 여느 바다와 다를까요.

검은 개펄에 작은 게들이 구멍 속을 들락거리고

언제나 바다는 멀리서 진펄에 몸을 뒤척이겠지요.

당신이 계실 자리를 위해

가보지 않은 곳을 남겨두어야 할까 봅니다.

내 다 가보면 당신 계실 곳이 남지 않을 것이기에

내 가보지 않은 한쪽 바다는

늘 마음속에서나 파도치고 있습니다.

-「서해」전문

세계 5대 갯벌 중 하나인 가로림만을 중심으로 형성되어 있어 생태자원도 풍부하다. 웅도의 특산물로는 낙지, 바지락, 굴, 김 등이 있는데 특히 6월 말-7월 초에 잡히는 낙지는 연하고 맛이 좋아 알아준다. 바지락은 쌀뜨물같이 희고 맛이 시원하며 해장국 감으로 으뜸이다.

웅도는 본래 서산군 지곡면의 관할 지역에 편입되어 있었는데 1914년 행정구역 개편 시 웅도를 하나의 행정리로 독립시켜 웅도리라 하여 서산군 대산면에 편입시켰다. 이후 1991년 대산면은 읍으로 승격되었다.

웅도의 규암층은 12억 년의 시간을 뛰어넘는 지질학 교과서로 알려졌다. 웅도 선착장에서 북서쪽으로 30미터 떨어진 지점에서 관찰할 수 있다고 한다. 웅도로 떠나 시원한 바지락 국을 마시고 지질 규암층을 찾아보자.

마을의 끝자락엔 바다가

서해랑길은 환성3리 마을회관으로 이어진다.

가을걷이가 끝난 시골길이 유난히 정갈하고 한산하다. 시골길에서 가끔 보이는 집이 위안이 된다. 200-300m쯤 가다 보면 집 한 채가 각기 다른 모습으로 다가온다. 집은 그냥 보면 텅 빈 것 같지만 사람이 사는데 필요한 건 모두 갖추고 있으니, 정작 사람이 사는데 필요한 건 별로 많지 않은 모양이다. 집 하나하나를 뜯어보면 아주 지저분하고 낡았다. 세월이 지나간 흔적이 역력하다. 그러나 그런 집들이 한 덩어리로 파란 하늘을 이고 자연과 함께 하는 모습은 참으로 아름답다.

돌로 엉성하고 얕게 쌓은 뜰은 흉내만 냈고, 그 뜰만큼 좁은 툇마루가 간신히 버티고 있었다. 부엌과 방 두 칸의 삼 칸 집이었다. 세월에 창호지가 반쯤 찢겨져 나간 문들은 앙상한 문살을 드러낸 채 말이 없었다. 툇마루 위에는 지게, 쇠스랑, 따위의 농기구가 너부러졌고, 그 앞엔 철제 사다리가 거꾸로 눕혀져 있었다. 집 왼쪽에 쌓아 놓은 볏짚 더미 위엔 허연 비닐이 덮였으며, 마당 여기저기에도 뭔지 알 수 없지만 무덕무덕 비닐에 덮어 있었다. 그 집 뒤엔 해묵은 감나무 두 그루가 섰는데, 아직 잎이 돋지 않아 앙상했다.

지금도 농촌의 집들 중에는 이런 집들이 꽤나 많다. 김수환 추기경이 찾은 고향에서의 옛집을 묘사한 풍경이다. 마치 타임머신이 고장 나는 바람에 연착륙한 듯 과거에 뚝 떨어진 느낌이 드는 그런 집이다(김병규).

집집마다 감나무에 감이 주렁주렁 달린 것이 보기 좋다. 그런데 밑에 달린 감은 이미 따 버렸는지 보이지 않고 나무 꼭대기에만 달려 있는 것이 신기하다. 새들을 위한 것인가. 아니면 홍시라도 만들어 먹을 생각인가. 혼자 이 생각 저 생각하는데.

모처럼 나도 감나무에서 떨어진 감을 맛보았다. 발부리로 감 하나가 팍- 하고 떨어지는 것이 아닌가. 어찌 된 영문인가 싶어 주위를 살피니 나 혼자다.

내 발걸음 울림에 떨어졌을까? 행운이다 싶어 깨진 감을 주워서 흙을 털어내고 맛을 봤다. 천연의 단맛. 그 달콤한 맛이 나를 위로했다. 서해랑길 위에서.

때마침 구름이 비껴간 자리로 해가 싸악 내려앉는다. 단조로운 길이 눈이 부실 정도로 빛난다. 길가에 피어올라 길을 감싸고 있던 갈대들이 때맞춰 빛난다. 투명하고 영롱하다. 바람이 이때를 놓칠세라 가볍게 온몸을 감싼다.

시인이 아닌 사람은 자연이 곧 노래인 그런 곳에서 살아야 하고, 희망이 없이 사는 사람은 어떤 희망도 필요로 하지 않는 그런 곳에 머물러야 하고, 마음이 흔들리고 불안한 사람은 자신의 심장의 고동소리를 맨발로 뛰노는 어린아이의 가벼운 리듬에 맞추기 위해 여기에 와야 한다.

장 그나르네의 『지중해의 영감』에 나오는 말이다. 시인이 아니라서, 마음이 흔들리지 않지만 자연이 노래하는 그런 곳이 바로 여기가 아닌가. 지중해가 아니라도. 이런 곳에 사는 사람들이 아름답다. 길가는 나그네를 위안이라도 해주니까!

염전저수지로 서해랑길이 이어진다. 과거엔 이곳까지 바닷물이 밀려와서 무리 없이 염전을 일구었건만 지금은 폐허나 다름없는 염전저수지. 문은 기울어졌고 창문은 모두 뜯겼고 형체만 남은 곧 쓰러질 듯한 황량한 염전가옥. 회생되기 쉽지 않아 보인다. 붉은 햇살이 반짝이고 있듯이 내년 봄에는 다시 염전에 영롱한 소금기가 햇빛에 비치길 바라고 싶다.

'위험구간' 팻말이 멀리서도 보여 걱정이었지만. 마침 바닷물이 빠진 상태다. 우회하지 않고 바닷길로 걸어갈 수 있어 다행이다.

만조구간으로 만조 2시간 전후에는 우회노선을 이용해야 하는 구간입니다. 일출 전,

대명어촌 갯벌의 퍼포먼스

일몰 후 만조 전후 1시간 동안은 이용객의 안전을 위하여 출입을 금지합니다.

그런데 걷는 이들이 꽤 많았다. 지나가는 사람의 이야기인즉, 오늘은 만조가 되지 않는 날이란다. 바닷가에 사는 사람들의 날 것의 지혜가 놀랍다.

물 빠진 바닷가에는 갯벌이 드러나고 이내 무대가 된다. 나무를 이용한 솟대 퍼포먼스. 각기 다른 모습으로 갯벌에 그림자를 띄우며 잔치를 벌인다. 멋지다. 갯벌에 이런 상상의 무대를 마련하다니. 마음은 그림자를 따라가다가 어느새 파도 한 자락이 되어 바다의 리듬 속으로 잠긴다. 바다의 숨결이 평화롭게 들려왔다. 바다에 뛰어들어 씻고 나온 것처럼 상쾌한 기분으로 걸었다.

도시의 외곽을 따라가면 목적지 대산버스터미널이다. 어디로라도 쉽게 갈 수 있는 버스터미널이 종착지라 부담이 없다. 10분 만에 서산버스터미널 행 버스에 탑승. 다음 코스도 마음 편하게 오갈 수 있어 좋다.

서해랑길 79코스 서산시

대산버스터미널- 롯데케미칼사택- 화곡1리마을회관- 삼길산- 아라메길관광안내소 / 11.9km

서산 9경 삼길포항 풍경

'1시 유람선 출발'-. '1시 유람선 출발'-.

삼길포항에 들어섰을 때는 너무나 놀라웠다. 귀에 들리는 것이 먼저였고 사람들보다는 자동차가 더 많이 보였다. 해상관광 유람선 매표소에서 쾅-쾅- 울리는 안내방송이 활기차다. 11시도 되지 않았는데 오후 1시 유람선 호객 행위가 가히 절정이다.

수산시장과 많은 횟집. 주차장에 빽빽하게 주차된 차들. 그리고 많은 사람들. 여느 항구에 비해 사람들이 붐볐다. 서해랑길 80코스의 시작점으로 갔을 때나 79코스의 종착지로 갔을 때나 마찬가지로 역동적인 활기가 포구를 넘치게 한다. 내 눈에 비친 삼길포항은 서해랑길에서 가장 활력이 넘치는 항구였다. 오랜만에 만나는 활기찬 항구, 모든 것이 신기하기만 했다.

바닷가를 따라 오색 줄무늬 깃발이 줄지어 바람에 나부낀다. 싱그러운 바다 냄새가 올라온다. 국사봉^{200m}에서 내려다보이는 삼길포 바닷가 경관이 매우 수려했듯이 포구에서 보이는 정경 또한 정겹다. 소형 선박들이 질서정연하게 정박되어 있는 것이 바다로 나갈 행복한 꿈을 꾸는 것 같다.

'삼길포 9경-회 뜨는 선상'으로 이어지는 바닷가 횟집으로 사람들이 줄지어 내려간다. '선상 어시장'이라는 독특한 곳으로도 유명하다. 물고기를 잡아 온 배를 선착장에 대고 직접 물고기를 파는 방식이다. 활기찬 선착장에서 바다를 배경으로 회를 즐기는 기분, 다른 곳에서는 좀처럼 맛보기 어려운 광경인지 모르겠다. 꽤 괜찮을 것 같아 나도 흔들다리를 따라 내려가고 싶다.

부둣가에는 낚시를 하는 사람들이 꽤 많다. 혹시나 감성돔이나 망둥어를 잡으려는 것은 아닌가? 이곳은 특히 바닷물과 민물이 만나는 기수면을 좋아하는 감성돔이 자주 선을 보인다는데. 벌써 소문이 자자한가 보다.

말 그대로 서산의 멋 삼길포!

그중에서도 서산의 맛 우럭! '삼길포항 우럭 기념비'가 거창하다.

충청남도 서산시 대산읍 화곡3리에 위치한 삼길포항. 서해안을 대표하는 미항美港으로 서산의 유명 관광지인 서산 9경 중 하나다.

삼길포항 앞바다에서 많이 나오는 우럭은 쫀득하고 감칠맛 나는 식감을 가지고 있으며 부담 없는 가격으로 즐길 수 있어 많은 사람들에게 인기를 끌고 있다.

삼길포 낚시터

삼길포 주민들은 우럭을 주제로 2005년부터 매년 삼길포 우럭축제를 개최하고 있으며 해를 거듭하며 풍성한 먹거리와 다채로운 프로그램이 가득한 어촌체험 관광 축제로 성장하고 있다.

이제 삼길포항은 새로운 콘텐츠와 쾌적한 인프라를 갖추고 오감만족 어촌체험 문화관광 명소로 도약하기 위한 새로운 전거를 마련하고 있다. 이에 지역 주민들이 화합을 이루고 많은 관광객들이 찾아오길 바라면서 누구나 삼길포항 하면 떠올릴 수 있는 랜드마크로 삼기 위해 대형 우럭상을 이곳에 세운다.

화곡어촌계 2016.11.11.

태안반도 북단의 대호방조제 앞 해안에는 여러 항구가 있다. 삼길포항은 그중 규모가 가장 큰 항구로 알려져 있다. 바다 위에 떠 있는 유람선과 어선, 갯바위 낚시를 하는 사람들의 멋진 광경, 푸른 하늘과 바다 사이를 가르는 갈매기, 바닷바람이며, 바다냄새 하며 즐기기에 충분하다. 아름다운 항구「미항 삼길포」시가 나올 만하다. 한 수 읊는다.

미항 삼길포
선상 횟집들이
총총걸음을 하면
갈매기 날갯짓에
그림자 펄럭인다.
철렁거리는 바다 사이로
해거름이 몰려오고
사람들은 바닷물을 퍼서
하늘에 바른다.

— 「미항 삼길포」 전문, 김형은

사람들이 활어가 든 검은 봉지들을 들고 식당으로 향한다. 우리도 수산시장에서 산 우럭을 들고 식당으로 갔다. 일찍 가길 잘 했다. 끊임없이 생선봉투들이 밀려온다. 포구에서만 즐길 수 있는 신선한 즐거움이다. 매운탕으로 얼큰하게 취한 만족감을 안고 걷기 시작했다. 놀러 오라는 말이 귓가에 맴돈다.

바다의 맛과 멋을 느끼다
구경 가요! 서산 삼길포항!
싱싱한 해산물과 아름다운 자연, 문화예술이 어우러진 서산 삼길포로 놀러 오세요.

삼길산 벚꽃길에서 꽃비 맞으며

'서산아라메길 홍보관'에서 곧바로 삼길산 임도를 따라 올라간다. 삼길나루길을 따라 올라가면 꽤 가팔라 힘이 들지만, 일단 언덕을 오르면 삼길산 벚꽃길이 이어진다. 꽃비를 밟으며 걸음걸음 바다를 바라보며 걷는다. 꽃비 속을 걷는 낭만적인 산책길을 즐길 수 있었던 건 정말 행운이다. 계절에 절묘하게 맞았던 것이다.

삼길나루길 벚꽃길. 임도를 따라 하늘을 가릴 만큼 벚꽃이 가득 피었고 꽃잎은 바람을 따라 하나둘씩 날리어 꽃비를 내린다. 조용한 분위기 속에서 걷는 내내 꽃비를 맞으며 흐뭇했다. 하얀 꽃 터널을 지나는 기분, 힐링의 정점이다. 흐드러지게 만개한 삼길산 벚꽃길 나만의 벚꽃 정원이 된다. 삼길산 나만의 정원! 삼길포항의 그 많은 사람들도 삼길산 임도로는 올라가지 않는 이유는 무엇인가? 삼길산의 벚꽃길을 모르는가? 아니면 급경사의 임도길이 만만치 않기 때문인가? 함께 나누고 싶은 삼길산 벚꽃길이다.

드넓은 바다와 대호방조제가 한눈에 들어와 바다를 내 것으로 끌어들이는 또 다른 바다의 모습이다. 바다를 조망하면 먹어섬, 비경도, 대이작도, 대난지도, 풍도, 난지도, 분도, 우무도, 소조도, 대조도, 제부도, 도비도, 당진화력발전소가 그림처럼 펼쳐진다. 눈으로는 탁 트인 삼길포항이 모두 드러나지만 사진으로는 전혀 표현되지 않는 바다. 눈으로 보고 마음으로 만끽한다.

삼길산에는 백제시대에 창건된 고찰인 해월사가 있으며, 전망대에서 내려다보면 동쪽으로는 당진과 연결되는 대호방조제가, 서쪽으로는 멀리 대산3사의 석유화학단지, 대죽공단과 대상항 등이 위치한다.

서산아라메길 3구간에 속한 삼길산172m 임도는 삼길나루길3km과 삼길나루길 벚꽃길4.2km로 나뉜다. 삼길산 트레킹 코스로 삼길포 관광안내소-삼길산 전망대0.9km-봉화대 입구1.55km-삼길산교회 입구2.35km-펜션단지 입구2.5km-삼길포 관광안내소3km로 돌아온다.

『서해랑길 워킹투어2』에서 서산아라메길은 이미 소개한 바 있다. 아라메길이란 바다의 고유어인 '아라'와 산의 우리말인 '메'를 합친 말이다. 서산의 아름다운 산과 바다를 볼 수 있는 자연의 길이다. 서산지역의 특색 있는 친환경 트레킹 코스다. 대화와 소통의 공간으로 아늑함과 포근함이 담긴 길이다(서산시).

서산아라메길은 시작과 끝이 없는 길이다. 발걸음이 처음 가는 곳이 시작점이고 멈추는 그곳이 종점이다. 걷는 사람에 따라서 아라메길은 다양한 본인만의 길이 될 수도 있다. 나만의 추억이 담긴 느린 산책길을 만들어 보자. 진정 나만의 산책이 될 것이다.

주말이면 붐비는 사람들로 인해 버스도 입구에서 정차하고 만다. 하여튼 서해랑길 시·종착지 서산아라메길 관광안내소까지 걸어야 한다.

김적과 김홍욱 부자父子 묘역을 둘러보고

한두 방울 떨어지던 빗방울이 점차 세차지기 시작한다. 우비를 꺼내 입자 갑자기 소나기로 바뀌었다. 일기예보에 따르면 오후 2시부터 비 소식이 었지만 생각보다 날씨가 화창해 일기예보가 빗나간 것으로 여겼는데. 어딘가 잠시 피하려고 찾던 중 정자가 눈에 들어왔다. 정자로 뛰어들었다.

그런데 주위에 큰 석비石碑가 여러 개 보이고 鶴州金弘郁先生年譜학주김홍욱선생 연보, '문화재명 김적 및 김홍욱 묘역' 간판과 김홍욱 신도비神道碑가 있었다.

조선시대 문신인 김적1564-1646과 김홍욱1602-1654 부자가 잠들어 있는 곳이다. 신도비는 종2품 이상 벼슬아치의 무덤 앞이나 근처 길목에 세워 죽은 사람의 업적을 기리는 비석을 말한다.

김홍욱에 대해서는 『서산구지瑞山舊誌』 인물편에 기록되어 있다.

김홍욱의 호는 학주鶴洲이고 경주 사람으로 만력 임인년1602년에 태어났다. 효종 신묘년에 충청 감사에 배수되었고 대동법을 창립했다. 갑오년에 황해 감사가 되었는데 가뭄으로 상소를 하면서 강빈옥사姜嬪獄事의 원통한 정상을 쟁송하다가 임금의 뜻에 거슬려 7월 16일 형장을 맞아 죽었다. 후에 복관되었고 시호는 문정文貞이고 성암서원聖巖書院에 배향되었다. 종손 김문환이 지금 대산면 대로리에 살고 있다.

묘지는 대산면 대로리에 있으며 송우암이 신도비를 찬술했고 윤득화가 썼다.

비를 맞으며 학주鶴州 김홍욱金弘郁 선생 시비詩碑를 읽어 본다.

快閣岧嶢枕碧灣쾌각초요침벽만	높고 산뜻한 누각은 푸른 물줄기 가로 질렀고
江光搖漾翠屛間강광요양취병간	강 빛은 푸른 병풍 사이에서 일렁이네.
壺中世界乾坤闊호중세계건곤활	땅 속 같은 세계의 하늘과 땅은 드넓고

鏡裏人家日月閒경리인가일월한   거울 속 인가의 세월은 한가롭구려.
俯檻澄波魚競躍부함징차어경약   난간 밑 맑은 물에는 물고기 뛰어놀고
當簷高樹鶴飛還당첨고수학비환   처마 끝 높은 나무에는 학이 돌아드네.
他時願作神仙尉타시원작신선위   원하노니 다른 날 신선이 되어
倘許丹梯再得彎당허단제재득만   혹여 붉은 사다리 다시 오를 수 있을지.

김홍욱의 문집 『학주선생전집鶴州先生全集』에 따르면, 김적은 관직에 나갔지만 광해군의 폭정에 실망하여 서산시 음암면 유계리로 낙향하여 학문에만 전념하였다. 당시 김적이 주변 사람들과 교유한 흔적인 단구대와 용유대는 지금도 남아 있다.

김홍욱1602-1654의 자는 문숙文叔, 호는 학주이다. 조선중기의 문신이며 아버지는 찰방察訪, 적積이다. 1635년 중광문과에 급제하였다. 이듬해 병자호

김적유적지

란이 일어나자 임금을 모시고 남한산성으로 내려가서, 청나라에 맞서자는 강경론을 주장하였다. 당진 현감으로 있을 때는 감사와 뜻이 맞지 않아 사직하기도 하였다. 1646년 이조좌랑이 되었으나 권신 김자점과 불화로 사직하였다. 1648년에는 관기官紀, 전제田制, 공물貢物, 방납防納 등 시폐 15개조를 상소하였다. 효종 즉위1650 이후 집의, 승지를 거쳐 충청도에 대동법을 처음 실시하는데 적임자로 지목되어 충청도 관찰사가 되었다. 1654년효종5 황해도 관찰사로 전임하였는데 흉년이 들어 효종이 원인을 묻는 구언교求言敎를 내리자 8년 전 사사賜死된 강씨소현세자 빈의 억울함을 말하고 그 원을 풀어줄 것을 상소하였다.

그런데 이 사건은 종통宗統에 관한 문제로 효종의 왕위 보전과도 관련되는 문제이기 때문에 더 이상 논의하지 말라고 엄명을 내린 바 있던 일을 다시 거론하자 효종이 격노하여 친국을 하게 되었다. 그러나 끝내 주장을 굽히지 않고 결국 장살杖殺 당했다.

그의 강직한 절개를 높이 여겨 1718년에 민진후閔鎭厚의 주청으로 이조판서로 증직되고 이듬해에 문정공文靖公 시호까지 받게 되었다. 성암서원에 제향되고 문집으로는 학주집鶴洲集이 있다.

김적 묘는 부인 화순최씨의 묘와 나란히 조성되었으며, 상석, 동자상, 문인석, 망주석, 묘비 등의 석물이 배치되어 있는데 17세기 무덤의 석물 변화가 잘 드러나는 것으로 알려졌다. 묘비는 조익이 지은 비문을 아들 김홍욱이 써서 세웠는데 덮개돌에는 용과 구름무늬가 화려하게 조각되어 있다.

김홍욱 묘는 부모 곁에 묻어 달라는 유언에 따라 남동쪽으로 100m 정도 떨어진 자리에 조성되었다. 부인 동복오씨의 묘와 나란히 놓여 있으며, 상석, 문인석, 망주석, 묘비를 두었는데 망주석과 문인석을 제외하고 모두 최근에 새로 만든 것이다. 묘비는 1746년 박필주朴弼周가 지은 비문을 새겨 세웠다가 1995년에 새로 세웠다. 김홍욱 신도비는 맏아들 김세진이 덕원에 유배 중이던 송시열을 찾아가 비문을 받아 두었다가 1772년 5세손 김구주 金龜住가 세웠다.

  우산과 비옷으로도 감당되지 않는 빗속을 뚫고 간다. 서산의 마지막 코스의 아쉬움인지 그칠 줄 모르는 비는 종착지 대산버스터미널에 이를 때까지 지속됐다.

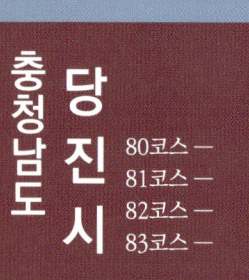

당진시
충청남도

80코스 —
81코스 —
82코스 —
83코스 —

음섬포구에서 서해대교를 바라보며

서해랑길 80코스 당진시

아라메길관광안내소- 도비도항- 당진전력문화홍보관- 왜목마을- 장고항2리 정류장 / 17.6km

도비도항에서는 무작정 난지섬으로 떠나자

삼길포항을 뒤로하고 대산읍 화곡리의 바닷길을 잇는 대호방조제를 벗 삼아 걷는다. 방조제가 끝나는 지점엔 또 다시 바다가 이어진다.

도비도항이다. 삼길포항에 비하면 너무나 조용하고 호젓한 항구다. 저절로 침묵할 수밖에 없을 정도로 적막하다. 식당이 있지만 폐업한 지 오래된 듯 삭막한 모습이다. 단지 낚시가게만 문이 열려 있어 좌대 낚시터가 있는 도비도항이라는 말이 맞기는 한가 보다.

하지만 도비도항만의 특징이 있다. 우뚝 솟은 작은 섬들과 마주한다. 또한 도비도항 앞바다에서는 썰물 때 갯벌이 바다 쪽으로 길게 갈라져 모세의 기적을 연출할 때 바닷물이 빠진 갯벌을 따라 바다 깊숙이 들어갈 수 있는 것이 도비도 갯벌의 특성이다. 이 때문에 생태체험이 가능하다. 조개, 게, 고동, 낙지 등 바다, 육지, 민물 습지 등 다양한 자연 생태자원이 존재하는 당진의 명소다. 더위 탓인지 모든 곳이 멈추어 버린 도비도항.

낚시가게 맞은편엔 여객선 유람선 매표소기 도비도 선착장임을 일린다. 대난지도 해수욕장과 소난지도로 향하는 여객선이 도비도 선착장에서 뱃길로 30분이면 이들 섬에 닿는다.

조선시대 풍랑을 피해 배들이 몸을 피하던 옛 피항지避港地 난지섬은 이제 도시민들의 피서지가 되었다. 특히 대난지섬 하면 무조건 해수욕장이다.

도비도항

천연 해수욕장으로 2.5km에 달하는 그 길이만큼 폭도 500m로 넓어 간만차 걱정 없이 하루 종일 물놀이에 빠져도 좋은 곳이다.

소난지섬은 일제에 맞서 싸우다 장렬히 전사한 150여 명의 의병이 묻힌 아픈 역사를 간직한 곳이다. 국가등록문화재제629호로 지정된 '소난지도 의병총'에는 매년 6월 1일 의병추모식이 열린다.

나라를 지키다 스러져 간 의병들의 격전지 소난지섬. 오랜 옛날부터 충청 이남의 조운로에 위치해, 풍랑이 심할 때면 조운선을 비롯한 어선들이 피신했던 섬이다. 이 같은 연유로 식량 확보가 용이한 데다 내륙으로 이어진 수로를 이용해 주재소를 습격해 무기를 탈취하기 쉬운 조건을 갖추고 있어 내포지역 의병운동義兵運動의 중심지였다(당진시).

소난지도 의병항쟁은 1905년 국치의 을사늑약으로 국권이 침탈되자 경기도 수원에서 거병하여 한때 포군을 거느릴 정도로 세력이 막강하였던 홍일초홍원식 휘하의 의병들이 일본군의 초토화 작전에 밀려 충남 당진으로 건너오면서 병오년 홍주전투에서 패한 의병 일부와 합류 당시 호남 등지의 관곡 운송선들의 중간 정박지였던 석문면 소난지도에 의병 본진이 유둔하였다. 의병들이 이곳에서 재기를 도모하던 중 이를 탐지한 한·일 순사 15명이 솔가지로 위장한 배로 기습하여 1908년 3월 15일 9시간 동안 총격전이 벌어졌고 의병들의 탄약이 먼저 떨어지면서 섬 동쪽 딴 섬까지 밀려 육탄전으로 대항하다가 끝내 41명 전사, 9명 부상, 기타 의병 50여 명이 바다에 투신하여 의로운 최후를 맞았다. 최후의 1인까지 장렬하게 순국하였다.

이들의 항거는 구전으로만 전해져오다 1970년 석문중학교 교사와 학생들의 힘으로 고증 작업이 이뤄져 세상에 알려지게 되었다. 이후 2009년 '의병항쟁 추모탑'이 건립되었다.

소난지섬을 여행하는 가장 좋은 방법은 해 질 녘 마을 산책이다. 섬마을의 소박한 풍경은 오래도록 마음에 머물러 나중에 집에서도 간간이 떠올려질 선물이다. 서로 다른 매력을 지닌 두 섬, 대난지섬과 소난지섬은 2021년 난지대교로 이어졌다. 두 섬을 한 번에 돌아볼 수 있다.

당진전력문화홍보관은 못 보고

당진전력문화홍보관 에너지 캠퍼스 마크가 보인다. 일단 들렀다 가기로 했다. 그런데 '일요일 휴관일' 공지에 발길을 되돌릴 수밖에 없었다. 대부분 월요일이 휴관일인 경우가 많아, 월요일엔 걷지 않는데 하필 일요일이 휴관일 줄이야. 기대에 어긋나 맥이 빠진다.

충청남도 당진시 석문면 교로길30. 당진전력문화홍보관은 당진화력발전소 인근에 위치한 홍보관이다. 당진화력발전소를 운영하는 한국동서발전(주)이 지역주민들에게 전력산업에 대해 홍보하고 문화교류의 장을 제공하기 위해 만들어진 홍보관이다.

내부 전시시설은 에너지관, 전기관, 환경관, 지구관 등으로 구성되어 있는데 인류가 불을 발견하고 전기를 이용하게 되기까지의 역사와 전기에너지의 생성과정을 보여준다. 지구 환경과 미래 대체에너지에 대해 설명한다. 축소 설계된 발전설비, 전기시설 등을 전시하고 있는데 단순한 설명 판 대신 영상매체와 게임과 퀴즈를 이용해 전기에너지를 흥미롭게 체험할 수 있도록 한 점이 이곳의 특징이다.

손을 갖다 대면 전기가 반응하면서 움직이고, 전기장에 따라 움직이는 물의 모습을 볼 수 있는 등 전기에너지를 오감으로 확인해 볼 수 있는 청소년 체험교육학습장이다.

해 뜨고 해 지는 왜목마을

충청남도 당진시 석문면 왜목길15-5. 왜목마을로 들어서면 먼저 뜨겁게 내리쬐는 태양 아래 끝없이 북적거리는 해수욕장이 펼쳐진다. 저절로 그 앞으로 모래를 헤치고 바다로 달려가게 만든다.

그리고 우뚝 솟은 조형물이 눈을 사로잡는다. 욕망이 꿈틀거리듯 하늘로 치솟는 압도적인 거대한 설치물이 바다를 장악한다. 아주 커다란 새가 바다에서 솟아 날아오를 듯한 모습이 장관이다. 이름하여 '새빛 왜목' 조형물, 꿈을 향해 비상하는 왜가리의 모습을 바다에 표현한 작품이다. 포토존에서 사진을 찍으면, 왜가리의 날개에 앉아 양팔을 벌리면 '새빛 왜목'을 타고 날아오르는 모습을 연출할 수 있다. '새빛 왜목 포토존'에서 사진을 찍어보자. 그리고 무슨 소원이든지 소원도 빌어 보자. 소원이 이루어진다고 하니. 굳게 믿고 빌어보자.

당진시 최북단에 위치한 서해안의 가늘고 길게 뻗어나간 특이한 지형에서 '왜목마을'이라는 이름이 생겼다. 지형이 '왜가리의 목처럼 생겼다'는 것이다. 해양수산부의 HS유류피해지역 경제 활성화사업으로 왜가리 조형물이 설치되었다.

마을 파라솔 매표소를 '교도2리 마을회'에서 관리한다는 플래카드가 이색적이다. 경기 불황 속에 잔뜩 움츠러든 지역 경제를 살리려는 기초단체들은 다양한 이벤트와 아이디어로 피서객 몰이에 분주하다. 이곳 왜목마을도 마찬가지다. 여러 숙박시설과 캠핑장, 맛집, 요트 세계일주 홍보전시관, 해수욕장 등을 일부 마을단체에서 함께 운영하고 있다. 해수욕장을 찾는 이유가 물놀이만은 아니다. 해수욕장마다 특색 있는 행사와 체험프로그

왜목마을 해수욕장 새빛 왜목

램은 여름 해수욕장을 찾는 또 다른 즐길 거리가 되기 때문이다.

　일출과 일몰, 월출月出까지 모두 한 장소에서 볼 수 있는 전국 유일한 장소로 왜목마을이 한몫을 한다.

　당진 서해 촛대바위의 일출은 당진 구경九景 중 하나로 한국의 명승지名勝地가 되었다. 아침 해가 촛대바위에 걸리는 시기는 2월과 10월이다. 7-8월은 노적봉과 국화도 사이 바다로 뜨는 해를 볼 수 있다. 왜목마을의 일출은 매년 하지와 동지를 기준으로 해 뜨는 위치가 달라 장고항과 국화도 사이로 유동적이다.

　왜목마을에서 동남쪽 해상 약 3km에 솟은 노적봉과 장고항 언덕 사이에 붓을 거꾸로 꽂아 놓은 듯 문필봉文筆峰이 있는데 왜목마을에서 바다 너머로 보이는 이 바위는 자연의 비경을 찾아다니는 사람들이 주목하는 곳이다.

국가어항 장고항

　작은 어선들이 줄지어 정박해 있고 멀리 빨간 등대와 흰색 등대가 마주 보고 있는 바다 배경이 영화의 한 장면처럼 멋지다. '장고항 선착장'에는 국화훼리호 승선장, 덕진호 좌대 낚시 간판만 걸려 있고 조용하다. 깔끔한 인상을 주는 바다는 항시 그렇듯 넓고 푸른 경치가 장관이다.

　장고항은 형국이 장고를 닮았다 하여 북고鼓자를 쓰고 군대가 파수 보던 곳, 목으로 포수청이 있던 곳이라 하여 목항項자를 써서 장고항長鼓項이리 하였다. 조선 초기에는 수군만호가 박지포朴只浦에 주둔하여 목마장을 두고 말을 사육하였으며 조선 후기에는 장고항 포수청을 두고 관리하였다.

　장고항은 원래 당진현 내맹면內孟面이었으나 1914년 행정구역 개혁 때 외맹면, 내맹면, 도동면이 통합되어 석문면이라 개칭하고 대마도, 소마도, 장

장고항

고항, 사동, 한천을 병합하여 장고항 1-3리로 각각 분리되어 오늘에 이르고 있다(장고항2리).

일제강점기에는 어란이 생산되어 「부산수산 장고지점」을 설치하여 수출하기도 한 유명한 어항이었다.

1979년부터는 실치가 생산되면서 어촌마을이 형성되어 매년 '실치축제'가 열린다. 뱅어포로 잘 알려진 당진의 명물 실치가 유명한 항구가 장고항인 것이다. 이로 인해 전국 관광 명소로 부각되었고 2008년에는 '국가어장'으로 지정된 '휴양어촌'이 되었다.

장고항에서 돌아나가면 장고항2리 마을 입구에 이른다. 마을 유래를 세운 석비를 마주한다. 서해랑길 80코스의 종착지다.

영랑사 템플스테이

여행자들은 자기가 묵을 숙소도 품격이 있으면 좋겠다는 바람을 갖게 된다. 서해랑길에서 멀지 않은 당진에서 적당한 숙소를 찾던 중 특별한 곳이 눈에 들어왔다. 당진에서 유일하게 템플스테이가 가능한 절이 있다. 영랑사影浪寺다. 그래서 템플스테이에 대한 기대가 컸다. '아름답고 참된 나를 찾아서' 영랑사 템플스테이의 주제답게.

당진시 고대면의 농로를 지나 한적한 마을 끝자락에 '영랑사' 석비石碑를 만난다. 곧이어 야트막한 영파산의 품에 깃든 고즈넉한 전통사찰로 들어간다.

여기가 '템플' 저기가 '스테이'. 이듯 영랑사 대웅전에서 멀리 떨어진 유심당에 짐을 풀었다. 오늘의 템플스테이는 세실리아와 나, 단 2명뿐이다.

당진의 지선64-5, 6코스 원효깨달음길을 걸을 때까지만 해도 영랑사에 들릴 것이라는 생각은 전혀 하지 못했다. 지선65-5, 6 서해랑길이 영랑사로 이어지지 않았기 때문이다. 그러나 당진80-83코스를 걸을 때 영랑사 템플스테이를 해보자고 세실리아에게 제안했고, 그녀가 반기며 사전에 예약을 했던 것이다.

저녁 공양 시간이 임박해서 먼저 식당으로 향했다. 식사 전 공양게供養偈를 읽자 음식에 깃든 공덕과 인연의 소중함을 알게 된다.

공양게
나무불 나무법 나무승
이 음식에 깃든 은혜 두 손 모아 감사하고
상구보리 하화중생 명심 발원하옵니다.

두 손을 모으고 오관게五觀偈도 읽는다. 음식이 고맙고 소중하다는 생각에 공손해진다.

오관게
計功多少量彼來處　이 음식은 어디서 왔는가
村己德行全缺應供　내 덕행으로 받기 부끄럽네.
防心離過貪等爲宗　마음의 온갖 욕심 버리고
正思良藥爲療形枯　몸을 지탱하는 약으로 알아
爲成道業膺受此食　도업 이루고자 이 음식을 받습니다.

음식을 마주하며 감사한 마음이 든다. 절에서의 식사는 조용해서 좋다. 음식물도 살아 소리쳐 본 적이 없는 식물성들이다. 괜히 음식에게 미안한 맘이 든다. 음식물이 내 입까지 오게 된 길에 대해 생각해 볼 시간을 조용히 가져본다.

소유하면서도 이만한 고마움
천천히 씹어라. 공손히 먹어라.
봄에서 한여름 겨울까지, 그 여러 날 비바람 땡볕으로 익어 온 쌀 곡식 채소 아닌가.
그렇게 허겁지겁 삼켜버리면 어느 틈에 고마운 마음이 들겠느냐.
사람이 고마움을 모르면 그게 사람이 아닌 거여!

식사를 마치고 절 마당을 걷는데 저녁 예불시간인지 목탁소리에 이끌려 대웅전으로 향했다. 스님의 염불에 맞추어 절을 했다. 모든 것을 태워버릴 듯했던 여름도 끝이 다가오지만 몇 번의 큰절로 땀범벅이 되었다. 우리가 힘들어 보였는지, 스님이 서서 두 손을 모으고 예를 올리는 자세도 괜찮다고 말씀하신다. 우리 때문인지 곧이어 '마하반야바라밀다심경'으로 예불이 끝이 난다.

저녁 공양도 하고 예불도 참석하고, 할 것은 다 해야지. 덥지만, 마음먹고 삼석산 수목원 둘레길도 걷기로 했다. 산길을 올라가기는 어려워도 정상에 이르자 맑은 새소리가 들리고, 숲 사이로 은은하게 비치는 저녁노을이 아름답게 하루를 마감해 주었다. 더운 날씨에 모기까지 많아 어둡기 전에 내려왔지만, 삼림욕을 통해 삶의 활력을 되찾는 자연 숲길 체험까지 무사히 마쳤다.

템플스테이는 사찰마다 프로그램이 다양하지만, 이 정도면 영랑사 저녁 프로그램으로는 우리에게 안성맞춤이다.

영랑사는 아도화상에 의해 644년 신라 문무왕4년에 창건되었다. '영랑'이란 절 이름은 시주자 영랑공주의 이름과 금강경 사구계 '여몽환포영'의 뜻인 '그림자와 같고 물거품과 같다'는 제행무상의 이치를 담고 있다. 그 후 원효스님의 일심화회 사상과 무애보살행을 지극히 공경한 대각국사大覺國師 의천에 의해 1091년 고려 선종8년에 중창된 것으로 전해져 영랑사의 창건은 원효스님 오도와 깊은 관련이 있다.

세종 때 제작된 팔도지리지를 근간으로 작성된 「신증동국여지승람」1530년에 기록된 당진현唐津縣의 사찰 중 현존하는 유일한 사찰이다.

확실한 역사적 고증은 어렵지만, 원효스님의 오도인연이 서린 영랑사는 1,300년의 세월 동안 부처님의 가르침을 세상에 전하며 더불어 행복한 세상을 이루고 있다(영랑사). 더불어 일체의 괴로움을 소멸시키는 깨침을 지향하는 자각각타自覺覺他도량으로 역사적 부침을 이겨내며 존속된 당진에서는 가장 오래된 사찰이다.

영랑사에는 지방유형문화재로 지정된 대웅전제15호과 충남 유형문화재

자료제221호 동종이 있다. 대웅전은 아미타불을 모시는 전각인데 건축양식은 다포집으로 되어 있지만 지붕의 천정은 주심포식을 채택하여 일종의 절충식을 이루고 있는 것이 특징이다.

동종은 1759년영조35년에 제작된 소종77.1m이다. 이종은 종각에 조성할 목적으로 만든 것이 아니고 법당 안에서 사용할 목적으로 만든 일반적인 범음梵音 구인 소종으로, 주조 연대가 확실하여 영랑사의 연혁을 알려주는 매우 소중한 사료가 된다.

또한 고려시대에 유행했던 청탑 기단부와 복발覆鉢 일부가 발견되어 역사성을 증명하고 있다.

영랑사 대웅전(지방유형문화재 제15호)

서해랑길 81코스 당진시

장고항2리정류장- 석문달맞이공원- 삼화교- 파인스톤CC- 유곡2교차로 / 21.9km

음악분수가 있는 석문호수

 장고항 2리에서 출발해 충청남도 당진시 송산면 석문방조제를 만난다. 석문방조제는 당진시 송산면 가곡리에서 석문면 장고항리를 잇는 방조제로 10.6km의 길이다(당진시).

 1984년 대호방조제가 축조되었고 2005년 석문방조제1987-1995준공가 완공되면서 상당 부분이 육지로 변하여 면 가운데 송산면 면적이 가장 넓다. 간척지를 개발하여 농경지를 늘려 식량 증산을 이루고자 추진된 개발사업의 현장도 마주한다. 서해랑길이 이어지는 석문면에는 석문국가산업단지가 들어선 곳이다. 대단위 산업단지 내를 걷게 된다(당진시 희망기록).

 석문방조제가 끝이 나면 산업단지를 휘돌아 나간다. 드디어 석문달맞이 공원에 이른다. 거대한 담수호 석문호수가 공원의 주인공이다. 특히 호수의 음악분수대가 압권이다. 시간을 잘 맞추면 볼 수 있다. 달맞이공원의 조연은 공연장이 맡았다. 그늘을 만들어 주어 많은 사람들이 자리를 차지한다. 벌써 다른 사람들이 다 차지하고 있어 들어갈 자리가 없을 정도다. 산업단지 내에 들어선 공원으로 넓은 공간을 차지하고 있지만 사람들이 많이 이용할 수 없는 거리감이 읽힌다. 그래도 세실리아와 나는 석문호를 즐기며 한참을 쉬었다.

 석문 선착장은 석문방조제를 가기 전에 가볍게 들리기 좋다. 선착장을 따라 뻗어있는 길로 쭉 걷다 보면 그윽한 바다 냄새가 나기 때문에 저절로 가게 된다. 한적한 곳에서 여유를 즐기며 편히 산책을 하는 사람들을 볼 수 있다.

또한 석문 선착장은 낚시 명소로 알려진 곳이라 선착장 군데군데 낚싯대를 잡고 있는 사람들이 많다. 드라이브 코스로도 손색이 없다.

우리도 뜨거운 날씨 덕분에 잠시 차안에서 드라이브를 즐기며 더위를 식혔다. 하지만 더 이상 걸을 수 없다고 판단하고 걷기를 접고 당진의 아미미술관으로 방향을 틀었다. 서해랑길을 핑계로 미술관 기행이었지만 아주 멋진 여름 피서여행이 되었다.

석문호수

나, 너랑 여기 살고 싶다

화창한 날씨다.

지난번에 남겨둔 구간을 어제 82코스에 이어 오늘은 남겨진 일부를 걷는다.

지나온 길과는 전혀 딴판이다. 도로를 사이에 두고 농촌마을과 도시형 아파트촌으로 구분된다. 옛 건물들은 자취도 없어 과거의 유곡리 마을 모습은 알 수 없지만, 이젠 해링턴 플레이스 에듀타운이라는 서양 도시가 된 듯하다. 대단지 아파트가 들어서 있는 것이다. '집 나오면 바로 자연'이 아닌 아파트가 둘러싸고 있는 그런 곳이 되어 버렸다. 아파트가 도시를 점령하더니 점차 농촌지역까지 확대 점령하고 있다. 그만큼 생활 여건이 나은 아파트를 선호하는 경향이 있는 것도 사실이다.

최근에는 한 번도 가보지 않은 지역의 집들도 머릿속에 생생히 그릴 수 있다. 주로 품격, 자부심, 고귀함 같은 단어가 들어간 슬로건을 내세우는 아파트들이 그렇다. TV에 자주 등장하기 때문이다. 지역과 단지에 따라 특색이 다르다곤 하지만 아파트 이름과 로고를 보면 자연스레 어떤 장면이 펼쳐진다.

이곳의 '나, 너랑 여기 살고 싶다' 아파트 홍보 플래카드가 매우 낭만적이고 이색적이다. 생활환경이 편안한 아파트에서 혼자가 아니라 '너랑 같이 살고 싶다'는 문구가 따뜻하다. 집 자체가 아니라 홈home, 사랑이 가득한 가정을 의미한다. 현대인의 생활에서 아파트는 포근한 안식처나 다름없기 때문인가. 아파드가 이젠 우리 생활에 없어시는 인 될 유일한 집의 대명사가 되었다.

어렸을 적에 주택에 살다가 내 청춘의 첫 집은 아파트였다. 지금은 어디인지도 기억나지 않지만. 지금 생각해 보면, 거기서 어떻게 살았나 싶을 정도로 좁고 남루하고 불편한 아파트였다. 그때는 연탄을 떼는 아파트라도 감지덕지한 기분이 지금도 생생하다.

돌이켜보면, 단독주택이나 한옥이 주는 정취나 밝고 단정한 어느 집 풍경이 그려지는 그런 집이 그때는 불편함으로 뒷전이었던 것이다.

한옥의 작은 방이 주는 편안함은 놀라울 정도다. 내 몸 하나 누이면 변변한 가구 한 점 둘 데조차 없는 그 작은 공간에서 편안하고 상쾌한 기분을 느끼는 건 한옥이라는 건축이 가진 힘 때문일 것이다.

김윤환 목수가 말하는 한옥이다. 이런 한옥은 이젠 가까이 하기엔 어림도 없다.

한옥 예찬론자가 있다. 한옥에서는 밤과 낮, 하루를 온전히 느낀다. 도심에 있지만, 시골에 온 듯 조용히 명상할 수 있고, 창작활동을 맘껏 할 수 있는 공간이다. 여백의 멋과 곡선의 여유로움이 집을 감싸고, 조상의 지혜로운 삶이 한옥에 고스란히 담겨 있다. 그렇게 사람을 사랑하고, 사람 사이의 예를 중시해 온 문화를 이어간다(김영연).

김미리 작가는 『아무튼, 집』에서, -그러나 여전히 가끔은 울 것 같은 마음으로-라는 부제로 지나온 집들의 모든 시절을 사랑하지는 않았지만 그 모든 집에는 내가 사랑한 한 구석이 있었다고 전한다. 그러면서 어릴 적 할머니와 살았던 집과 닮은 집을 사고 말았다고 고백했다.

살살 불어오는 바람이 앞머릴 쓸어 넘겨주던 대청마루, 겨울이면 서늘한 바람이 줄지어 들어오던 전통 문, 흙이 잔뜩 묻은 손발을 씻으며 하루를 마무리하던 수돗가… 추억들이 고스란히 떠오르는 집이었다. 아는 이 하나 없는 동네였지만, 또 그래서 마음에 들었다. 덜컥 가계약을 하고 나서 주말마다 왕복 4백 킬로미터 거리를 오갔다.

내가 사는 곳이 어디든 내가 살아갈 집과 그곳에서 함께 보낸 시간들만이 의미 있을 뿐이라고 말한 작가는 『금요일엔 시골집으로 퇴근합니다』에서 시골집에 대해 자신의 경험을 말한다.

사실 시골집살이는 불편한 일투성이고, 때맞춰 해야 하는 일들이 넘쳐난다. 봄에는 겨울을 나느라 고생한 집 안팎을 살피느라 바쁘고, 여름에는 온갖 벌레와 잡초가 창궐한다. 키우는 작물보다 잡초가 더 빨리 자라서 주말 대부분을 잡초 뽑는 데 써야 할 정도다. 겨울에는 수확에, 김장에, 월동 준비에 쉴 틈이 없다. 그리고 시골집의 겨울은 춥고, 춥고, 춥다.

그럼에도 결국 그녀는 모든 계절과 계절 속의 일들을 사랑하게 되었다고. 시골집이 점차 아파트촌으로 바뀌고 있는 현실에서 다시 한번 집에 대해, 내가 살 집에 대해 생각해 보는 시간이 있어야겠다고.
'사람은 집을 짓지만 집은 사람을 만든다.' 영국의 정치가인 윈스턴 처칠이 남긴 말이다. 사람의 영혼과 생활방식이 고스란히 깃들어 있는 곳이 집이라는 뜻이다.
아파트 단지에 떨어진 은행 낙엽이 그래도 운치를 느끼게 한다. 낙엽을 밟으며, 삶을 음미하여, 살아가는 집을 생각하며 걸었다.
세실리아와 침묵 속에 유곡리 4반, 두수2교, 파인스톤컨트리클럽, 백석3교, 송산 16단지, 그리고 삼학교를 지나 목적지에 이른다.

서해랑길 82코스 당진시

유곡2교차로- 정곡리마을- 월곡리회관버스정류장- 심훈기념관- 복운리나눔숲 / 14.7km

심훈기념관과 필경사

시작점, 복운리 나눔숲에서 유곡마을로 들어가면 먼저 심훈沈熏기념관에 이른다. 그곳에서는 늘 푸르고자 했던 항일 민족문학의 영원한 청년, 심훈1901-1936의 문학세계를 들여다보는 시간이 된다.

심훈의 삶, 당진에서 되살아나다(심훈기념관).

심훈은 본명이 심대섭으로 농촌계몽운동가로 알려졌지만, 작가, 시인, 영화감독, 아나운서, 그리고 저널리스트로 다방면에 걸친 활동가였다. 경기도 시흥군 신북면 흑석리서울시 동작구 흑석동에서 출생한 그는 서울교동보통학교를 졸업, 경성고등보통학교경기고등학교에 입학하였다. 3학년 재학 시 3·1운동 참여로 학교에서 퇴학, 투옥 중 '감옥에서 어머님께 올리는 글월'은 알려진 편지다. 일제의 탄압이 어느 정도인지를 실감하게 된다.

『한국의 발견 충청남도』편에 나오는 '상록수의 심훈이 남긴 자취'는 대단하다. 서울에서 동아일보 기자로 있으면서 거기에 연재되던 번안소설에 손을 대기도 했고, 일본 소설인 「금색야차」를 번안한 「장한몽」을 신파극으로 만든 「이수일과 심순애」에서 이수일 노릇을 맡기도 했다. 우리나라 최초 1926년의 영화소설 『탈춤』을 발표하기도 했는데 이때부터 쓰기 시작한 필명이 '훈'이다. 1927년 영화 〈먼동이 틀 때〉를 쓰고 단성사에서 개봉하였다.

필경사

그 후 1930년에 집필한 「그날이 오면」은 대표적 시로 심훈기념관 마당에도 시비로 남아 있다.

그날이 오면 그날이 오며는
삼각산三角山이 일어나 더덩실 춤이라도 추고
한강漢江물이 뒤집혀 용솟음칠 그날이
이 목숨이 끊어지기 전에 와주기만 하량이면
나는 밤하늘에 날르는 까마귀와 같이
송로의 인경을 머리로 들이받아 올리오리다
두개골은 깨어져 산산 조각이 나도
기뻐서 죽사오매 오히려 무슨 한이 남으오리까.

그날이 와서 오오 그날이 와서

육조 앞 넓은 길을 울며 뛰며 뒹굴어도
그래도 넘치는 기쁨에 가슴이 미어질 듯 하거든
드는 칼로 이 몸의 가죽이라도 벗겨서
커다란 북을 만들어 둘러메고는
여러분의 행렬行列에 앞장을 서오리다.
우렁찬 그 소리를 한번이라도 듣기만 하면
그 자리에 꺼꾸러져도 눈을 감겠소이다.

마당 뒤편에는 나지막한 초가집 '당진 필경사筆耕舍'가 있다. 필경사는 일제의 탄압이 심해지자 심훈이 1932년 서울에서 그의 아버지가 살고 있는 송암읍 부곡리로 내려와 작품 활동을 하던 중 1934년에 직접 설계하여 지은 집이다. '필경筆耕'은 심훈의 1930년 7월 작품으로 조선인들의 마음을 붓으로 논·밭을 일구듯 표현하는 심훈의 의지와 함께 자신의 집을 필경사라 명명한 것이다. '우리의 붓끝은 날마다 흰 종이 위에 갈耕며 나간다'로 시작하는 「필경」 시가 필경사의 의미를 밝혀준다.

필경사는 대지 661㎡에 건평 62㎡인 아담한 팔작지붕의 목조집이다. 정면 5칸, 측면 2칸으로 구성된 "一"자형 초가지붕 아래 목조기둥으로 세워져 있으며 벽체는 황토를 짓이겨 바른 예전 농촌의 전형적인 초가집이다. 관리상 문이 잠겨 내부로 들어갈 수 없었지만 창문을 통해 보면, 심훈이 읽었던 책들과 등불, 옷가지, 부엌의 아궁이, 화장실까지 당시의 모습을 재연해 놓았다. 필경사는 한때 그의 장조카인 고 심재영 옹이 관리하다가 당진시에 기부한 이후 당진시에서 관리하고 있다. 1997년 충청남도 기념물 제107호로 지정되었다(당진시).

심훈은 민족의식과 일제에 대한 저항의식을 지닌 당대의 지식인으로서 필경사에서 1935년 농촌 계몽소설의 대표작이라 할 수 있는 『상록수』를 비롯하여 『영원의 미소』, 『직녀성』 등을 집필하였다(심훈상록문화제집행위원회).

소설 상록수의 단행본 출간을 위해 상경하여 한성도서주식회사에서 작업 중 장티푸스로 인해 36세의 젊은 나이로 사망하고 만다. 선생의 짧은 일생이지만 정신적 활동은 '민족의식의 태동-저항의 불꽃-희망의 빛-그날이 오면-상록수와 계몽운동'으로 구분하여 평가되고 있다.

소설 『상록수』에서 주인공 박동혁이 자칭하는 상록수 4종種이 필경사 주위에 심어져 있다. 상록수 4종을 그의 소설 『상록수』에서 찾아보자.

날이 어둑어둑 해지고 매미 쓰르라미 소리도 점점 엷어질 무렵에는 회관 앞마당이 턱 어울리도록 두 길 세 길이나 되는 나무가 섰다. 전나무, 향나무, 사철나무冬靑 같은 겨울에도 잎사귀가 떨어지지 않는 교목만 골라서 '봄이나 가을에 심어야 잘 산다'고 고집을 하는 회원들의 반대를 무릅쓰고 파다가 옮겨 심은 것이다.

동혁이가 동리어귀로 들어서자 맨 먼저 눈에 띄는 것은 불그스름하게 물들은 저녁 하늘을 배경 삼고 언덕 위에 우뚝우뚝 서 있는 전나무와 소나무와 향나무들이었다. 회관이 낙성되는 날 그 기쁨을 영원히 기념하기 위해서 회원들과 함께 파다 심은 상록수常綠樹들이 키돋움을 하며 동혁을 반기는 듯…

『상록수』는 1935년 동아일보 창간 15주년 기념 장편소설 현상 모집에 당선되었다. 물론 그의 마을 부곡리에서는 이를 축하하는 잔치가 벌어졌었다. 그는 여기서 탄 상금 오백 원으로 가난한 농민 자녀들의 무상교육을 위해 상록학원을 세워 운영하였다. 이는 지금 송악면에 있는 상록초등학교상록국민학교의 모체가 된다(뿌리 깊은 나무).

송악읍 마중길

　심훈기념관을 지나면 지금은 밭으로 변해버린 과거의 상록학원터를 지난다.

　곧바로 농촌마을의 들길을 걷는다. 농촌의 풍경을 즐기며 많은 생각이 든다. 한때는 이곳이 소설 『상록수』의 배경처럼 활기차고 붐볐을 농촌마을일 텐데. 지금은 집도 보이지 않고 사람조차 보이지 않는 조용한 논밭뿐인 모습에 마음이 술렁인다. 열심히 농사를 짓던 그들이 있었던 덕분에 우리가 이렇게 잘살고 있는데 하고.

　부곡2리 마을회관 앞 게시판에 '부곡2리 마중길 안내도'가 재미있다. 송악읍에서는 마을과 마을을 잇는 마중길 사업을 프로젝트로 진행하고 있다. 오봉저수지 주변을 생태환경으로 조성하고 저수지 주변 마을을 잇는 사업이다. '송암읍이장협의회'는 마중길 사업을 지역의 가장 큰 사업으로 뽑았다. 마중길 사업은 한전의 특별발전기금을 투입해 31개 마을을 네 권역으로 나눠 안내도를 제작하는 사업이다.

　마중은 '오는 사람을 나가서 맞이한다.'는 의미다. 마을과 마을을 잇는 마중길. 마을마다 오는 사람들을 맞이한다는 정중한 의미의 마중길이다. 청금리와 신평면의 오봉저수지를 이어주는 길을 마중길이라 한다. 부곡2리 마중길은 상록수길, 명대길, 낡은대길, 천하물길, 바리미길로 나뉜다. 다시 말하면 심훈기념관이 있는 상록수길, 명대들과 명대골이 있는 명대길, 낡은대골에는 낡은대길, 천하물골이 있는 지역은 천하물길, 바래미골에는 바리미길이 생긴 것이다.

　당진 『희망기록』에 따르면 기지시리가 있고 한진항이 있는 송악읍은 충청남도 당진시 북동부에 위치한 지역이다. 과거에 당진항한진포구은 역사적으로 중국 당과 교류의 관문이었다. 지금은 안섬포구와 더불어 서해안시대의 관광과 산업의 요충지로 당진항 지정에 따른 환황해권의 실질적 동북해안 중심지역으로 급부상하고 있는 지역이다.

바람이 있다면 오봉저수지 자연생태와 문화, 역사와 전설, 관광명소, 맛집, 사람 등 이야기를 모아, 샤방샤방 오봉저수지 자연생태 탐방지도가 만들어지면 좋겠다.

이곳 부곡2리는 옛 홍주목 신북면 지역으로 부곡리에 속한다. 고종 32년 지방관제 개정에 의하여 면천군에 편입되었다가 1914년 행정구역 개편에 따라 예전의 당진군과 면천군이 합쳐져서 당진군이 되면서 신북면 소대리, 대동, 오사리 각 일부를 병합하였다. 그리고 1950년에 좀말골, 낡은대골, 오얏골을 합쳐서 부자가 되라고 부곡리라 한 것이다.

서해랑길은 송악읍 마중길을 따라 월곡리를 지나 정곡리 마을을 통과한다. 추수가 끝난 너른 논을 바라보며 걷는다. 하얀색 비닐에 담긴 볏단이 드넓은 땅 위에 푸짐하게 오손도손 모여 있다. 곧 우리네 사는 마을과 마을이 오순도순 모여 살고 있듯이 말이다. 언제나 보이는 풍경이지만 언제 보아도 평화롭고 정겨운 농촌마을이다.

서해랑길 83코스 당진시

복운리나눔숲- 음섬포구- 맷돌포선착장- 삽교천방조제- 인주공단교차로 / 15.1km

음섬포구

　복운리 나눔숲에서 출발하면 큰 도로를 따라 산업단지를 지난다. 산업단지를 지나는 길은 대부분 삭막한 편이다. 이곳 도로변도 다른 산업단지와 별다르지 않다.

　서해랑길 83코스는 쭉 뻗은 도로가 시원하게 시야를 확보해주지만, 자동차 소음에 귀가 먹먹할 정도다. 단지 보행로 양쪽으로 푸른 들풀 속에 이름 모를 꽃이라도 피어 있을 것 같은 기분에 공연히 마음이 들떠 걸음이 뜬다. 발밑에 보이는 노란 들꽃과 양지바른 둔덕에 우거진 풀을 보며 인내를 가지고 걸었다. 그러자 산업단지 길도 이내 끝나고 음섬포구 팻말이 보인다.

　음섬포구는 당진시 신평면 음섬이길19-17에 위치한 작은 포구다. 음섬은 과거 섬처럼 생긴 육지마을, 음도에서 유래하여 음섬이라 부르게 되었다. 음섬포구는 조업, 선상낚시를 위한 포구이다. 망둥어가 잘 잡히는 곳으로 현재도 망둥어잡이가 주다(당진시).

　작은 포구지만 아기자기한 시설을 갖추고 있는 포구다. 가건물이지만, 음섬어민회도 있고 그 옆에는 어느 포구에서도 보지 못한 음섬포구 '여성쉼터'도 마련해 놓고 있다.

　포구 안쪽의 '당진 음섬해양전망대'로 가서 썰물 때 끝없이 펼쳐진 갯벌을 감상하며 한적하고 조용한 포구를 즐겨본다. 멀리 서해대교가 포물선을

음섬포구

그리며 지나가듯 보이고. 저 작은 섬이 행담도인가? 행담도가 있다는 말을 들어서인지 정말로 섬이 보이는 듯하다.

그런데 작은 어선들이 정박한 어촌의 분위기가 특이하다. 바닷물이 빠지면 포구의 특별한 지형이 그대로 드러나는 그 모습이 평범하지 않다. 바닷물이 빠진 음섬포구는 포구 앞에만 바닷물이 고여 있고 그 안에 작은 어선들이 기대어 있다. 그런데, 서해랑길 따라 걷다가 뒤편에서 보니까 포구가 갯벌에 옴팍 빠져있어서 배들이 보이지 않는 것이다. 매우 신기한 모양의 포구 모습이다. 단지 갯벌 사이로 난 가느다란 바닷길, 갯길로 배가 들고 나는 것이 신기할 뿐이다.

해안둘레길 즐기기

해안둘레길을 걷는다. 음섬포구-삽교호 간의 둘레길이 만들어졌다. '2025년 9월 해안둘레길 완성'이라는 플래카드가 반가운 소식처럼 들린다. 9월이 되면 더 깔끔해진 둘레길이 될 것이라는 희망으로. 음섬포구에서 삽교호까지 '해안둘레길'이 서해랑길을 이끈다. 서해바다를 벗 삼아 무난히 걸을 수 있는 나름 행복한 길이라는 생각이 든다.

해안둘레길은 밋밋하지 않다. 음섬포구-매산해양공원-맷돌포구-함상공원까지 약 5.8km의 트레킹 코스다. 트레킹을 즐기기에 안성맞춤이다. 서해랑길 83코스를 크게 기대하지 않았지만 기대 이상이다.

먼저 바닷가를 끼고 산책로가 길게 이어져 있다. 음섬포구를 에돌아 나가면 매산해양공원이다. 바닷가 해변에 만들어진 공원은 아름다운 꽃들과 산책길, 잔디마당, 그리고 의자 등등. 휴식 공원으로써 손색이 없다. 공원 안에는 당진시 아름다운 건축 대상을 수상했다는 브런치&카페 '해어름'이 호기심을 자극한다. 카페 해어름을 그냥 지나쳐야만 하는 안타까운 마음은 어쩔 수 없었지만 그 옆엔 베이커리마저 패싱해야 하는 마음. 안타깝지만 코스가 우선이라며 지나친다. 사람들이 꽤 많아 아는 이들만 찾아오는 꽤 알려진 매산해양공원인가 싶다.

해안둘레길 어디에서도 배경이 되어주는 서해대교가 보이고. 제법 넓은 사구해변도 구경했다. 역동적인 풍화작용에 의한 갯벌의 다양성을 보여주는 해변이다.

또 하나의 포구, 고깃배가 정박하는 아담한 포구 맷돌포구선착장이다. 물이 들어오면 뱃머리가 오른쪽으로 돌고, 반대로 물이 빠지면 뱃머리가 왼쪽으로 두는 것이 마치 맷돌 같다 하여 '맷돌포'라 불렸다고 한다. 바다에 어업용 그물막이 조성되어 있고 바지락 공장도 가동되고 있고. 바다를 생명의 땅으로 삼고 살아가는 포구의 사람들이 있고. 또 선착장 한편에 간이의자를 펴고 앉아 맷돌포 앞바다를 감상하며 낚시하는 사람도 많다. 해산물 음식점도 생각보다 많아 싱싱한 해산물을 맛보려는 이들도 많이 찾는 곳이다.

'삽교해안 탐방로에서 만나는 새'를 해안둘레길에 하나하나 소개하고 있다. 호기심을 자극한다. 올라가면서 25번부터 1번까지 거꾸로 번호가 매겨져 있다. 25종의 새가 이곳을 노니는가 보다.

25 혹부리오리

우리나라에 도래하는 겨울 철새로 수컷의 머리는 검정색이고, 녹색 광택이 나며, 아랫목과 등, 허리, 위 꼬리 덮깃, 가슴, 배, 옆구리는 흰색이다. 부리는 붉은 색이고 수컷은 번식기가 되면 윗부리에 붉은 혹이 생기고 다리는 분홍색이다.

주로 갯벌에서 생활하고 섬에서는 낮에는 바다 위, 밤에는 내륙의 농경지에서 볼 수 있다. 유라시아의 온대, 영국, 스칸디나비아, 시베리아 남부 등지에 분포하고 북아프리카, 인도, 중국 남부, 한국, 일본 등지에서 겨울을 난다.

24 청둥오리

우리나라에서 볼 수 있는 가장 흔한 겨울 철새로 텃새화 된 개체가 번식을 하기도 한다.

수컷은 머리와 목이 광택이 있는 짙은 녹색이고 흰색의 가는 목테가 있으며 위쪽 가슴은 짙은 갈색이다. 가운데 꽁지깃이 검정색이며 위로 말려 올라간 특징이 있다.

풀씨와 나무 열매 등 식물성 먹이 외에 곤충류와 무척추동물 등 동물성 먹이도 먹는 잡식성이다. 북위 30-70도 사이의 북반구 대부분의 지역에 분포하며 지역적 기후조건에 따라 남쪽에서 겨울을 난다.

23 황오리

우리나라에서 관찰할 수 있는 시기는 대개 10월 초순-4월 하순으로 겨울 철새이다.
…

22 노랑부리저어새/ 21 흰뺨 검둥오리/ 20 민물가마우지/ 19 검은 가슴물떼새/

18 재갈매기/ 17 중대백로/ 16 중부리도요/ 15 개꿩/ 14 흑꼬리도요/ 13 큰뒷부리도요/ 12 꼬까도요/ 11 왕눈물떼새/ 10 붉은부리갈매기/ 9 검은머리갈매기/ 8 붉은어깨도요/ 7 괭이갈매기/ 6 왜가리/ 5 청다리도요/ 4 노랑부리백로/ 3 검은머리물떼새/ 2 저어새/ 1 알락꼬리마도요

1번을 끝으로, 새 25마리에 대한 설명을 읽고 나면 삽교호 해안탐방로는 끝이 난다.

'당진해양캠핑공원' 홍보 플래카드가 개장을 알린다. 해안둘레길을 벗 삼아 이곳 주변이 관광단지화가 되고 있다. 다양한 볼거리, 먹을거리와 즐길거리를 제공하는 해안둘레길. 걷는 내내 역동적인 바다의 모습으로 심심할 시간이 없었다.

서해대교를 바라보며

아! 저 다리가 서해대교? 멀리서 바라만 보아도 웅장함이 느껴지고 멋지다. 음섬포구 해안전망대에서 처음 본 서해대교. 그리고 서해랑길 83코스 해안둘레길을 걷는 내내 바다를 바라보면 서해대교가 지리적 위치를 각인시켜 주었다. 시시각각 보이는 각도에 따라 비쥬얼이 달라지는 신비감마저 든다.

서해안고속도로가 지나가는 아산만의 넓은 바다 위에 구름다리처럼 웅장하게 펼쳐진 서해대교는 주변의 경관과 조화를 이루어 넋들어신 풍광을 연출했다. 바다를 배경으로 하늘로 이어질 것 같은 다리. 계속해서 하늘로 향하는 것일까? 생각하면서 세계의 마지막 샹그릴라 이상향으로 가는 상상을 해본다.

동북아 물류 수송의 중심인 서해안 시대의 관문으로, 우리나라의 국력

신장을 상징할 수 있는 랜드마크 서해대교의 첫 인상이다.

서해대교는 경기도 평택시 포승읍과 충청남도 당진시 송악읍을 잇는 황해상의 다리다. 아산만을 가로질러 경기도와 충청도를 연결함으로써 물류 비용 절감은 물론 서울-목포 간 주행시간을 단축시켰다.

7년의 기간을 거쳐 2000년에 완공된 서해대교는 주 탑의 높이가 무려 60층 건물 높이인 182m에 달하고 총 연장 7,310m, 폭 31.4m의 규모를 자랑한다. 사장교와 FCM$^{Free\ Cantileur\ Method}$교 및 PSM$^{Precast\ Span\ method}$교의 복합형식으로 지어졌다. 국내 자본과 기술로 건설됨으로서 국내 토목기술 향상에 기여하였다. 국내 최초의 교량유지관리시스템$^{B.M.S}$을 도입하였고 교량 주 탑의 모양은 사찰의 당간지주 형상으로 구현되어 한국적 조형미를 물씬 풍긴다.

서해대교 상에 있는 행담도$^{당진시\ 신평면도}$ 빼놓을 수 없는 명소다. 행담도$_{行擔島}$의 지명 유래를 보면 '행$_{行}$'은 간만의 차가 가장 심한 백중사리 때 갯벌 물이 빠져 육지에서 섬까지 걸어갈 수 있다는 의미다. '담$_{擔}$'은 평소에는 물에 잠겨 있다는 것을 뜻한다.

그 행담도에는, 서해대교가 이 섬을 관통하게 되면서 '행담도 휴게소'가 설치됐다. 섬 하나를 통째로 차지하고 있을 정도로 규모가 큰 복합휴게소이다. 행담도 휴게소 내에는 서해대교 기념관이 자리한다. 그리고 모다 아울렛, 다양한 먹거리와 기념품가게 등이 들어섰다. 때문에 서해안 고속도로 드라이브 코스로 추천된 곳이기도 하다.

그러나 서해대교가 건설되면서 행담도에 살던 사람들이 떠나야만 했다. 살던 곳을 떠나는 사람들의 염원을 담은 『행담도, 그 섬에 사람이 살았네』라는 책자가 만들어졌다.

행담도 사람들이 지금까지 살아온 역사의 발자국이 소개된다.

아산만방조제

문헌에 처음 등장하는 행담도는 고산지, 김정호가 발간한 대동지지1864년 고종 원년, 홍주편에 있다. …1945년 거주 가구 4가구, 한국전쟁 이후 피난민 급증.…

1950년 중반부터 행담도 아이들의 취학 연령이 늘어났다. 당시 행담도에서 가장 가까운 학교는 1950년에 개교한 한정국민학교신평면 한정리 15km 남짓 떨어져 있었다. 배를 타고 다시 버스를 타고 가야 한다. …

어량이 풍부하여 주로 청어, 갈치, 망어, 상어, 조기, 가물치, 준치, 광어가 난다. 행담도 주민들이 가장 많이 이용하는 포구는 음섬포구, 맷돌포구, 복운리포구 순이었다.

1983년 극한 추위, 얼음바다에 갇힌 행담도. …

삽교호방조제를 건너 당진에서 아산으로

서해바다 첫머리에 자리 잡은 삽교호 일대를 걷는 길.

삽교호는 서해랑길64-6코스지선6코스에도 속한다. 이미 『서해랑길 워킹투어2』에서 소개되었다.

삽교호 바다공원이라 불리기도 하

고, 삽교호 친수공원, 또는 삽교호 호수공원이라고도 불린다. 한마디로 아름다운 자연경관을 갖춘 휴식 공간이다.

코스를 따라 다시 걸으면서 보니 새로운 것들이 보였다.

해군 퇴역군함, 항공기, 전차 등 해군관련 장비를 활용한 우리나라 최초의 함상공원이, 해양생태의 체험학습 시설로 수족관, 갯벌체험관 등이 있는 '해양테마과학관'이, 그리고 대관람차와 미니 바이킹 등의 놀이기구가 있는 '삽교호놀이동산'이 들어 찬 대단위 공원이다. 또한 자전거 도로와 운동시설도 갖춰져 모든 이들이 건강한 활동을 즐기기에 적합한 장소로 여겨졌다.

당진 삽교호는 당진시 삽교천 하구를 막아 만든 호수로 이곳은 예로부터 중국으로 통하는 중요한 바닷길이었던 곳이다(두루누비). 1979년에 삽교천 지구농업종합개발사업의 일환으로 정부에서 당진시 신평면 운정리와 아산시 인주면 문방리 간 3,360m의 삽교천방조제를 축조하여 당진, 아산, 예산, 홍성 2만 4,700ha에 대한 관개시설로 활용하였다.

삽교방조제3,360m를 건넌다. 당진시에서 아산시牙山市 인주면仁州面으로 접어들자, '인주 장어촌 특화거리' 표시가 서해랑길이 아산시로 들어선 것을 각인시켜 주었다. 아산만에서 잡아 올린 자연산 장어를 취급한다.

인주는 고려 성종 15년 인주군仁州郡으로 명칭을 지었으며, 조선 세종 5년 평택현平澤縣에서 아산현牙山縣으로 개명하였다. 일제강점기인 1914년 3월 1일 행정구역 통폐합 시에 아산군牙山郡 인주면이 되었으며, 1995년 1월 1일 통합으로 아산시 인주면으로 변경되었다(아산시청).

'2025-2026 아산방문의 해'이다. 방문의 해에 서해랑길을 걷는 기회가 주어지다니 행운이 아닐 수 없다.

아산의 대표성은 스마트 아산SMART ASAN을 꼽는다. 언어적 의미로 스마트SMART는 솜씨 좋은, 단정한, 맵시 있는, 현명한, 영리한, 세련된 등의 다양한 의미로 해석되나, 첨단과학이 발달하면서 인공지능 또는 인공 지능기술을 상징하여 세계 최대의 LCD단지가 있는 첨단산업도시가 아산을 상징한 것이다.

아산의 캐릭터Character는 아랑牙郞이다. 즉 산의 아이牙郞인 소년 이순신과 아산 발전이 물결 넘쳐 흐르기牙淇를 기원하는 의미를 담고 있다. 이는 수군인 이순신 장군과 온천의 물을 상징한다.

아산시
충청남도
84코스

아산만 순환철도

서해랑길 84코스 당진시

인주공단교차로- 공세리성당 입구- 백석포2리 마을회관- 쌀조개섬 입구- 노양마을회관 정류장 / 18.3km

순례자들의 성지 공세리성지·성당

도로를 따라 걷다가 마을을 끼고 에돌아 나가면 충청남도 아산시 인주면 공세리에 이른다.

이곳 공세리는 여느 마을과 다를 바 없는 조용한 마을이다. 하지만 조선시대로 거슬러 올라가면 꽤 중요한 역할을 담당했던 지역이다. 조선시대에 세금으로 걷은 곡물을 임시 보관하던 '공세곶창貢稅串倉'이 있던 곳으로, 공세리라는 지명도 여기서 유래한다(정지안). 지금은 매립하여 바다가 보이지 않아 믿어지지 않을 정도지만.

공세리는 조선시대에 아산, 서산, 한산을 비롯하여 청주, 옥천 등 39개 고을의 조세를 조운선을 이용하여 서울의 경창으로 보냈다. 충주 가흥창可興倉과 함께 충청지역의 조운을 담당한 대표적인 조창이었다. 조선은 건국 이후 총 9개의 조창을 설치했는데, 그 중 5개는 강창江倉이었고, 4개는 해창海倉이었다. 4개의 해창 중 3개가 전라도 지역에 있었으므로 공세창貢稅倉은 충청지역에 설치된 유일한 해창이었다(공세리성지·성당). 무려 300년간 운영되었던 공세곶창 터는 조창이 없어지고 1895년 공세리성당이 설립되었다.

이후 공세리성당은 1922년 고딕건축 양식을 모방한 2층 건물로 바뀌었다(디지털아산문화대전). 한국 천주교회에서 아홉 번째이자 대전교구에서 첫 번째로 설립된 공세리성지·성당이다. 여기에서 공주 본당, 안성, 온양,

둔포 본당이 분할되었다.

130평$^{429.75m^2}$ 규모의 공세리성당만 보고 돌아가면 안 된다. 350년이 넘은 느티나무^{국가보호수}를 보고 사제관, 피정의 집, 그리고 공세리성지·성당박물관도 둘러보아야 한다.

박물관은 크게 내포지방을 중심으로 한 초대 교회의 교우촌 생활에서부터 신유·병인박해 때의 순교자들, 그리고 한국전쟁 당시 순교한 성직자들의 활동 모습을 보여주고 있다. 구 사제관 건물을 개보수하여 봉헌된 박물관은 충청남도지정문화재^{제144호}이다. 1,500여 점의 유물과 에밀 드비즈 신부의 유물, 그리고 신유·병인박해 때 이 지역 순교자들의 유물과 유품들이 잘 보존되어 있다.

그런데 이 성스러운 성지·성당박물관에는 난데없는 '이명래 고약'이 불쑥 등장한다. 각종 상처와 종기에 바르던 고약으로, 1895년 이곳에 부임한 에밀 드비즈 신부에 의해서 만들어졌다.

에밀 드비즈 신부는 고국에서 익힌 의료지식을 바탕으로 고약을 개발하여 무료로 나눠줬다. 이것이 드비즈 신부의 한국 이름을 딴 성일론^{成一論} 고약이다. 신부는 자신을 곁에서 돕던 이명래에게 비법을 전수하였다. 그 후 이명래는 서울 중림동^{약현} 성당 언덕에 자리를 잡고 많은 사람들을 치료하게 된다. 당시 일본군 장교 사사키도 이 고약으로 완치되자 조선총독부 기관지인 경성일보에 그 약효를 기고해 '이명래 고약'은 전국적으로 유명해진다.

오늘날에는 다른 신약에 밀려 추억의 물건이 되었지만, 나이가 지긋한 어르신이라면 이명래 고약을 어렴풋이 떠올릴 것이다.

높은 첨탑을 지닌 고딕양식의 붉은 벽돌이 그림 같아 2005년 한국관광

공세리성당 건물

공사 주관 대한민국을 대표하는 가장 아름다운 성당으로 선정된 곳이다. 특유의 서정적인 분위기에 많은 영화와 드라마, CF 촬영지로 유명해졌다.

천주교 박해로 순교한 이들을 기리는 순교성지로 '공세리성지·성당'으로 불린다. 그래서 관광버스를 대절하여 단체로 방문하고 있다. 주차장에 관광버스가 벌써 서너 대나 있었다. 본당에는 좌석이 부족하여 밖에 앉아 미사에 참여할 정도였고, 박물관과 기도실에도 사람들로 붐볐다. 경관이 매우 아름다운 천주교성지. 그 아름다움을 즐기며 쉬어가기 위해 천주교 신자뿐 아니라 일반 관광객도 많이 찾기 때문이다.

성지에 서린 박해의 역사

오르막길을 올라 공세리성당에 들어서면 가장 먼저 보이는 것이 '복자 안드레아 김대건 순교 백 주년 기념비'이다. 김대건 신부는 최초의 한국인 신부로 전국 곳곳에 기념비가 세워져 있다.

역사적인 인물의 기념비로 시작되는 성당에는 한국 천주교 박해의 역사가 서려 있다. 특히 공세리성당이 자리한 충청남도 아산만 일대 내포지방은 신유, 기해, 병오, 병인으로 이어지는 4대 박해에서 가장 많은 신자들이 순교한 지역이기도 하다. 이름이 밝혀지신 분들보다는 이름 없는 순교자들이 더 많았다.

공세리 성지의 '삼십이 순교자 현양비'는 신유-병인박해에 순교한 32명의 순교자를 기리고 있다. 그 뒤에는 순교자들의 묘석도 함께 모셔져 있다. 이 중에는 유해가 함께 보셔진 3인의 묘소도 있다. 순교자들은 각각 서울, 수원, 공주, 아산, 남양으로 끌려가 고문, 옥사, 교사, 참수형 등으로 순교하였다.

1. 하 발바라   18세   아산 반대마을   1835. 3   아산 해미 투옥, 병사
2. 박홍갑   아산 갈매   1866   서울 박의서의 아들

3. 김종백   58세   아산 갈매   1866. 10   수원

4. 지 글라라 62세   아산 구만   1867   공주

5. 박의서사바 51세   아산 갈매   1867. 8   수원 갈매 회장

…

 1번의 '하 발바라'는 아산 최초의 순교자다. 신유박해 때이다. 순교자 32명에 대하여 성명^{세례명}, 나이, 거주지, 순교일, 순교지 등이 자세하게 기록되어 있다. 그래서 그 당시 그들이 어떠한 상황에 있었고 어떤 처참했던 순간들을 보냈는지 알게 해준다.

 순교자 이 요한은 면천 가새울^{송악면 가교리} 사람으로 아들 이 베드로, 손자 이 프란치스코와 함께 치명하셨다. 이들은 양반의 후예로 구교 집 자손이었다. 본성이 강직하여 고향에 있으면 천주교임이 쉽게 드러날 것 같기에 목천 성거산 서들골로 이사하여 살았다. 그곳에서 신분을 감추고 중인 행세를 하자 모든 교우들이 "어찌 중인 행세하느냐?" 하고 물었다. … 그렇게 자유롭게 신앙생활을 하기 위해 중인으로 10년간을 살았다. 기해박해 1839년 때에는 회장 소임을 하고 있기에 각 처의 포졸이 그를 잡으려고 하였다. 한 번은 도망치다 칡덤불 속에 묻혔더니 포졸이 지나가며 지팡이로 덤불을 두드리면서도 모르고 지나갔다. … 병인대란 때에는 아들 둘까지 식구 다섯을 데리고 산속에 숨었다가 포졸에게 잡혔다. 그들 대장들과 친한 관계로… 붙잡아가지 않았다. "이곳에 있다가는 잡힐 것이니 바삐 어디로 가시오."
 신미년 1871년에는 아산 일북면 쇠제^{영인면 성내리의 금성로} 피신하였다가 3대가 일시에 포졸에게 잡혔다. … 21세의 프란시스코를 죽이기 아까워 회유했지만 결국 3대는 예수님의 이름을 부르며 순교할 수 있었다.

 조선의 천주교 탄압은 무지막지했다. 무려 일만 명이 넘는 신자들이 처형을 당했다. 고종의 유모도 신자였을 정도로 교세가 만만치 않았지만, 대

원군의 치세 동안 철저하고 가혹한 박해는 절정을 이루었다.

형리들은 허벅지 살을 뜯고, 달군 인두로 몸을 지지며 고문했다. 그런데도 하나같이 기쁘게 고문과 처형을 받아들였다는 대목에서는 인간 정신의 어떤 불가해한 영역을 엿본 것 같은 기분이었다. 약속이 있고 그 약속을 굳게 믿기만 한다면, 인간은 그 어떤 잔혹한 고통이라고 견딜 수 있는 무시무시한 존재라는 것을 그때 처음 어렴풋이 알았던 것 같다고 김영하 작가는 『단 한 번의 삶』에서 말한다.

낚시꾼들의 천국 아산호

머무는 것 자체가 힐링인 곳이 있다. 아산호牙山湖 주변 '해안둘레길'이 그런 곳인 듯싶다.

백 대가 훨씬 웃도는 주차된 자동차들을 보며 놀라지 않을 수 없다. 어쩜 이 많은 차들이 여기에! 감탄이 절로 나온다. 서해랑길을 걷는 내내 아산호를 둘러싸고 주차되어 있는 자동차들. 이렇게 자동차가 많았으면 처음부터 세면서 걸을 걸. 주차할 마땅한 곳을 찾는 듯 자동차가 수시로 왔다 갔다 하다가 그냥 빠져나간다. 좋은 장소를 찾기에는 이미 시간이 많이 지났는데도 끊임없이 들어오는 차들. 대단하다.

아산호는 이미 낚시꾼들 사이에 입소문이 난 것이다. 이뿐만이 아니다. 그들이 차지한 낚시터 옆엔 멋진 텐트도 함께 자리한다. 잠깐만이라도 텐트에 쉬어가고 싶은 마음이 들 정도로 아늑하고 편안하게 보이는 텐트들. 텐트의 모양도 색깔도 각양각색이다. 더군다나 설치된 장소도 호숫가에, 도로에, 풀밭에 등등 다양하다. 아산의 '해안 삼백리길'을 걸으면서 덩달아 눈요기도 힐링이 되는 시간이다.

어촌에서 농촌으로 변한 활기찬 마을, 방조제를 사이에 두고 왼편은 아

아산호, 낚시터

산호, 오른편은 농지로 바다가 농지로 변한 것을 이내 알 수 있다. 모내기가 끝난 농지는 물이 찰랑찰랑한 상태로 나름 계절을 음미하게 한다.

아산만방조제와 쌀조개섬

아산만방조제는 서해 아산만으로 흘러들며 충남 아산과 경기 평택의 경계를 이루는 안성천 하구에 1974년에 축조된 방조제이다. 본래 축조 목적은 간척사업을 통해 농경지를 늘리고 홍수 및 염해 피해를 줄이는 것이었지만, 경관이 아름다워 1977년 국민관광지로 지정되었다.

아산만방조제2,564m는 서쪽에 시해 바다, 동쪽에 아산호평택호가 위치하여 방조제 위에 건설된 국도 39호선은 바다와 호수를 동시에 볼 수 있는 낭만의 드라이브 코스다. 1980~90년대에는 수학여행 단골 코스로 각광받기도 했다. 일몰 시 노을이 특히 아름답고 바다낚시와 민물낚시가 모두 가능하여 많은 관광객이 찾는 곳이다.

또한 조수간만의 차가 최대 9.6m로 세계적인 수준이라 썰물 때 드러나는 넓은 갯벌도 장관이다. 최근에는 배수갑문에 대형 수조창을 설치해 통선문 가동 시 어류가 이동하는 모습을 관찰할 수 있게 되었다. 이 외에도 배수갑문 관리동에는 공원, 전망대, 전시관 등 시설이 마련되어, 잠시 들렸다가 가는 장소가 되었다. 이곳을 둘러보기 위해서는 주차장, 배수갑문, 숙박시설, 음식점, 편의점 등이 있는 북쪽의 경기 평택호 관광단지를 이용하는 것이 편리하다.

방조제가 건설되면서 쌀조개섬이란 작은 섬이 생겼다. 충청남도 아산시 영인면 창용리에 있는 쌀조개섬은 경기도 평택시와 충청남도 아산시의 경계를 이루는 안성천 아산호에 형성된 섬이다. 원래는 갯벌이었으나 민물 환경으로 바뀌면서 섬이 만들어진 것이다. 그 모양이 쌀조개를 닮았다 하여 쌀조개섬이라 부르고 있다.

인공섬 쌀조개섬. 섬으로 들어갈 수 있는 길도 꽤 넓은 편이다. 누구나 마음만 먹으면 5-6분 정도 걸어서 섬에 닿을 수 있을 정도다. 비닐테이프로 막아놓아 들어갈 수는 없었다.

쌀조개섬은 모래밭을 가로질러 목처럼 모양을 이룬 길을 지나면 습지가 펼쳐진다. 멀리서 보면 숲이 빽빽하게 우거진 것처럼 푸른 섬으로 보인다. 생명력이 끈질겨서 소금물에도 잘 자라는 풀이 수 킬로미터에 걸쳐 자라고 있기 때문이다. 바람 때문인지 굽은 나무들이 군데군데 섞여 있는 것이 세월의 흔적처럼 느껴진다. 수면에 서식하는 풍부한 생명체들이 끈적거리며 소용돌이칠 것 같다. 아산호의 운치를 자아내는 섬, 쌀조개섬이다.

환경의 변화에 따라 원래 어업이 이루어지던 이곳이 농업 위주의 땅으로 바뀌어, 아산만방조제를 따라 농로가 이어진다. '쌀조개섬 관광지 조성' 아직도 공사는 진행 중이다.

경기도 서해랑길

평택시
서해랑길 85코스_ 노양마을회관정류장- 평택항/ 23.9km
서해랑길 86코스_ 평택항- 이화리버스정류장/ 14.1km

화성시
서해랑길 87코스_ 이화리버스정류장- 궁평항정류장/ 18.8km
서해랑길 88코스_ 궁평항정류장- 전곡항/ 18.3km

안산시
서해랑길 89코스_ 전곡항- 남동보건진료소입구/ 19.1km
서해랑길 90코스_ 남동보건진료소입구- 바다낚시터 입구/ 15.7km
서해랑길 91코스_ 바다낚시터 입구-대부도 관광안내소/ 15.3km

시흥시
서해랑길 92코스_ 대부도 관광안내소- 해수체험장/ 16.7km
서해랑길 93코스_ 해수체험장- 남동체육관입구/ 11.9km

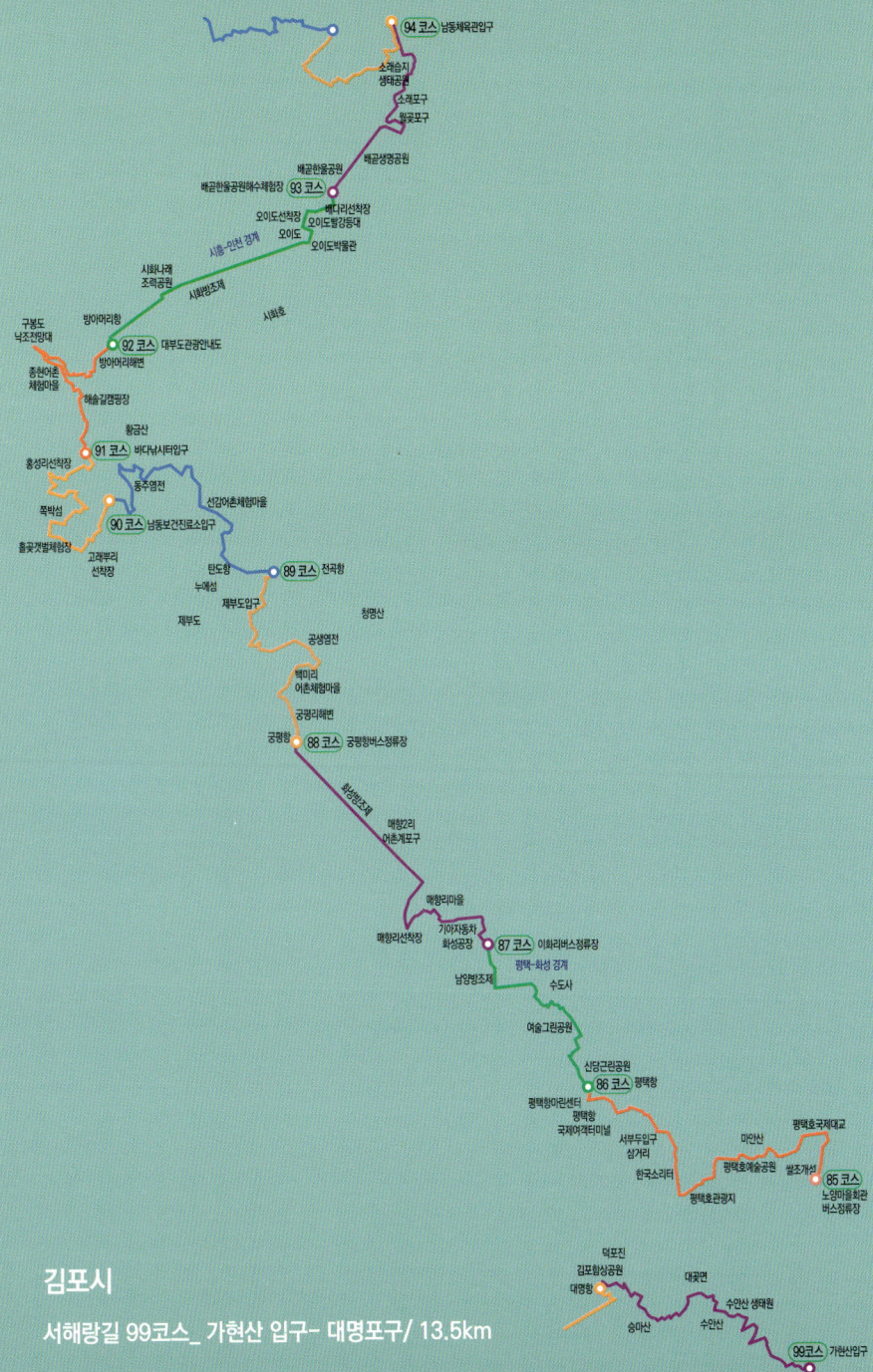

경기도 **평택시**

85코스 —
86코스 —

마안산 정상

서해랑길 85코스 평택시

노양마을회관정류장- 평택국제대교- 평택호예술공원- 신영2리마을회관- 평택항 / 23.9km

자전거길과 경기둘레길 맛보기

자전거가 쑥- 내 옆으로 지나간다. 아!

노양마을회관버스정류장^{평택시 팽성읍 노양리}에서 걷기를 시작하려고 준비하는데 자전거를 탄 사람들이 무리 지어 지나간다. 조금 있다가 또 다른 자전거가 쑥- 지나간다.

달리는 자전거를 보면 왠지 에너지가 솟구치고, 시작부터 느낌이 좋은 길'이라는 생각에 저절로 기분이 상쾌해진다. 내딛는 발걸음에 힘이 실린다. 이내 발 빠르고 정확한 걸음으로 되살아난다.

힘차게 흐르는 수로를 벗 삼아 마을 숲길로 이어지던 서해랑길이 평택호국제대교로 향한다. 평택국제대교를 건넌다.

현덕면과 팽성읍 사이 평택호를 횡단하는 연장 1.35km, 폭 27m의 교량으로 2017년 유압잭을 이용해 교각 위로 상판을 이동시키는 ILM공법 시공 중 붕괴 사고를 겪었으나 보강하여 재시공 후 2020년 개통하였다.

국제대교를 걸어가다 보면 자전거 라이딩을 지속적으로 보게 된다. 어떤 이는 자전거를 끌고 걸어서 대교를 건너기도 하고. 평택국제대교를 건너서 강변으로 내려가면 만발한 금계국 꽃 사이를 누비며 간다. '상쾌한 기분'이

평택 강변 자전거길

라는 꽃말처럼 자전거길이 화사하다. 자전거가 상쾌하게 획- 획- 달려가지만 꽃보다 사람이라고 자전거를 타고 가는 사람들이 더 멋지고 아름답다.

평택 자전거길의 시작점, 경기 평택시 팽성읍 내리[260], 내리문화공원이다. '평택 강변 자전거길'은 자연과 역사를 만나는 이국적인 여행이 시작된다(대한민국 구석구석). 평택호를 따라 이색적인 분위기를 즐기는 특별한 코스. 이만한 자전거길도 없을 것이다.

안성천과 아산호를 따라 달리는 코스. 평택호와 아산호의 아름다운 풍경을 감상하고, 유엔군 초전기념비와 초전기념관에서 역사적 의미를 배울 수 있다. 편안하게 쉬어가기 좋은 평택호 예술공원과 내리문화공원, 멋진 풍경을 볼 수 있는 국제대교전망대, 한국문화를 체험할 수 있는 한국소리터와 한국근현대음악관 등을 만날 수 있다.

서해랑길 85코스이면서 평택 강변 자전거길이고 경기둘레길 45코스이기도 하다. 호수를 끼고 씽씽 달릴 수 있을 만큼 시원하고 곧바른 길이다. 신대2리 마을회관에서 평택항마린센터$22.2km$까지다. 아시아 비즈니스 허브로 도약하는 곳이다. 서해랑길을 걸으면서 가끔 경기둘레길 리본과 혼돈되어 몇 번 되돌아가기도 했지만, 경기둘레길에 흠뻑 빠졌다. 호기심을 발동하고 자극하는 길. 경기둘레길 45코스의 소개 글이 지역 홍보에 한몫을 한다.

걸음을 시작하면 이내 평택국제대교 위로 올라선다. 평택호를 가로지르는 다리에는 안전한 보행로가 있다. 다리를 건너 평택호반으로 내려선다. 말끔하게 정비된 자전거·보행자 겸용도로를 따라간다. 걸음은 야트막한 마안산$113m$으로 이어진다. 2km 정도 계속되는 행복한 숲길이 끝나면 대안4리 마을이다. 농로를 지나 다시 평택호반으로 나오면 시원한 바람과 너른 평택호가 길손을 맞는다. 평택호 관광단지를 지나 황해경제자유구역으로 우회하여 평택항으로 간다.

경기도의 외곽을 따라 아름다운 경관과 역사, 문화, 생태자원을 두 발로 경험할 수 있는 장거리 걷기 여행길이다(경기도). 풋풋한 삶의 활기와 바다의 정취를 만끽할 수 있는 김포 1코스 대명항에서 시작하여 경기도 외곽을 한 바퀴 돌아 원점 회귀하는, 김포 60코스 대명항에서 끝나는 코스다. 총 길이 860km의 순환 둘레길로 경기도와 15개 시·군이 협력하여 조성한 길이다.

'경기둘레길' 전 구간 완보자가 1,000명을 넘어섰다는 보도가 넘쳐난다(경기관광공사). 전 구간 완보자는 2022년 301명, 2023년 366명, 2024년 302명, 2025년 5월 기준 61명 등 총 1,030명이다. 이에 '경기관광공사'는 20일에 열린 창립기념일 행사에 천 번째 완보자를 초청[배우자 999번째], 완보증과 기념품을 전달했다는 소식이다. 쉼터 등 편의시설 확충 등을 통해 둘레길 이용률을 지속적으로 높여 나간다는 계획을 경기도와 경기관광공사는 밝혔다.

마안산의 아트전

신왕리 마두마을의 아트전시를 관람했다. '평택 섶길' 리본을 서해랑길로 착각하고 신왕리 마을로 들어선 것이다. 덕분에 신왕리 아카이브 부녀회 ART전展을 관람했다. 신왕리 에코뮤지엄 역사문화 마을축제[2023년 11월]의 일환으로 신왕리 부녀회 작가들이 힘을 모아 만든 예술전시다. 전시 장소는 다목적회관 앞에 있는 작은 창고다. 깔끔하고 소박하기 그지없다. 자연친화적인 전시로 누구나 창고를 열고 들어가서 불을 켜고 보면 된다. 작품도 민화와 우리 일상의 병이나 부채에 그린 그림이 대부분이다. 누구나 작가가 될 수 있다는 희망을 안겨준다.

다시 서해랑길 찾아 길과 이야기를 나누며 걷는다. 낮은 구릉으로 올라간다. 마안산112.8m이다. 마안산馬鞍山은 말의 안장을 닮았다 하여 붙여진 이름이다. 그래서 산 입구에 말이 뛰는 조각품, '아 고구려-말 달리자'가 놓여 있는 것인가?

등산길에는 김석환 작가의 '해비뫼달' 자연미술전이 곳곳에 전시되고 있다. 작품의 재료는 주로 고목古木, 장바구니 등 태풍이 지난 후 평택호로 밀려온 것들이라는 점이 특이하다. 주제도 소재도 다양하다. 그의 작품 제목과 의미를 소개한다.

환생- 평택호에 떠내려온 죽은 나무에 새로운 생명을 불어 넣어 꿈꾸던 자연으로 다시 돌려보내는 의미를 담고 있다.

버려진 첼로에 그림을 입힌 숲속의 만트라- 만트라는 몸과 마음을 편안히 하고 치유하는 음악이다. 숲속에서 자기만의 만트라 세계에 빠져보자.

축제의 노래- 쓰러져 죽은 나무에 살던 생명들의 영혼들이 춤추며 다음 생으로 간다. 진정한 축제다.

귀전원거歸田園居- 도연명이 벼슬살이를 그만두고 전원에 사는 유쾌한 마음과 고향에서의 즐기운 생활을 표현한 시다.

기원의 탑- 산 자와 죽은 자의 경계석이 탑이 된 순간, 원하는 모든 소원이 이루어질 것이다.

고도를 기다리며- 뼈마저도 다 사라지고 텅 빈 몸도 고도를 갈망한다.

숲속의 만트라- 김석환 작가의 자연미술전

전쟁 멈춰 stop the war- 마치 악어에게 잡아먹히는 또 다른 생명 같아 안쓰럽다. 문득 전쟁도 이와 같아서 인간이 먹고 먹히는 짓은 더 이상 하지 말기를 바라며.

아름다운 영혼- 병들어 죽은 부러진 마나무 위에 새 한 마리가 그를 위로하고 있다. 끝까지 함께 하리라.

산 초입에서 시작된 작품은 정상까지 곳곳에 배치되어 있다. 정상 표지석이 없다면 그냥 지나칠 수도 있는 능선 한가운데, 정상에는 많은 이의 소원이 담긴 소원탑이 세 무더기나 있다. 퍽 인상적이다. 이렇게 많은 돌들! 하나하나 어떤 소원이 담겼을까?

활엽수림과 소나무가 교차하여 두 가지 풍경으로 시선을 끈다. 파란 하늘 아래 울창한 소나무는 그 자체로 아름답다. 마안산은 한두 사람이 함께 오를 수 있는 폭으로 능선이 이어진다. 중간 중간 오르막과 내리막이 교차

평택호 예술단지

한다(평택시). 너무도 편안한 등산 코스로 아주 편안하게 걸었다. 마안산은 거의 전 코스가 갈림길 없이 한 방향으로 향한다.

평택호 예술공원의 풍경

 마안산에서 빠져나와 기산리와 권관3리 다목적회관을 지나면 '평택호 예술관 100m' 화살표가 나온다. 하얀 돔이 보이는 곳이 평택호 관광단지, 혹은 평택호 예술공원이라고 한다. 관광단지보다는 예술공원이 오히려 어울린다.

 예술공원으로 들어서자 북소리와 함께 창 뻑가락이 예술공원 전체에 울려 퍼진다. 저절로 듣게 되는 민속악. 주말에만 모든 프로그램이 운영된다. 때문에 토요일은 활기차다. 반면에 평일에는 어떠한 이벤트도 없는 한적한 곳이 된다.

 한류의 매력을 만나는 여행, 잔잔한 호수 평택호에 접해 천천히 산책하기 좋은 예술공원으로 아름다운 경치를 보며 걷고, 해금 벤치에 앉아 쉬다가 뱃머리 전망대에 오르면 황홀한 뷰에 빠져든다. 미션을 달성하고 해적선을 차지한 에이티즈처럼 K-스트리트 푸드를 먹어봐도 좋다.

여기저기 나무 아래 사람들이 자리를 잡고 오순도순 즐기는 모습이 마냥 여유로워 보인다. 잔디에 앉아 평택호를 바라보는 것도 좋겠고, 평택호 예술관도 둘러봐야 하고, 한국소리터와 국악인 지영희기념관도 가봐야 하고. 많은 시간이 소요되는 예술공원이다. 이럴 때는 항상 서해랑길을 걸은 덕분이라는 생각에 마음마저 뿌듯해진다.

다시 오기 어렵다는 생각에 미로 같은 산책로를 따라 예술공원을 거닐어 본다. 피라미드형 건물 작은 숲 속 갤러리를 만난다. 마술처럼. 예술관은 서예작품 전시가 진행 중이었다. 평택지역 문화예술인들의 작품 전시회가 다채롭게 열리는 갤러리 겸 다목적 홀이 있는 예술관이다.

서해랑길 리본을 따라 올라가면, 평택 출신 국악인 지영희 선생을 기념하는 지영희국악관과 '한국소리터'를 톺아 보게 된다. 전통문화의 허브이자 평택문화 예술의 거점인 한국소리터는 대공연장, 지영희

팽택예술단지에서 바라본 평택호

홀, 야외공연장 평택농악마을, 그리고 어울림동, 두드림동이 마련되어 있다. 평택농악마을은 대규모 노천극장으로 주말마다 평택농악보존회와 평택민요보존회의 전통상설공연이 펼쳐진다(평택시 문예관광과).

'지영희국악관'은 지영희 국악인의 업적을 기리기 위해 만들어진 국악관이다. 주말에 운영되는 국악 강습이 한창이다. 외국인도 한복을 입고 참여하고 있는 모습이 그럴듯하다.

밖으로 나오면 평택호가 한 눈에 들어온다.

평택호 예술공원은 아산방조제 북쪽 평택호에 접한 공원이다(두루누비). 평택호는 1973년 안성천 하구에 2.5km의 방조제를 쌓으면서 조성된 24㎢의 인공호수다. 저수량은 1억 2천만 톤이나 된다. 충청남도 아산시와 경기도 평택시 사이에 방조제가 만들어지면서 경기도 평택시 현덕면 권관리와 충남 아산시 인주면 모원리 사이의 2km 바닷길이 이어졌다.

아산만 방조제를 기준으로 내륙 쪽 호수를 평택호라 하고 아산 쪽에서는 아산호로 불린다. 바다처럼 넓은 호수를 만끽하고, 공원에서 휴식을 취하며 산책로를 천천히 걸어 보자.

근대음악유산의 도시

노을과, 들과, 바람 같았던 한국음악.

평택은 한국 근현대음악사에서 중요한 예인들을 배출한 한국음악의 산실이다(평택시).

임금부터 백성까지 사랑했던 판소리 중고제 명창 '이동백', 경기 시나위 동령제의 창시자 '방용현', 근대 국악의 어버이 '지영희'와 '성금연', 두레농악의 예술화를 이끌어 낸 평택농악의 명인 '최은창', 평택인의 삶을 그린 평택민요의 명인 '이종구', 한국적 음유시인 '정태춘'까지, 약 200여 년의 한국 근현대음악사 중심에 평택의 예술인들이 자리하고 있다. 평택의 예술인들은 한국 고유의 정서를 담은 음악을 고차원의 예술로 승화하였으며, 한국인의 삶에 가장 가까운 곳에서 예술로 함께 하였다. 이들의 예맥은 판소리·시나위·산조·농악·민요 등 한국 전통예술에 흐르고 있고, 대중음악으로의 창조적 계승을 통해 한국 음악 전체로 퍼져나가고 있다(평택시).

한국 근현대음악관은 평택이 낳은 근대 국악의 아버지 지영희 명인의 유산을 계승하고 우리나라 근현대음악의 전통을 보존하고 알리기 위해 설립했다(한국근현대음악관).

전 중앙대학교 고 노동은魯棟銀, 1946-2016 교수가 평생 수집한 근현대음악 관련 자료들을 기초로 하여 2020년 조성된 이후, 최우선 과제인 목록화 작업에 매진한 결과, 4,000여 점의 귀중한 자료를 목록화하였다. 이 과정에서 발굴된 일제강점기 애국 창가집「근화창가槿花唱歌」는 2022년 경기도 등록문화재로 선정되는 역사적인 성과를 이루었다(한국근현대음악관).

근화창가는 1921년 노영호盧永鎬가 근화사에서 펴낸 창가집이다. 근화창가의 첫 번째 곡은 〈조선朝鮮의 자랑〉이다. 〈을지문덕〉, 〈고려 명장 강감찬〉, 〈새벽빗〉, 〈굿바이〉, 〈어머니의 사랑〉, 〈시조〉의 총 7곡의 우리말 가사와 오선보 및 숫자보와 함께 수록되어 있다. 치안을 사유로 조선총독부에 의해 1939년 12월 1일 금지 처분되어 사라진 노래책이다(국가유산청).

〈조선의 자랑〉은 4절로 구성되었는데 우리의 금수강산과 무궁화 벌판을 자랑스러워하며 모두 함께 우리나라를 사랑하자고 외치고 있다.

조선朝鮮의 자랑

1.
장하고도 아름답다 無窮花무궁화 벌판

錦繡江山금수강산 三千里삼천리는 우리 집이요

聖子神孫성자신손 二千萬이천만은 우리 결에며

半萬年반만년의 긴 歷史역사는 우리 빗칠세

2.

六大州육대주의 꼿꼿까지 두루 차지며

五大洋오대양을 속속드리 뒤저 보아도

山高산고하여 秀麗수려하야 세계 공원은

三千里삼천리의 금수강산 하나뿐일세

3.

十六億십육억의 世界人種세계인종 섭립식히고

모든 질문 가진 시험 대해 보아도

슬긔 잇고 똑똑하야 文明人種문명인종은

이천만의 우리 민족 하나뿐일세

4.

이 세상의 웬갓 書冊서책 한대 모으고

이리 찾고 저리 뒤져 암만 보아도

오래되고 거룩하야 세계 웃듬은

반만년의 빗난 歷史역사 하나뿐일세

미국 독립전쟁기에 작곡된 헨리 클레이 워크의 '조지아 행진곡' 곡조에 가사를 붙인 것이다. 가사는 1890년대 말, '애국계몽운동' 일환으로 만들어 지던 애국가류에 사용되던 단어들을 포함하고 있어 애국가를 방불케 한다 (경기역사문화유산원).

당시 애국가는 물론이고 어떠한 애국적 가사도 허용되지 않았던 당시에 애국가를 방불케 하는 〈조선의 자랑〉과 같은 노래나 〈을지문덕〉, 〈강감찬〉과 같이 우리의 역사 속에서 영웅적인 인물을 노래 부를 수 있다는 것만으로도 근화창가에 수록된 곡의 의미는 크다.

국내 최초, 최다最多의 한국 근현대음악 자료 6만 점을 소장하고 있으며 국악과 양악, 근대와 현대, 대중과 민중이 공존하는 한국의 대표적인 음악 공간이다. 항일과 친일 음악, 독립운동, 음악 교육, 북한과 일본의 음악, 근대 대중음악에 이르기까지 근현대 소장 자료를 활용하여 역사를 '음악'이라는 문화적 관점을 통해 새로운 시각으로 바라보고 이해할 수 있도록 다양한 행사를 운영하고 있다.

2023년 11월에 있었던 「창가, 근대를 노래하다」 기획전에는 교육 창가, 유흥 창가와 교양 창가로 나뉘어 전시되었다.

지영희 국악인

지영희국악관의 주인공 지영희池瑛熙. 지영희 선생님은 누구인가, 어떤 분인가.

지영희1909-1980 명인은 본명이 지천만으로 경기도 평택에서 태어났다. 평택시에서 제작한 『모든 걸 바쳐 온 국민이 즐거워야 한다고 말하는 사람이 있어요!』에서는, 그의 생애 이야기가 간략하고 쉽게 전해진다.

아이는 항상 배가 고팠어요. 가난해서 먹을 것이 없었어요. 배가 고파도 겉으로 내색하지 않았어요. 부모님은 음악 하는 천한 계급이라고 받아주는 곳이 별로 없었거든요. 그런 부모님의 마음을 아프게 하고 싶지 않았어요.

일제강점기에 태어난 소년은 어려운 환경에서 혼자 공부하기 시작했다. 책을 보며 혼자 외우고 쓰고 반복했다. 음악도 혼자 공부하여 우리 악기를 거의 다 연주할 수 있게 되었다. 양금, 피리, 해금, 단소, 태평소, 장구, 가야금.

소년시절부터 '쌍피리 천재'라는 별명을 가졌다. 여러 마을에서 그를 서로 데려가려 아우성이었다. 그가 성인이 되어서는 드디어 신의 경지에 가까운 연주자가 되었다. 천재적인 연주 실력. 가난한 집을 떠나 남사당패에 들어갔다. 17세 청년이 되어 고향으로 커다란 수레를 끌고 돌아왔다. 쌀과 돈을 싣고.

지영희는 음악이 너무 좋았다. 그래서 하루 종일 연습했다.

지영희의 일상은 너무도 단순했다. 매일 그가 했던 일은 딱 세 가지였다. 하루 종일 악기를 두드리고, 기록하고, 녹음하기. …

가족들이 시끄러워 잠을 못 잤어요. 지영희는 악기 대신 나무 베개에 천을 감싸고 소리 죽여 날을 세워 연습했어요.

그는 전통음악가에 머물지 않고 우리 음악을 연구, 개발하여 국악관현악단을 창단하였다. 또한 한국 축제 전통무용곡 '꼭두각시 무용곡'을 만들었으며, 강선영의 태평무와 부채춤 등 많은 무용 명인들의 무용 반주 음악을 만들었다.

일제강점기 조선음악연구소에서 한성준과, 전설의 무희 최승희와 함께 무용곡 발전에도 힘썼다. 최승희의 전속악사로 일제치하의 사서을 넘어 한국 무용음악을 세계에 알리기 위해 해외공연을 펼쳤다. 이외에도 국내 최초 뉴욕 카네기홀 국악공연, 영화 사도세자, 장희빈 등 한국고전 영화음악에도 손길을 남기는 등 방대한 업적을 쌓았다(평택시 문예관광과).

1973년 국가중요무형문화재[제52호] 시나위 기예능 보유자로 지정되었다.

어느 날 신문 일 면에 대문짝만하게 대서특필되었다. "중요무형문화재제52호 시나위 보유자 지영희 국악협회 제명" 이 소식은 지영희 본인도 신문지상으로 처음 접했다. 지영희의 독보적인 음악 활동을 당시 협회에서는 위협을 느꼈고 그를 갑자기 제명해 버렸다. 이미 쇠약할 대로 쇠약해진 지영희는 그 충격을 견디기 어려웠다. 아픈 몸을 의지하기 위해 가족이 있는 하와이로 떠밀려 갔다. 그 뒤 그의 평생 업적이었던 음반, 악기, 악보 등 모든 것들이 어느 탐욕스러운 손들에 의해 흩어졌고 그의 업적은 지워지거나 남의 것이 되었다. 이것이 지금 우리가 그를 모르는 이유이다.

그의 업적 중 백미는 우리 음악의 교육체계를 바꾼 것이다. 그동안의 교육법은 스승의 입을 통해서만 전수되었는데, 그는 최초로 서양의 오선보에 국악을 채보하고 이론과 역사 등 악기별 특성을 정리하여 최초의 근대 국악 교재를 만들어 우리 음악의 맹점을 극복하였다. 그리하여 근·현대 시기 서양문화에 자리를 뺏겨 사라져가는 우리 민속음악들이 보존되고 계승될 수 있었다.

이렇게 해서 나온 것이 '지영희 민속음악 연구자료집'이다. 이 책은 1986년 출판되었고 국악계에 천금보다 귀한 자료집으로 남았다(지영희국악관). 2014년에 『다시 보는 지영희 민속음악 연구자료집』으로 거듭 났다.

그는 사후 40여 년 만에 2017년 12월 8일 정부로부터 '문화유산 유공훈장'을 받았다. 오늘날 그는 국악 현대화의 아버지를 넘어 민족음악의 아버지로 추앙받고 있다.

지영희는 국악 연주를 할 때 신들린 사람처럼 쾌활하고 밝고 즐거운 사람이 되었어요.

하지만 평소에는 말이 없는 사람이었어요. … 하와이로 간 뒤 지영희는 더 말이 없어졌어요. …

한국에 남아 혼자 살고 있던 딸에게 전화를 했어요. "경기도에 아직 받아 적지 못한 음악이 많아, 내가 꼭 가서 반드시 기록할 거야." 마치 내일이라도 달려올 것처럼 말했어요. 그리고 며칠 뒤 앓아누웠어요. 하지만 그 병상에서 일어나지 못하고 끝내 낯선 땅에서 생을 마감하고 말았어요.

신영리 마을의 유래

신영2리 노인정과 마을회관이 있는 곳에 이르렀다. 마당 한편에는 포승읍 2호 '행복정원'이 자리하고, 그 옆으로는 전前 면장面長의 공적불망비功績不忘碑가 자리를 차지하고 있다.

리里 단위의 작은 마을이지만, 2019년에 세워진 '신영리의 유래' 안내판이 있었다.

신영리는 고려시대 신영장新營莊의 중심이었다. 장莊은 처處, 향, 소, 부곡과 함께 특수 행정구역이었다. 신영장의 범위는 신영리, 방림리, 내리, 석정리, 일대로 추정된다. 신영장은 화살촉과 칼을 제조하는 역役을 담당하였다. 신영장은 조선 태조 7년 행정구역이 개편되면서 수원부에 입도되었고, 중간촌, 직산말을 비롯하여 일부 마을은 직산현 외야곶면과 양성현 승량동면에 속했다.

장莊, 처處는 고려시대에 왕실 재정 수입과 관련된 특수 행정구역을 가리키는 용어다. 주로 왕실 소유의 토지나 재산을 관리하는 역할을 했다. 장莊은 왕실이나 귀족이 소유한 토지나 그 토지를 경작하는 농인農人을 포함하는 개념이다. 처處는 장과 마찬가지로 왕실이나 귀족이 소유한 토지나 그 토지를 관리하는 곳을 의미한다. 「한국민족문화대백과사전」에 따르면, 향, 소, 부곡은 일반적인 군현의 하부 조직으로, 국가의 수취 대상이었던 반면, 장과 처는 특정 권력층에 예속되어 토지와 세금을 관리했다는 점에서 차이가 난다.

신영리 마을은 왕실이나 귀족이 소유한 토지에 농사를 지으며 살았던 마을이다. 신영리 일대가 하나의 행정구역 안에 묶이게 된 것은 갑오개혁 이후, 1914년 일제의 행정구역 통폐합 때 수원군에 속했던 서평택 지역 5개 읍면이 지위군 평택시로 통합되면서 오늘날과 같은 행정구역이 되었다.

신영리의 어업은 아산만 방조제 준공 뒤에도 명맥이 이어지다가 1990년 초 평택항 확장공사가 본격적으로 진행되면서 쇠퇴했다.

신영2리[매상동]에서는 주민화합 단결과 마을공동체 형성을 위하여 우리 고유의 세시풍속의 하나인 '정월대보름 달집태우기 행사'를 지속하고 있다. 평택시의 지원을 받아 마을의 대표적인 민속행사로 계승 발전시키고자 한 것이다. 물론 전통 민속유산으로 후손들에게 물려주려는 노력도 끊임없이 벌이고 있다.

신영리의 자연마을은 직산동[1리], 매상동[2리], 중간촌[3리], 가장동[4리]이 있다. 가장 큰 마을은 매상동으로 약 120세대이고 가장 작은 마을은 중간촌으로 30여 세대가 거주한다. 신영리에는 함평이씨, 해주오씨, 달성서씨, 기계유씨, 함양박씨 집성촌을 이루고 오순도순 살아간다.

평택 8경 평택항

평택시 포승읍 만호리[570]에 있는 평택항은 한국 수도권과 중부권의 관문으로 한국의 대표 항만이다. 중국의 상해, 광주 등 남부 경제특구들과 대만, 홍콩 등 동남아 교역의 전초기지로 동북아 물류의 거점이다.

평택 8경에 포함된다. 이유는 저녁노을인데 서해대교와 맞물려 멋진 장관을 연출하기 때문이다. 서해대교는 우리나라의 국력을 상징할 수 있는 랜드마크로 경관이 아름답기로 유명하다. 개통 당시 국내 최대 규모이자 세계에서 9번째로 긴 교량이라 국내는 물론 외국에서도 놀라움을 표현했다.

평택항하면 평택항마린센터다. 꼭 들려야 할 곳이라는 두루누비 추천에 14층 전망대에 올랐다. 평택항의 역사는 어디에도 찾을 수 없었고 항구의 낭만조차 없었다. 평택항 물류센터의 규모만 한 눈에 담았다.

평택항 하면 당진항과 더불어 엮인다. 평택·당진항이었다. 당진唐津이라는 지명은 '당나라로 가는 나루'로 통일신라의 경덕왕 때 백제가 명명한 벌수지현伐首只縣을 개칭한 것이다. 이름값답게 삼국시대 말기 당나라 군대가 아산만 남쪽의 당진에 상륙하여 백제를 공격했고 신라의 사신들 또한 중국으로 가기 위해 주로 거쳐 가는 곳이었다. 이처럼 삼국시대 당시에도 당진은 중국과 활발한 교류가 이루어진 지역이었고 아산만 일대는 무역 배들의 집결지로 통했다. 그로 인해 당진은 원나라의 해금령 이후 중국과의 해상 교류가 쇠퇴한 여말선초에도 집결지 역할을 유지하였다.

한편 아산만 일대에는 조선시대에 '대진大津'이라고 불릴 정도로 큰 항구가 있었다. 바로 이 대진이 오늘날 평택·당진항의 모체로 여겨지는 항구다. 그러나 대진이 과연 어디인가를 두고 두 지자체가 서로 주장하는 바가 다르다. 평택시는 포승읍 만호리 일대가, 당진시는 송악읍 한진포구 일대가 대진이었다고 주장한다. 애석하게도 여러 고지도들과 사료들마다 대진을 표기하거나 명시한 장소가 제각기 달라 장소를 특정하기 곤란하였다. 그래서 한진포구와 만호리 두 포구를 나룻배들이 정기적으로 건너다녔기에 아산만을 사이에 둔 두 지역 모두를 대진이라 불렀다는 설과 큰 나루를 뜻하는 대진을 음차한 한진漢津이 바로 대진이라는 설이 양립하였다.

다만 대진이라는 지명을 명목상으로나마 승계한 지역은 사실상 한진포구 한 곳 뿐이므로 한진포구와 그 일대가 대진의 명맥을 이어간다고 보아도 무방할 것이다. 일제강점기에 한진포구는 일본으로 숭어, 어란, 준치, 삼치 등을 50톤급 증기선으로 실어 나를 정도로 고기가 잘 잡혔다. 덕분에 수산사(水協)와 헌병 주재소가 포구에 자리 잡고 인천을 왕복하는 증기선이 정기적으로 다니는 등 나름 규모 있는 포구로 이름을 날렸다. 하지만 점차 도로교통이 발달되고 삽교천방조제와 아산만방조제가 완공되면서 해상교통은 그 의미를 잃게 되었다. 설상가상으로 방조제 건설 이후 민물유입이 차단되어 아산만의 바다 환경이 변해버리자 어족자원 상당수가 모습을 감추었고 그 결과 한진포구는 점차 쇠퇴하였다.

현대적 의미에서 평택·당진항이 구상되기 시작한 시점은 1973년으로 거슬러 올라간다. 당시 대한민국 정부는 경제성장을 위해 유리한 국가산업단지를 여러 군데 조성하고 있었다. 그러던 와중 정부는 포항시에서의 제1종합제철소 건설 경험을 바탕으로 제2종합제철소 건설도 추진하게 되는데 그 결과 두 계획을 합친 대규모 프로젝트를 시행키로 한 것이다. 제2종합제철소는 국가산업단지와 독자적인 항구까지 가진 거대한 공업지대를 만든다는 내용이었다. 여러 장소가 물색됐고 그 중 아산만 일대가 후보지로 선정되었다. 마침내 1979년 12월 14일 건설부가 아산만과 가로림만 일대 3억 평을 세계적인 임해공업지대로 개발한다는 방침 아래 지정하면서 아산만 개발의 신호탄을 쏘아 올린다(건설부 고시 제514호).

평택항이 최단기간 내에 세계적 규모의 항만으로 성장한 이면에는 2000년대 들어 급성장한 중국의 고도성장의 수혜를 직·간접적으로 받았다는 점이다. 이른바 중국 효과(China Effect)로 인해 우리나라 수출·입 물동량이 급속하게 늘어났고 이 과정에서 평택항의 역할과 비중 또한 상대적으로 신장되었던 것이다.

서해랑길 86코스 평택시

평택항- 신당근린공원- 수도사- 남양방조제- 이화리버스정류장 / 14.1km

삶의 인생길 속으로

평택항을 출발하면 산업단지 사이로 서해랑길이 이어진다. 어찌 생각하면 삭막한 길이고, 건조한 길이고, 재미없는 길이다. 하지만 치열한 삶의 현장現場인 산업장産業場이 모여 있는 길이다.

조금 더 걸어가면 체육시설이 있는 체육공간 '신당근린공원'에 이른다. 서해랑길의 한 꼭지기도 하지만, 신당근린공원도 산업단지 사이에 끼어 있다. 공원도 우리에게는 자연환경에 근접한 공간으로 삶의 필수적인 공간이 아닐 수 없다. 특히나 산업단지 내 공원이란 의미가 크다.

다시 산업단지가 이어지고 사람들이 사는 아파트단지가 나오고 초등학교도 보인다. 농촌마을도 지나고, 방조제 주변을 걷는다.

어느 길이나 동네마다 사람들이 살아가는데 필요한 요소요소가 존재하고, 그에 따른 장소가 적절하게 배치되기 마련이다. 그런 가운데 우리의 삶이 꾸려지고 있는 것이다. 해서 우리가 살아가는 공간에 대한 단상이 문득 스쳐 지나간다.

일본 후쿠오카에 살고 있는 일본인 친구가 있어 후쿠오카에 가면 언제나 그 친구의 집에서 머문다. 지난번에 일본을 방문했을 때이다. 버스를 타고 가는데, 이 길이 '인생길'이라고 덧붙여 설명해 준다.

인생길. 그 도로에는 병원과 학교와 회사 모두가 있다는 것이다. 즉 사람이 태어나고 죽는 병원이 있으며, 나이가 차면 학교에 들어가야 하는 초등학교를 비롯한 중학교, 고등학교, 대학교가 있고 회사도 줄지어 있는 길이라는 것이다. 그래서 인생의 출생에서 사망까지 삶이 이어지는 인생길이라고 이름 지어졌던 것이다. 한 도로에 이 모든 것이 구비되어 있기도 힘들다는 것이다. 재미있는 이야기였다.

우리가 살아가는 지역에 인생길이 아닌 길이 있겠는가? 서해랑길도, 피할 수 없는 인간이 살아가는 길 속으로 걸어갈 수밖에 없지 않은가?

원효대사 깨달음의 오도성지, 수도사

대한불교 조계종 제2교구 본사인 용주사의 말사 수도사修道寺에 도착했다.

경기도 전통사찰제28호로 지정된 수도사는 852년신라 문성왕 14년 염거廉巨 스님이 창건하였다. 삼국유사에 따르면 661년문무왕1에 원효元曉대사가 해골물을 마시고 득도한 곳이므로 염거 스님이 창건하기 전에도 작은 암자가 있었을 것으로 추정된다(수도사).

삼국유사에 따르면 원효대사가 의상대사와 함께 당나라로 유학을 떠나던 중 수도사 근처 바위굴에서 하루를 머물게 되었다. 원효대사는 밤에 목이 말라 주변을 더듬어 보니 바가지에 물이 들어 있는 것 같아 시원하게 마셨다. 그러나 다음날 일어나 물을 마시던 바가지가 해골인 것을 보고 구토를 하고 말았다. 이에 원효대사는 모든 것이 마음에 있음을 깨닫고 당나라 유학을 포기하였고, "심생즉종종법생, 심멸즉종종법멸"의 오도송을 남겼다.

창건 이후 사세가 크게 번창하였으나 도적이 들끓어 노략질이 심하고 승려까지 납치하는 일이 발생하여 절이 비게 되었으며, 산사태까지 나서 폐사가 되기도 하였다. 이후 조선 중기까지의 연혁이 전하지 않아 자세한 역사는 알 수 없다.

수도사 미륵연지

1592년조선 선조25 임진왜란 때 불탄 것을 다시 중건하였는데, 1911년 다시 폐사가 되었다. 1960년 영석永錫 스님이 절을 중창하면서 옛 절터에서 남쪽으로 100m 가량 자리를 옮겼다고 한다.

원래의 절터는 원정리 산83번지로 현 대웅전에서 북쪽으로 약 100m 정도 떨어진 곳이었다. 그곳에는 정토淨土선원이 있었고, 1965년 이정암 스님이 전각을 부분적으로 수리하였으며, 선원 앞에 석고로 높이 8m의 불상을 조성한 바 있고 근처에 석조 부도가 있었다고 한다. 부도는 현재 수도사로 옮겨져 2001년까지만 해도 대웅전 축대 앞에서 기단석과 탑신석 및 옥개석이 넘어진 채 남아 있었으나 이후 사역을 정비하는 과정에서 어디로 옮겼는지 찾을 길이 없다. 알 모양의 구형 탑신을 지닌 부도로서 조선시대 후기에 조영造營된 것으로 추정되는 유물이다.

현재 수도사는 대웅전大雄殿을 중심으로 명부전과 산신각, 템플스테이 전용관약사전, 전통사찰음식 학습체험관, 초가집, 2층 요사채가 있다.

천년고찰 원효대사 깨달음의 오도성지로 알려진 수도사. 그곳에는 돌에 조각된 원효성사팔상도元曉聖師八相圖가 오도성지 의미를 말해준다.

1. 사라수하강생상(娑羅樹下降生相)

사라수 아래 보살의 몸을 처음 나투시다. 만삭이 된 어머니가 친정으로 가다가 밤골 사라밤나무 아래에 이르러 산기를 느끼고 아버지의 털옷으로 산실을 둘러치고 오색 상서로운 기운 속에서 태어나다.

2. 출가득도초개상(出家得度初開相)

머리 묶을 나이에 출가하신 후, 태어나고 자란 집을 초개사初開寺로 바꾸다.

3. 감분유심오도상(龕墳唯心悟道相)

무덤 속에서 유심唯心의 이치를 깨닫고 오도하시다.

4. 일체무애동진상(一切無碍同塵相)

일체의 차별 없는 마음으로 중생과 함께 하시다.

5. 각승금강설법상(角乘金剛說法相)

소의 두 뿔 사이에서「금강삼매경론」을 짓고 설하시다. 시기하는 무리들이 스님이 지은 책을 훔쳐 가자, 소의 두 뿔 사이에 책상을 놓고 왕궁으로 가면서「금강삼매경론」을 지어, 왕과 대신들 앞에서 설하시었다.

6. 요석인연득현상(瑤石因緣得賢相)

요석공주를 만나고 현자 설총을 얻으시다.

7. 척판구중천성상(擲板救衆千聖相)

널판을 종남산에 던져 대중을 구하시니, 천 명의 성인이 문하에 들다.

오늘날의 천성산 내원사 자리에서 수행하시다가 중국 종남산 운제사가 무너질 것을 미리 알아차리시고 널판을 던져 대중을 구하시다. 일천의 대중이 귀화하였다. 원효스님은 이들을 대상으로 화엄경을 가르쳐 깨달음을 성취하게 하였다.

8. 화쟁성사열반상(和諍聖師涅槃相)

화쟁으로 세상을 구하신 거룩한 스승님이 열반에 드시다.

더불어 살아가는 공양의 정신은 바로 밥이다. 해서 '밥을 짓는 것은 가장 많은 복을 짓는 것이다!'라며 적문스님이 전통 사찰음식도 전파하고 있다.

쌀 米미자 쌀 한자를 분해해 보면, 88가지의 수고로움이 깃들어 있다. 쌀 하나를 키우기 위해서 태양, 농부, 등등… 총체적인 자연의 산물인 그러한 쌀을 가지고 밥을 지어서 먼저 부처님께 밥을 올리고 그리고 수많은 대중을 함께 하는 것이기 때문에 밥을 짓는 공덕은 대단하다. …

스님들은 먹는 것 자체가 수행이기 때문에 공양이라고 한다. 밥은 공양이면서 더불어 살아가는 공동체를 의미한다. 우주만물과 함께 살아간다는 것이 공양이다. 나눔의 십시일반…

살찌우는 음식이 아닌 몸과 마음을 맑게 하는 참살이 음식을 우리에게 제공하고 있는 사찰, 수도사(대한민국 구석구석). '슬로푸드 시범마을'로 지정되기도 하였다.

화성 8경 남양호

남양방조제2,064m를 따라 걷는다. 평택과 화성의 경계를 짓는 남양호南陽湖를 바라보며. 평택시에서 벗어나 화성시로 접어들었다.

간척지 개답과 농업용수 확보를 위해 발안천 하구를 막아 축조된 방조제가 남양방조제다. 경기도 화성시 우정면과 평택시 포승면 사이의 방조제 건설에 따라 조성된 남양호는 '남양황라'라고도 불린다 철새와 낚시를 즐길 수 있는 이색적인 공간. 남양호.

1974년 5월 21일 남양만 일원에 남양방조제가 준공되면서 간척 농지가 조성된 지역으로 이 일대는 당시 '남양만간척지'로 불리었다(위키백과). 방조제 준공 이후 하천 하구에 조성된 남양호는 화성시의 새로운 관광명소로 각광받

앉다. 남양호는 주변 지역 농업용수의 공급원이 되었다. 또한 연중 낚시꾼이 즐겨 찾는 장소다. 특히 겨울철에는 결빙 시 얼음낚시로 유명하다.

1,211ha의 간척농지가 형성된 남양간척지에서 생산되는 쌀은 알칼리 성분을 많이 함유하고 있어 경기미 중 최고의 품질을 자랑한다. 광활한 들녘은 계절 따라 각기 다른 풍요로움을 안겨주지만 특히, 가을의 황금벌판은 남양호와 어우러져 넉넉함과 충만함을 더해준다. 겨울철에는 식물성 먹이를 찾아 먹는 쇠기러기의 아주 좋은 서식지가 되고 있다.

가을날 황금물결 들판에는 쇠기러기들이 무리 지어 자리를 잡고, 장안대교 부근에는 청둥오리들이 차지한다. 도로가에 차를 세우고 창문만 열어도 특별한 장비 없이 겨울철 철새들을 관찰할 수 있는 곳이다(대한민국구석구석).
남양방조제의 입구 왼쪽은 남양호, 오른쪽은 바다로 한 곳에서 바다와 호수를 동시에 볼 수 있는 이색적인 곳이다.

경기도 화성시

87코스 —
88코스 —

추모의 위령비 전망대에서 바라본 평화생태공원(통제사격실과 갯벌 위 농섬)

서해랑길 87코스 화성시

이화리버스정류장- 기아모터스스포츠센터- 매향리평화생태공원- 화성방조제- 궁평항정류장 / 18.8km

평화의 마을 매향리

　매향리梅香里 마을에 왔다. 하지만 마을의 모습은 어디에도 찾아볼 수가 없다. 2005년까지 미공군의 폭격 훈련장으로 쓰이던 마을이었고 지금은 매향리평화생태공원이 되었기 때문이다. 평화생태공원에 들어섰을 때 넓은 들판에서 바다향이 바람에 날려 와 진한 바다냄새를 맡았다.

　「화성지華城誌」에 따르면 매향리는 조선시대 중엽까지는 가을오지加乙吾地로 불리다가, 그 후 가로지呵老地라고 불리었다. 또한 조선 후기 연암燕巖 박지원朴趾源이 청나라를 다녀올 때 매향리를 지나며 '노후에 낙향하여 살만한 땅'이라 했다는 말도 전해진다(이규철).

　조선시대 말에는 행정구역상 압정면鴨汀面 고온리古溫里 또는 고온포古溫浦라 불렸다. 인심 좋고 기후가 따뜻하여 고온포로 불린 매향리는 외부인들에게는 굴로 유명한 평범한 마을이었다. 넓은 간척지는 해산물이 풍부하여 어장의 기능을 하였다(매향리). 또한 구릉과 구릉 사이의 지역은 농지를 이용하거나 염전으로 개발되었다. 이러한 자연환경에서 매향리 주민들은 농지를 경작하여 쌀을 생산하였고, 조수 간만의 차가 커 넓은 갯벌에서 해산물을 채취하고 염전에서 소금을 생산해 유통하면서 생계를 유지했다.

　매향리 앞바다는 농섬, 웃섬, 귀비섬, 방대섬 등의 섬이 있었다. 과거 농섬은 짙은 농濃자를 쓸 만큼 우거진 숲을 자랑했다(화성시).

종일 뙤약볕 갯일에 지친 어머니들이 잠시 쉴 수 있는 공간이었으며, 나무 위 새알을 꺼내는 아이들의 놀이공간이었다. 해상폭격지로 농섬이 사용되면서 원래 자기 모습을 잃어버리고 민둥산이 되어 매향 앞바다를 지키고 있다.

또한 웃섬^{방섬}은 농섬의 오른편에 위치해 있는, 농섬보다 더 작은 섬이다. 간조가 가까워짐에 따라 농섬과 웃섬 사이의 길이 열리고 웃섬에서 육지로 가는 길도 열린다.

어느 날 매향리 어촌마을 해안으로부터 약 1.6km 가량 떨어진 농섬을 향해 미군들의 갑작스러운 폭격이 시작되었다. 물론 웃섬도 마찬가지였다.

현재까지도 매향리 일원에 사격장을 설치한 배경과 구체적인 시점에 대한 문서기록은 발견되지 않았으나, 당시의 기록 자료와 관련자들의 구술을 통해 유추해 볼 수 있다(이규철).

1950년 6·25 한국전쟁이 발발하고, 그 이듬해에는 매향리 마을에서 무차별적인 폭격이 시작되었다. 한국전쟁 중이었던 1951년 미공군은 매향리 앞바다에 있는 농섬에 폭격을 가했던 것이다. 1952년에는 매향리 마을에 미군 부대가 천막기지를 설치하고 주둔하였다. 이를 계기로 매향리 마을은 해상과 육상 사격장의 동시 운영이 가능한 아시아 지역 최적의 공군 사격장이자 아시아 주둔 미공군사령부 산하의 미군 전용 폭격장으로 활용되었다.

미군은 이곳을 쿠니Koon-Ni사격장이라 불렀는데, 옛 마을 이름인 '고온리'에서 온 것으로 추정된다. 휴전 후에도 매향리는 반세기가 넘는 시간 동안 폭격소리가 울려 퍼졌다. 주민의 목소리다.

제대로 이야기를 할 수가 있나.
밤낮으로 뚱땅 거리니까 말을 조근조근 할 수 있나.

야간 사격을 하면 저기다가 막 불을 켜 놓고 해요.

노상 비행기들이 날아오는데

끄냥 따발 따발 따발 쿵쾅 탕탕탕탕 난리여 난리,

뭐 그 소리 때문에 전화도 할 수가 없고, 앉아서 대화를 못해.

이러한 폭격의 흔적은 사격장 폐쇄 이후에도 오염된 갯벌, 처리되지 못한 폭탄의 잔해, 지역주민들에게는 정서적 트라우마를 남겼다. 2005년 8월 12일 매향리 사격장이 완전히 폐쇄된 이후 주민들의 노력으로 매향리 및 고온항의 갯벌은 현재 다양한 생물들이 자리 잡아 철마다 각가지 새들이 날아들고 아름다운 갯벌로 회복되고 있다. 매향리 주민들은 농사짓고 바닷가에 나가 고기를 잡을 수 있는 '소박한' 자유를 되찾았다.

매향리 사격장은 폭격 훈련이 멈추는 그 순간까지도 전쟁 중이라는 것을 보여주는 '살아있는 역사 공간'이었다. 하지만 주민들의 노력으로 아픔의 역사를 잊기보다 역사와 의미를 보존하고 지역주민들을 치유할 수 있는 매향리 평화생태공원으로 조성되어 평화를 꽃 피울 미래 세대가 생명과 평화의 가치를 일깨울 수 있는 '살아있는 역사 공간'으로 다시 태어나게 되었다.

매향리 평화생태공원

54년간 미공군사령부의 공군사격장으로 사용하던 쿠니사격장 부지에 화성드림파크 유소년 야구장이 들어섰다. 곧이어 매향리 평화생태공원이 조성되었다. 경기도 화성시 우정읍 매향리 고온리 안길24-11.

이곳 '매향리 쿠니사격장'은 2016년 6월에 우리나라 우수건축자산 제1호로 등록되었다. 쿠니사격장의 역사적 가치와 장소적 상징성이 있는 건축물 6동, 위병소, 카페, 체력단련실, 사격통제실, 헬륨저장소, 장교막사, 숙소 및 식당 등이다. 초소 6개소, 기지정문 안내판 및 내·외부 울타리 등의 공작물 3개소 등이 존치되어야 한다고 국방부에 요청한 바 있다.

『매향리 쿠니사격장: 우수건축자산이야기』에 따르면 우수건축자산의 가치로서는 역사적 가치, 경관적 가치, 예술적 가치, 사회문화적 가치를 지니고 있어야 한다. 또한 이러한 가치를 체계적으로 유지, 관리할 필요가 있거나 방치될 경우 그 가치가 없어지거나 훼손될 위험이 있을 경우에 우수건축자산으로 등록할 수 있다.

대상지가 워낙 거대한 역사적 의미를 지니고 있을 뿐만 아니라 지역주민의 아픈 기억을 담아내야 했기 때문에 서둘러 추진할 수 없었지만 주민의 협조로 무리 없이 진행되었다.

평화생태공원 입구로 들어가면 방문객 안내가 주어진다. 그곳이 바로 위병소이다. 1968년 쿠니사격장 확장 시 설치된 건물로, 사격장 출입을 통제하는 역할을 했다. 안내 코스대로 장교막사, 생활관, 카페 및 체력단련실, 다용도실과 사교클럽 등을 돌아보았다.

쿠니사격장에는 1개 대대급 규모의 부대가 주둔하였는데, 장교막사는 그중 부대 지휘관인 부대장이 사용한 숙소이다. 침실, 거실, 주방, 화장실 등의 시설을 갖춘 건축물로서 1968년에 건축되었다. 생활관은 부대원들의 숙소, 식당, 사무실 등으로 사용된 건물이다. 미군기지 막사와 유사한 구조로 설계되었다. 현재는 매향리의 역사를 알리는 상설 전시공간으로 활용되고 있다.

아픈 역사를 보존하고 관광객 유치를 통한 지역 경제 활성화를 목적으로 2021년 9월에 공원으로 재단장하였다. 잔디마당, 매향정, 파고라, 작가정원, 습지생태원, 마을숲산책로, 평화기념관, 평화의 소녀상 등을 갖추고 있다. 매향리에 찾아온 평화를 기리는 의미 있는 장소다(화성시).

매향리 역사기념관과 추모의 위령비

평화기념관은 꼭 방문해야 한다. 건물의 벽이 M으로 형상화된 건물이 퍽 인상적이다. Memorial의 약자 M이 주는 의미가 진하게 전해진다.

… 50여 년간 지속된 매향리의 아픈 역사를 기억하고, 다시 찾아 온 평화를 기념하기 위해 세계적인 건축가 마리오 보타가 평화기념관을 설계했습니다. 평화를 되찾은 매향리의 빛나는 미래를 상징하듯 평화기념관은 자연광이 곳곳에 유입되는 구조로 조성되었습니다. 이러한 건축적 요소를 반영하여 1층 어린이 체험실은 빛을 체험하는 공간이 마련되었습니다. 또한 2층은 쿠니사격장 폐쇄를 위한 주민들의 활동을 살펴볼 수 있는 상설전시실과 시각예술을 아우르는 기획전시실로 구성되어 있습니다. …

반세기에 걸친 매향리의 역사와 주민들의 생활상을 회상하고자 2019년 매향리 평화기념관 설립이 추진되었다. 매향리 마을과 매향리의 소리를 기억Memorial 하기 위해 영문자 'M'과 음파의 율동으로 형상화한 디자인은 매향리 평화기념관의 상징적인 브랜드이다. 상설전시실에는 매향리 마을에 드리웠던 어둡고 힘든 시간을 지나 밝은 미래를 향한 마을 주민들의 염원과 발자취를 살펴볼 수 있다.

서해랑길은 생태공원 산책로를 따라가다가 사격장이 있던 바닷가로 이어진다.

화성방조제

생태공원의 산책로를 따라가면 화성방조제華城防潮堤가 이어진다. 화성방조제9.8㎞의 끝이 보이지 않는다. 10km나 되는 거리! 마음을 비우고, 모든 것을 내려놓고 걸어야 한다.

경기도 화성시 우정읍 매향리와 서신면 궁평리 사이의 바다를 막아 건립한 방조제다. 방조제 건립을 통해 화성호가 조성되었다(한국학중앙연구원).

화성방조제는 1991년부터 시작된 화성시의 화옹지구 간척사업을 통해 건립된 방조제이다. 화옹지구 간척사업은 당시 농업기반공사로 한국농어촌공사가 추진하였으며, 방조제 축조를 통해 우량 농지를 확보하고 담수호를 조성하여 농경지에 농업용수를 공급하고자 하였다.

화성방조제 공사는 2003년 3월 물막음 공사가 끝남으로써 완료되었다. 이후 2007년 화성방조제 위로는 4차선 도로가 개통되었으며, 자전거도로, 인라인도로아 인도가 설치되었다.

화성방조제는 궁평리와 가까운 쪽에 길이 약 100m의 배수갑문이 있고, 궁평리를 기점으로 6.6㎞ 지점에 중간선착장이 있다. 화성방조제가 건립되면서 그 옆으로는 화성호와 화성습지가 생겨 해마다 먼 거리를 이동하며 번식하는 철새들의 쉼터가 되고 있다.

화성방조제 옆으로 갈대가 무성하게 자라 숲을 이룬 내륙의 화성습지는 도요물떼새 및 물새의 서식지로 세계적 수준의 생물 다양성을 유지하고 있다. 2020년 10월에는 환경부가 멸종위기 야생생물 1급으로 지정한 수원청개구리가 처음 발견되기도 했다. 최근 이러한 화성습지에 군 공항 이전 문제와 호텔부지 개발 문제 등이 불거지자 화성시華城市에서는 화성습지를 습지보호지역으로 지정하는 것을 계획하고 있으며, 이와 함께 국제협약인 '람사르습지' 지정도 추진하고 있다.

궁평낙조로 불리는 궁평항

궁평리에 있는 항구 궁평항에 이른다.

녹음기에서 흘러나오는 신명 나는 뽕짝가락에 항구가 들썩인다. 뜨거운 날씨에도 불구하고 수산물센터와 횟집으로 향하는 사람들의 움직임이 활기차다.

궁에서 직접 관리하던 땅이 많아 '궁평' 또는 '궁들'이라고 불렸던 곳이 지금의 궁평리宮坪里이다. 2008년 국가어항으로 지정된 궁평항은 낙조가 아름다운 곳으로 유명하다.

조그만 배와 낚시꾼들을 유혹하는 매력적인 바다로 뻗어있는 데크 다리인 피싱 피어에서 즐기는 낚시. 서해안의 아름다운 해안과 갯벌을 자연 그대로 유지하고 있어 바지락, 맛조개, 낙지, 칠게 등을 채취하는 어촌체험.

궁평항 주차장 쪽으로 길게 늘어선 푸드 트럭 길에는 유명한 새우튀김과 오징어튀김, 어묵, 핫도그 등 다양한 먹거리가 있다는 것을 아는 사람은 다 안다. 무엇보다 싱싱하고 맛 좋은 수산물이 먼저지만.

궁평리 해수욕장도 여름이면 꽤 붐빈다. 백사장 길이 2km, 폭 50m의 아담한 해변이지만 쉼터로써 안성맞춤이다. 남양반도 끝에 위치하며 100년 이상

된 울창한 곰솔 숲이 바로 앞에 자리하고 있다. 간조 시에 약 2km 갯벌에서 체험과 바다낚시 등 다양한 체험이 가능하고, 만조 때는 하루 2시간 이상 해수욕을 즐길 수 있다. 이만하면 해변이 갖춰야 할 것은 갖춘 듯, 즐기면 된다.

궁평항의 데크길

서해랑길 88코스 화성시

궁평항정류장- 백미항- 공생염전- 제부교차로- 전곡항 / 18.3km

화성엔 실크로드가 있어요

화성실크로드! 화성에 실크로드가 있다고?

궁평항에서 시작되는 서해랑길 입구 데크길에 '화성실크로드' 노선 안내가 있다.

화성실크로드는 총 4개 코스로 구성되었다. 1코스는 당성을 중심으로 한 당항성길 11km이다. 황금해안길 16km 2코스는 전곡항과 궁평항을 연결한다. 2-1코스는 제부도 등대를 따라 해안데크로 이어진 제비꼬리길 2km이고, 3코스는 궁평항에서 사강시장까지 홍랑길 18km 구간이다.

궁평항에서 시작되는 2코스의 황금해안길은 궁평항-궁평해변-궁평해송림-궁평관광지-백미리어촌체험마을-공생염전-살고지-까치섬을 보며 걷다가 전곡항에 이른다. 서해랑길과 거의 동일한 노선이다. 4개의 길 가운데 오늘 황금해안길을 걷는다.

화성실크로드가 만들어진 이유는 경기도 화성시 서신면 상안리에 있는 '당성唐城' 또는 '당항성黨項城'이라 불리는 고성古城과 관련된다.

당성은 삼국시대에 지어진 성으로, 1971년 사적 제217호 화성당성로 지정됐다. 중국 산둥반도와 가까운 당성은 삼국시대 당나라로 통하는 '해문海門'이었다. 바다의 관문이라는 뜻이다. 사신단과 상인단의 입·출항을 관리하는 역할을 했던 곳이다. 때문에 해상 무역의 요충지였던 당성을 차지하기 위해 삼국이 치열한 각축전을 벌였다.

6세기 신라가 삼국을 통일하면서 당성의 위상은 더욱 높아졌다. 서역의 다양한 문물이 당성을 거쳐 신라의 수도인 경주까지 전해졌다.『문무』소설에서도 당성과 당항성은 중국으로 가는 길목이었고 포구로 이어졌다.

> 서라벌을 떠난 이틀 후 법민 일행은 아침 일찍 당항성 포구에서 배에 올랐다. …
> 백제와 고구려는 다시 신라와 당나라의 주요 통로인 당항성, 지금의 경기도 화성군 남양을 탈취하기 위해서 번갈아 가며 공격을 해왔다. …

대항해시대 이전 중국과 서역을 육상으로 잇던 '실크로드^{비단길}'가 중국에서 바다를 통해 당성을 거쳐 경주까지 이어졌던 것이다.

경주에서 당성까지의 구체적인 경로를 추정하면 경주의 간문역에서 출발하여 영천-하양-안동-풍기-단양으로 나와 제천 또는 충주를 경유하여 여주-이천-수원을 거쳐 남양만 내의 항구인 당성에 도착하는 것으로 보았다(이용범). 이런 연유로 화성시가 해상교역의 중심지였던 그 길을 따라 '화성실크로드' 걷기여행길을 2018년 만들었다.

화성실크로드 가운데 1코스의 당항성길은 화성실크로드로써의 의미가 아주 깊다. 당항성은 원래 이 지역을 차지했던 백제가 붙인 지명인데 고구려가 점령해 당성군唐城郡으로 지명을 붙였고, 이후 신라가 차지하면서 산성을 축조한 것으로 전해진다. 당항성길의 시작은 남양반도 끝에 있는 서신면 송교리 제부교차로 삼거리다. 바다를 등지고 오른쪽은 궁평항, 왼쪽은 전곡항이 있는 중간쯤 되는 곳이다. 도로 표지판이나 전봇대에 작게 '당항성길' 표시판이나 이정표가 붙어 있다(이정하).

한국에 있는 실크로드인 당항성길을 걸어보자.

화성 국가지질공원

궁평항에서 '화성실크로드'인 해변 위 데크를 따라 바다경치를 즐기며 천천히 걷는다. 장마의 시작, 비가 온 뒤에 운무 속 바다는 가히 이색적이다. 운치를 느끼며 걷던 중 '화성의 국가지질공원'마크에 정신이 번쩍 든다.

데크에서 보이는 해변의 바위가 '변성암과 고철질암맥'이라고 쓰여 있다. 바위의 색이 짙은 것이 아주 특별해 보인다.

이곳에는 선캄브리아시대 규암과 편암 등 변성암이 주로 분포하며, 마그마가 변성암을 뚫고 들어와 길게 형성된 고철질암맥도 나타난다. 고철질암맥이란 마그네슘과 철이 상대적으로 풍부하여 어두운 색을 띠는 암맥이다. 70cm 폭의 암맥과 10cm 암맥 두 종류를 관찰할 수 있으며, 이들은 모두 남-북 방향으로 길게 배열되어 있다.

특히 암맥이 이어지는 곳에는 암맥 이음부 dike-bridge가 관찰되며, 이러한 구조는 지하에서 마그마가 관입하여 전파되는 과정을 이해하는데 유용한 정보를 제공한다. 또한 암맥의 경계면을 따라서 마그마가 급하게 냉각된 부분 chilled margin이 관찰되며, 암맥 내부에서는 풍화열 tafoni 지형도 관찰할 수 있다.

앞으로 걸어가자, 이번에는 '주향이동단층과 꽃다발구조'라는 특별한 지층이 있었다.

주향이동단층이란 단층면을 경계로 양쪽의 두 지괴가 수평방향, 단층면의 주향방향으로 어긋난 단층을 말한다. 또한 꽃다발구조는 주향이동단층의 굴곡부에서 여러 개의 단층으로 만들어진 지질구조, 압축력을 받는 곳에서는 여러 개의 역단층이 만들어지며 땅이 위로 솟아올라 야자수 모양 꽃다발구조가 만들어진다. 반면에 인장력을 받은 밑에서는 여러 개의 정단층이 만들어지고 땅이 꺼지면서 튤립 모양 꽃다발구조가 만들어진다(국가지질공원).

화성 국가지질공원

    이곳에는 아주 오래전 선캄브리아시대에 만들어진 변성암류가 주로 분포한다. 이 변성암들은 후에 지각변형 작용을 받아 주향이동단층과 꽃다발구조가 만들어졌다. 해안절벽을 따라 적어도 3번 이상의 주향이동단층대가 반복되어 나타난다.
    특징적으로 이곳의 주향이동단층대에는 아래쪽에서 위로 퍼져나가는 꽃다발구조가 잘 관찰된다. 이 꽃다발구조는 좌수향 주향이동 단층의 굴곡대에서 인장력에 의한 정단층 운동으로 만들어진 튤립 모양 꽃다발구조로 해석된다.

    이곳에서는 선캄브리아시대 다양한 변성암류를 관찰할 수 있는데 규암과 변성 염기성암이다. 눈으로 보아도 암석의 색이 달라 쉽게 구분할 수 있다. 어두운 황색 빛을 띠는 규암과 어두운 녹색을 띠는 변성 염기성암녹색 편암이 가장 많다. 변성암 내부에는 다양한 형태를 가진 석영맥들이 곳곳에 분포하며, 특징적으로 규암 내부에는 거대한 포켓상의 석영백이 관찰되기도 한다.

자세히 보려면 가까이 가야 하는데, 사람들이 접근하지 못하도록 줄을 쳐서 막아 놓았다.

오솔파크

데크가 끝나는 곳에 해변을 따라 해송 군락지가 이어진다. 궁평항 해수욕장에 자리 잡은 100년 이상 된 아름드리 해송 1,000그루가 이어지는 길, 해송 숲길이다. 궁평리 해송군락지는 최초 18세기경에 형성된 것으로 간주되고 있으며, 현재의 숲길 형성은 1935년 전후로 보고 있다. 『서해랑길 워킹투어 2』에 나오는 서천의 해송숲길과 거의 유사한 숲길이다.

해송海松 외에도 이곳에는 화살나무, 해당화, 좀작살나무와 같은 교관목 식물이 함께 살고 있다. 또한 초화류 식물도 살고 있는데 주로 꽃잔디, 수크령, 상록패랭이, 마가렛, 층꽃, 갯그령, 갯패랭이, 송엽국, 갯메꽃과 갯잔디 등이다. 초화류 69,000본과 관목류 18,000주 등이 자라고 있다(화성특례시). 식재를 통한 서식지로 해송보호 공간을 조성한 자연과 더불어 살아가는 생태적 공간이다.

비 온 뒤, 안개가 자욱한 가운데 걷는 해송 숲길은 그 어떤 동양화와도 비교될 수 없을 정도로 아름다운 경관이 펼쳐졌다. 궁평항 해수욕장이 있지만 해수욕 외에도 번갑함을 피해 해송 숲을 걷거나 조용한 휴식을 취하기에 좋은 곳이다.

이곳은 오솔파크Osol Park로 솔숲을 즐기는 여정을 의미하는 '오솔'로 대표된다. 그래서 '오솔' 파빌리온 체험형 예술작품도 전시되고 있다.

궁평항 오솔파크

펼쳐진 바다 물결의 형상을 보여주는 지붕과 함께 소나무 숲을 연상시키는 기둥으로 이루어진 파빌리온은 자연적이면서도 인공적인 숲의 형태를 보여준다.

궁평의 자연을 닮아 있는 오솔은 바다의 푸른빛과 석양을 반사시키며 시간에 따라 변화하는 풍경이 된다.

백미항 그리고 백미어촌체험마을

오솔파크를 지나면 서해랑길은 마을로 이어진다. 경기도 화성시 서신면 백미길210-35.

백미리百味里는 싱싱한 해물이 많고 맛 또한 다양하여 백미 또는 백미리라는 이름이 붙었다고 한다. '백가지 맛이 있는 마을'이라는 별칭답게 백미항에서는 봄철 주꾸미, 여름철 밀국 낙지, 가을엔 대하와 전어가 유명하다.

백미항에서 바라본 바다는 끝없이 펼쳐진 갯벌이 아름다운 어항이다. 백미항은 이전에는 어항시설이 갖추어지지 않아 인근 어항을 이용하였으나, 1995년 선박이 짐을 싣고 내리는 물양장 시설을 축조·운영함으로써 어항으로의 면모를 갖췄다. 1995년 12월 선착장과 어장 진입로를 축조하였고, 이후 3번에 걸쳐 어장 진입로를 연장하여 2004년 2월에 어촌 정주어항으로 지정되었다(위키백과).

백미리 어촌체험 마을도 빼놓을 수 없는 특별한 마을이다. 예로부터 백미리는 바지락이 유명하였다. 자연스레 '바지락 캐기 체험'이 마을에서 시작되었고, 성수기에는 평일의 경우 5-600명, 주말에는 1,000명이 넘는 체험이 이루어졌다. 워낙 많은 체험객이 몰리기 때문에, 바지락이 씨가 마르는 것은 아닌가 하고 걱정할 수도 있지만, 구역을 지정해서 돌아가며 체험장을 운영하기 때문에 언제나 바지락을 캐갈 수 있다고 한다(백미리어촌계).

백미리 어촌체험 마을은 2015년 해수부에서 주관하는 어촌체험마을 등급 수여식에서 수도권에서 유일하게 일등 어촌에 선정되었다. 또한 대한민국 해양관광 대상을 수상한 마을로 어촌체험을 선도하고 있다.
　정해진 요금을 지불하면 게잡이, 조개잡이와 어촌패키지체험, 스킨스쿠버도 가능하다. 풍성한 해산물이 나는 곳으로 조개잡기, 망둥어낚시, 씨카약을 즐길 수 있는 특별한 체험이 기다린다.

공생염전

　넓은 공간을 차지하고 있는 공생염전이다. 서해를 따라 염전이 지리적으로 많은 부분을 차지하고 있는데 경기도에서는 화성이 큰 염전을 차지하고 있는 듯하다.
　공생염전共生鹽田은 남양만 바다에 880m의 제방을 쌓아 간척하여 만들어진 염전으로, 6·25 한국전쟁으로 피난 온 강원도 철원, 평양 등지의 피난민들이 조성하였다. 초기 피난민들은 자치조합인 공생조합을 결성하여 염전을 운영하였는데, 6명이 소금창고 1동을 공동 소유하여 작업하는 방식이었다. 염전에는 '공생염전'이라는 이름을 붙였는데, 이는 공평하게 소금판을 분배하고 함께 살아가자는 의미였다(한국향토문화전자대전).
　경기도 화성시 서신면 매화리에 있는 6·25 한국전쟁 실향민들이 조성한 염전의 역사를 돌아본다.
　공생염전 및 공생조합 제방은 국가에서 피난민들의 정착사업으로 실시한 것으로, 피난민들이 당국의 염전허가를 얻어 1953년 7월부터 약 7년간 조성하였다. 조성 초기 약 2년 동안 덕적도에서 돌을 날라 매화리 앞을 가로지르는 길이 약 880m 높이 2~3m의 제방 둑과 저수지 둑을 완성하였고, 1956년부터 4년에 걸쳐 소금판 12만 평, 저수지 9만 평, 유휴지 6만

공생염전

평을 확보하였다. 1962년에는 염전 바로 뒤 언덕 위에 4동의 흙벽돌 연립가옥을 세워 피난민들의 생활터전을 조성하였는데, 153가구 600명이 염전에서 일하면서 살았다. 이렇게 염전과 생활터전을 조성하는 데는 유엔민사원조처의 협조와 각 종교단체의 원조가 큰 역할을 하였다.

공생조합은 12호의 염전을 만들었는데, 각 호마다 공동소유자가 6명이고 1인당 2,000평을 분배 받아서 각 호당 12,000평의 면적을 담당하였다. 따라서 공생염전은 약 144,000평의 면적에 공동 소유자는 72명으로 구성되어 있다. 일반적으로 염전에서 소금을 생산하기 위해서는 증발지, 결정지, 소금창고 등이 조성되어야 하는데, 보통 12,000평 규모가 필요했다. 따라서 각 호를 공동 소유한 6명은 공생할 수밖에 없었으며, 각 호마다 대표자를 선출하여 운영하였다.

공생염전의 1년 소금 생산량은 보통 20kg 포대 7,000-8,000개 정도이나, 강수량이 적고 날씨가 좋은 해에는 10,000 포대까지 생산했다. 소금 가격은 상황에 따라 조금씩 다르나, 일반적으로 20kg에 7,000-10,000원 정도의 가격을 형성하였으며 농협 또는 개인 거래처 등을 통해 판매되고 있다. 공생염전에서 생산되는 소금은 '소금꽃 피는 마을'이라는 상품명으로, 염밭에서 서식하는 자연산 함초도 판매한다. 최근에는 체험장도 조성되어 초등학생을 대상으로 사전예약제로, 소금 채취과정과 염생식물에 대한 이해의 두 과정으로 나누어 체험을 진행한다(한국향토문화전자대전).

제부도 여행

모세의 기적을 볼 수 있는 신비의 섬, 제부도.

경기도 화성시 서신면 해안길421-12.

제부도는 썰물 때면 하루에 두 번씩 바닷물이 갈라져 섬을 드나들 수 있는 길이 열린다. 하루 두 번 열리는 제부도로 향하는 바닷길을 직접 건너가 보자.

마침 기회가 되어 제부도로 드라이브를 했다. 그런데 도로에 물이 찰랑찰랑 차오르는 것이 도로를 덮칠 것 같았다. 확연히 드러나는 물길. 일단 제부도에 도착해 확인한 결과, 오전 11시경에 '물이 찬다'는 것이다. 이는 도로가 바닷물로 차서 도로를 막는다는 뜻이다. 지금 시간이 오전 10시 45분. 할 수 없이 제부도에서 도로 나올 수밖에 없었다. 계속 자동차가 제부도로 들어가는데, 그 차들은 다음 번 물이 빠지는 시간, 즉 바다 갈라짐 시간에 나온다는 각오를 해야 한다.

제부도 여행은 반드시 바닷길 통행 시간을 확인해야 한다. 아니면 국립해양조사원 바다갈라짐 예보를 확인하든가.

오늘의 바다 갈라짐 예보

바다 갈라짐이란, 주변보다 수심이 얕은 지형이 저조 시 해수면 위로 드러나 육지와 섬 또는 섬과 섬 사이에 바닷길이 생기며 바다를 양쪽으로 갈라놓은 것처럼 보이는 현상 입니다. 바다 갈라짐 지역, 연도와 월, 일을 선택하시면 원하시는 날짜의 바다 갈라짐 시간을 알 수 있습니다.

바다 갈라짐 안내 시각은 조석 현상에 의해 예측한 것으로, 오늘의 기상, 파랑 등에 따라 달라질 수 있으니 주의 바랍니다.

제부도선착장은 탄도선착장으로 연결된다. 육지에서 선착장까지 자동차도로로 연결되어 있어 24시간 접근할 수 있다.

제부도는 체험 가능한 요트클럽이 여럿 있다. 빨간 등대와 일몰이 아름다워 산책하기 좋고 인증샷 명소이기도 하다. 바다를 바라보며 걸을 수 있는 화성실크로드 2-1코스 제비꼬리길 데크가 시작된다.

한국인이 꼭! 가 봐야 할 한국관광 100선에 2번이나 꼽힌 제부도다 (2009-2022). 2017년 경기유망관광 10선에 선정되었고, 연 200만 명이 넘는 관광객이 찾아오는 경기도 서부해안 대표 관광지이다.

하루에 두 번씩 바닷물이 갈라지면서 길이 열린다. 남쪽 매바위와 해변에 이국적이고 쾌적한 휴양 환경을 갖췄고 해안에서 갯벌체험을 할 수 있으며 다양한 디자인의 쉼터, 레드닷 디자인 어워드에 빛나는 아트파크도 만날 수 있다. 카페, 소규모 놀이시설 등이 관광 편의를 돕는다. 제부항 앞 탑재산과 데크로드의 포토존은 세대를 불문하고 각광받는다.

제부도 워터워크는 제부도 바닷길이 열리고 닫히는 모습, 드넓은 갯벌 위에서 펼쳐지는 석양의 아름다움을 편안하게 감상할 수 있다. 물에 비친 낙조는 서해안에서 아름다운 곳 가운데 하나로 꼽힌다.

2017년 8월 걷기 좋은 여행길 10선에 선정된 제부도 제비꼬리길은 빨간 등대에서 해안 데크와 탑재산의 능선을 따라 걷는 길로 탑재산 정상에 오르면 서해가 파노라마처럼 펼쳐진다.

제부도해수욕장 역시 백사장 길이 1.8km의 아름다운 해변이다. 오른쪽으로 탑재산이 자리하고, 왼쪽으로는 매바위가 위치해 있다. 수온이 적당하고 경사도도 완만하여 여름 한낮에 해수욕장에서 놀다가 석양과 함께 하루를 정리하면 그 어떤 곳보다 멋진 추억을 남길 수 있지 않을까.

일 년 내내 갯벌 체험이 가능하고 어장보호를 위해 1인당 1kg 이하로 채집량을 제한하고 있다.

전곡항 부잔교

　바다로 나갈 채비를 하는 배들, 한쪽에는 어항에서 쓰던 물건들이 산더미로 쌓여 있고, 또 다른 쪽에는 낚싯대를 드리운 낚시꾼들의 세상이고. 옹기종기 모여 즐거운 한때를 보내는 사람들. 전곡항의 풍경이다. 프라이팬에 인절미를 구워 먹고 있는 낚시꾼 덕분에 인절미도 얻어먹고. 어쨌든 항구의 모습보다는 유원지에 가까운 풍경이다.

　지중해풍 엽서에서나 볼 수 있을 법한 푸른 바다와 하늘, 그리고 하얀 요트들이 멋진 장관을 이루고 있는 전곡항. 매년 5월 말-6월 초에 화성시 대표 축제인 '화성 뱃놀이 축제'가 열린다. … 전곡항에서 유람선을 타고 서해의 아름다운 섬들인 입파도, 도리도, 국화도, 육도, 풍도 등을 둘러보는 코스를 즐겨보자. 시원한 바람을 맞으며 달리다 보면 웅장한 풍력발전기도 보이고, 우리를 반기는 아름다운 섬과 갈매기 수십 마리가 따라오는 풍경도 장관이다. …
　주말 가족, 연인 친구들과 함께 전곡항에서 서해의 섬들을 감상하며, 값이 싼 회도 맛보고 지친 심신을 달래보자.

　화성시의 전곡항 소개 글이다. 요트, 뱃놀이 축제, 섬들과 갈매기, 싱싱한 회 등등 전곡항을 대변한다.
　전곡항은 시화방조제가 조성되면서 시화호 이주민을 위하여 조성된 다기능어항이다. 서신면과 안산시 대부도를 잇는 방파제가 항구 바로 옆에 건설되어 밀물과 썰물에 관계없이 24시간 배가 드나들 수 있다. 입파도행 여객선이 운행되고, 요트와 보트가 접안할 수 있는 마리나 시설이 있다. 파도가 적고 수심이 3m 이상 유지되는 수상레저의 최적지이다.
　전곡항 하면 부잔교도 빼놓을 수 없다. 부잔교는 육지로부터 일정 간격

전곡항 부잔교

으로 폰툰pontoon이라는 작은 상자를 띄워 배에 탈 수 있도록 만든 접안시설이다. 부잔교는 서해로 바다낚시를 나가거나 섬 여행을 가려는 사람들이 주로 이용한다. 부잔교 부근에서 낚싯대를 드리워 바다낚시도 할 수 있다.

경기도 안산시

89코스 —
90코스 —
91코스 —

상상전망대에서 바라본 89코스와 바다풍경

서해랑길 89코스 안산시

전곡항- 탄도항- 상상전망돼- 동주염전- 남동보건진료소 입구[1] / 19.1km

대부도에는 대부해솔길이 있어요

자연과 인간이 어우러진 아름다운 생명의 섬, 대부도.

대부도로 들어섰다. 고랫부리 버스정류장 입구에서 역방향으로 트레킹을 시작한다. 먼저 「대부도 이야기」를 들어보자. 신현미 작가의 시詩다.

> 넘실대던 바다 속 깊은 이야기
> 파도에 실려 바람 따라 전해지기를
> 수천만 번 켜켜이 산을 이루었다.
> 삼삼오오 갈매기 아는 듯 모르는 듯
> 끼륵끼륵 끼르륵 수다스럽다.
>
> -「대부도 이야기」 전문, 신현미

대부도라는 지명은 고려시대에 처음 나타나기 시작했다. 마을 부部를 써서 대부도大部島로 표기한 것으로 보아 이 섬이 여러 섬을 다스리는 큰 고을이었음을 알 수 있다. 조선시대에 들어와서는 언덕 부阜를 써서 대부도大阜島라고 표기하기 시작했다. 섬 같지 않고 큰 언덕처럼 보인다는 이름이다(안산시민속박물관). 조선시대 말부터는 대부도大阜島라는 지명만이 사용되어 현재까지 사용되고 있다.

---

[1] 90코스 시작점이 안산시 단원구 대부남동 산284-5 고랫부리 입구 버스정류장으로 변경되었다(2025년 7월 5일).

섬의 모양이 낙지 같다고 하여 낙지섬, 대나무가 많다고 하여 죽호竹湖, 연꽃이 물에 떠 있는 것과 같다 하여 연화부수지蓮花浮水地라고도 불렸다고 전해진다.

'대부해솔길' 리본이 바람에 살랑인다. 안산 9경 중 2경이 '대부해솔길'이다(https://www.ansan.go.kr/tourinfo). 바다가 부르고 숲이 손짓하는 대부해솔길, '대부도 구석구석 아름다운 둘레길'을 맛보는 시간이다.

총 11개 코스 108km로 해안선을 따라 대부도 전체를 둘러볼 수 있으며 자연 그대로 형성된 오솔길과 해안 길을 따라 자연 친화적 길이다. 코스별로 소나무숲길, 염전길, 석양길, 바닷길, 갯벌길, 갈대길, 포도밭길, 시골길 등 다양한 풍경이 펼쳐진다.

대부해솔길은 방아머리 선착장을 시작으로 구봉도, 대부남동, 선감도, 탄도항을 거쳐 대송단지까지 연결되어 있다. 방아머리에서 돈지섬 안길까지 이어지는 1코스$^{11.5km}$는 관광객들이 가장 많이 찾는 대부해솔길의 백미다.

바닷길을 개미허리다리로 연결해 놓은 구봉도 낙조전망대는 낙조의 아름다운 모습을 감상할 수 있어 사진작가들에게도 매우 인기 있는 곳이며, 바닷길을 건널 수 있는 산책로로 매우 각광받고 있다.

인정한다. 개미허리아치교는 풍경 맛집이다. 해무海霧로 인해 안개 속에서 걷는 기분이 환상적이고 절경이었다. 어머! 어쩜! 탄성이 절로 나왔다.

대부해솔길은 가장 짧은 코스가 4.5km$^{6-2코스}$이지만, 장거리는 17km^{7,} $^{7-1코스}$의 좀 긴장되는 길이다.[2] 하지만 구간마다 대부도의 역사와 문화, 그리고 사람들의 삶까지도 들여다볼 수 있는 귀한 삶의 길이다.

---

[2] 7-1코스는 개통될 예정이다.

서해랑길 89코스는 대부해솔길 4코스11.5km에 해당된다. 끝없이 이어지는 광활한 해안가 코스다. 트레킹으로만 따지자면 4코스는 오롯이 서해의 가장 아름다운 해안가를 맛볼 수 있는 구간이다. 쪽박섬과 메추리섬과 고랫부리 선착장과 느릿부리안길까지 이어지는 광활한 해안가를 따라가는 길이기 때문이다.

동주염전

섬마을 선생님의 촬영지라는 표지석이 있는 행낭곡 마을에서 고랫부리 갯벌을 감상하고, 남동보건진료소, 마을과 펜션, 뚝방길을 지나면 동주길로 접어든다.

경기도 안산시 단원구 동주길[18]. 오랜 전통과 역사를 가진 명품 천일염을 자랑하는 동주염전이 자리한다. 안산시 9경 중 6경에 해당되는 만큼 풍광도 멋지고 넓기도 하다. 사방이 바다와 산으로 둘러싸여 있다.

동주염전은 1953년에 개설된 대부도의 대표적인 염전이다. 대부도의 10만 5천 평 염전에서 지금까지 전통방식을 고수하며 소금을 채취하고 있다(안산시). 동주염전 소금은 화학 장판지 대신 옹기조각을 깔아 만든 염전에서 생산하는 '깸파리소금'으로, 맛과 품질이 우수하여 예부터 비싼 가격에 거래되는 천일염이다. 청와대에도 납품하기도 했고 안산시 특산물에 지금도 동주 천일염 '깸파리소금'이 들어간다.

이곳 천일염의 품질은 독특한 생산방식에서 비롯된다. 옹기디일을 낀 갯벌에서 천일염을 생산하는 '옹기판염' 방식 때문이다. 덕분에 생산과정에서 중금속 등의 유해성분이 쉽게 배출되며 소금의 품질을 좌우하는 미네랄의 함유량이 월등히 높다. 옹기타일을 이용하는 동주염전의 천일염은 바닷물에 태양의 열과 바람의 기운을 모아 만들어져 상품성 또한 뛰어나다는 자부심이다.

  동주염전은 단순한 소금생산과 판매에만 그치지 않고 관광객들에게 즐길 거리도 제공해 주고 있다. 염전에서 소금을 채취해 보는 체험학습 프로그램을 운영하고 있다. 자연의 작용으로 소금이 만들어지는 과정을 과학적으로 학습한 뒤 염전에 들어가 소금을 채취하고 채취한 소금을 집으로 가져갈 수 있게 해 학습효과가 높은 편이다.

  역사적으로 거슬러 올라가면 바닷물을 끓여서 소금을 만드는 자염^{화염, 전오염}이 대부도에서는 전통방식으로, 소금을 생산하던 장소가 마을 곳곳에

동주염전

있었다. 수분을 증발시켜 소금을 얻는 방식인 천일염이 대부도에서 생산되기 시작한 것은 한국전쟁 직후로 확인된다. 이후 많은 노동력과 땔감이 필요했던 자염은 점차 사라지고 천일염전이 늘어난 것이다.

'소금꽃 피는 대부도'라고 할 정도로 일찍이 소금을 생산하는 장소가 한때는 30곳이 넘은 천일염전이 존재하였다(안산어촌민속박물관). 지금은 동주염전 한 곳만이 남아서 대부도 소금 생산의 명맥을 유지하고 있다.

선감선착장의 한 역사

선감선착장에 이르렀다. 선착장은 이미 폐쇄된 지 오랜 시간이 흘렀다는 듯이 흔적뿐이다. 바닷물이 빠진 갯벌에 폐선廢船들만 널브러진 채 초라하다. '선감선착장' 갈색 안내판에는 선감도, 육지와 고립된 섬이라는 '선감학원 역사순례길'이 그려져 있고 이런 글이 적혀 있다.

> 선착장으로 처음 들어왔을 때 마음이 조마조마 했지요.
> 여기가 뭐 하는 곳인지 내막을 몰랐으니까요.
> 아이들을 빽빽 하게 태웠는데 얼마나 무섭던지.

옆에 있는 또 다른 안내판에는 '선착장' 제목으로 일본군의 군사교육 칠판 속 내용이 담겨 있다.

> 1943년 11월 6일 토요일 맑음
> 천황폐하의 감사한 호의로 우리들도 군민이 될 수 있게 되었다.
> 명예로운 일본의 군인이 된다는 일은 더 없는 행복이다.
> 나는 몸을 단련하고 마음을 닦아서 훌륭한 청년이 될 것이다. 그리고 지원병이 되어

천황폐하의 고마운 은혜에 보답할 것이다.

　도무지 알 수 없는 이야기들이다. 서해랑길은 상상전망돼를 향해 바다향기수목원 뒤편의 숲길로 이어진다. 숲길에서도 선감선착장에서 보았던 갈색 안내판이 설치되었는데 '층층대' 제목이다.

　층층대는 빨래하고 옷을 널어서 말리는 동안 목욕하는 샘물터이다. 약수터 뒤쪽 산속에 있다.

　숲길을 따라 올라가면 또 다른 갈색 안내판이 숲속에 있었다. '성황당 가는 길'이란 제목이다.

　성황당은 산꼭대기에 있어서 바다를 내려다보며 가족을 그리워하는 곳이다.
　물때를 보며 탈출 계획을 세우기도 하는 곳인데, 산에 숨어 있다가 마산포 쪽 바다로 내려와 30분간 갯벌을 기어간 후 500여 미터를 수영하면 탈출 성공이다.

　선감선착장에서 본 '선감학원 역사순례길'이 다시금 기억 속에 되살아났다. 축사터-숙소터-식당터-선감역사박물관-선감묘역-경기도 청소년수련원-불도방조제-탄도항. '선감역사박물관'에 들려야겠다는 마음이 굳어졌다. 별도 시간을 내었다.
　선감역사박물관은 너무나 놀라운 이야기들로 가득했다. 일제 소년수용소 '선감학원'의 아픈 역사와 오롯이 마주한다.
　1930년대 후반 조선총독부 관리들은 가난한 아들을 사회의 암癌적인 존재로 여겼다. 시내의 판잣집들은 눈에 띄지 않도록 외곽으로 몰아냈으며 거리의 부랑아로 불리던 빈민가 소년들과 고아들은 강제로 집단 수용하였다.

선감학원은 1942년 조선총독부에 의해 부랑아 감화시설로 설립되었다. 그러나 부랑아들을 보호, 육성하여 사회에 복귀시키려는 데 목적이 있다기보다는 태평양전쟁을 위한 인적 자원으로 충원하기 위한 훈육기관으로 운용되었다(선감역사박물관). 해방 이후에도 선감학원은 계속 존치되었다. 특히 한국전쟁 발발 후 미군 주둔지로 41개 동의 건물이 신축되었는데, 미군이 철수하자 더 큰 규모의 부랑아 수용시설로 복귀된 것이다.

1960년부터 1970년대 내내 정부에 의해 강도 높게 진행된 부랑아 단속은 많은 문제를 안고 있었는데, 할당량을 채우기 위해 혹은 성과 경쟁에서 앞서기 위해 거리를 돌아다니는 소년들을 부랑아로 무차별 연행하고 선감학원 등으로 보냈던 것이다. 이렇게 강제 수용된 아이들은 1982년 선감학원이 폐쇄되기까지 무려 5천 명이 넘었던 것으로 추정된다(박흥열).

선감학원에 수용된 소년들은 혹독한 강제노동에 동원되었다. 그 과정에서 노동력 착취, 심한 폭력 등 인권 유린을 당하였고 많은 소년들이 생명을 잃었는데 수용소 당국은 사망한 소년들을 적합한 절차 없이 암매장하였다. 그곳이 선감묘역이다.

이라하 히로미츠의 소설 『아! 선감도』에는 소년들이 겪었던 참혹한 현실이 고스란히 그려져 있다.

… 굶어 죽기 일부 직전이 원생들이 도망치다가 물에 빠져 죽었다. 2년 동안 10명이나 된다. 배가 고파 아무 풀이나 먹은 탓에 위염, 위궤양으로 고생하던 아이가 많았다. 폐결핵환자도 10명이나 됐다. 도망치다 잡힌 아이의 손을 뒤로 묶은 뒤 죽도로 미친 듯이 두들겨 팼다. 등과 허벅지, 엉덩이에서 쏟아진 피가 순식간에 마당에 있는 돌을 적셨다. 마침내 스스로 혀를 깨물고 죽은 아이도 있었다.

이 소설이 국내에서 발간된 1995년에야 선감학원의 진실이 사회에 노출되었다. 작가는 초등학교 2학년 때 선감학원 부원감이었던 아버지를 따라와 선감도에서 3년을 보냈는데 뒷날 자신이 목격한 선감학원 소년들의 참상을 고발하는 소설을 쓴 것이다.

최건수 작가의 『선감도 아리랑』 소설도 뒤늦게 '소년들의 무덤 선감학원의 진실'을 밝히고 있다.

홍일선 시인의 시詩 「한 역사」는 그들 소년들에게 용서를 비는 시다. 그 아픔이 어찌 용서를 빈다고 해결될 것인가.

어둠 속 섬에도
동트는 새벽이 있었으련만
아주 오랜 날 유폐된 섬 속에
소년들이 있어야만 했으니
저물 무렵 집으로 돌아가는 길
그 길이 정녕 역사일진대
삼가 오늘 무릎 끓어
그대들 이름 호명 하나니
선감도 소년들이시여
어머니 기다리시는 집으로
밀물 치듯 어희 돌아들 가소서
이 비루한 역사 용서하소서.

— 홍일선

2013년 경기도와 경기문화재단은 선감학원의 진실을 기록하고 알리기 위해 선감학원 부지에 '선감역사박물관'을 개관하였다. 2016년에는 '선감학원희생자 등 지원에 관한 조례'를 제정하였다. 또한 '선감학원 사건피해자신고센터'를 운영하며 지속적으로 피해생존자 상담 및 심리치료 등을 지원하고 있다.

국가인권위원회는 2018년 선감학원 아동인권침해사건보고서를 발표하는 등 진상규명과 피해자지원 대책 마련을 위해 노력하고 있다. 2021년 5월에는 진실 화해를 위한 '과거사정리위원회'에서 선감학원 사건에 대한 조사 개시 결정을 내렸다. 늦었지만 피해생존자들의 조사가 진행되고 있다.

선감어촌체험마을

간척지의 넓은 갯벌을 형성하고 있는 선감마을이다. 아름다운 바다 환경을 갖추고 있다. 안산시에서 손꼽히는 선감어촌체험마을이다.

선감어촌체험마을은 조수 간만의 차가 크고 완만한 간척지가 넓게 펼쳐져 어린이들도 안심하고 조개류를 채취할 수 있으며 해양 생태계도 자연스럽게 배울 수 있습니다. 선감어촌체험마을 프로그램은 조개잡이 갯벌체험, 포도 따기 체험, 고구마 캐기 체험, 만들기 체험(천연비누, 모기퇴치 스프레이), 소라조개화분 만들기 체험, 망둥어낚시체험 등이 있습니다.

어촌체험마을은 어업인의 어업 익 소득증대 및 어촌경제 활성화 두 무와 도시인에게 어촌과의 교류 확대 및 자연과 공생하는 휴식과 여가 공간 제공을 목적으로 하는 어업체험 중심 관광기반시설이다.

이곳에서 빼놓을 수 없는 체험이 있다. 트랙터를 타고 갯벌로 나가 조개잡이와 갯벌체험을 하는 것이다. 이는 물때표에 따라 시간을 확인해야 한다. 체험이 불가한 날짜가 있기 때문이다. 한 달에 2주 정도만 체험이 가능하다. 매년 12월-3월까지는 휴장이다. 꼭 매월 물때표를 확인하고 신청해야 한다(http://www.선감어촌체험마을.kr).

바다의 수면은 끊임없이 변화한다. 바닷물이 육지 쪽으로 밀려오는 밀물과 바다로 빠져나가는 썰물은 하루에 두 번 일어나는데 밀물과 썰물이 일어나는 시간은 매일 달라진다. 또한 물의 높이가 가장 높아지는 때를 만조, 제일 낮아지는 때를 간조라고 하는데 만조와 간조일 때 바닷물의 높이 역시 매일 변화한다. 이러한 물의 끊임없는 변화를 어촌 사람들은 '물때'라고 부른다(안산어촌민속박물관). 이는 어로활동에 직접적인 영향을 끼치기 때문에 어촌 사람들에게 물때는 살아가는 데에 바탕이 되는 시간이다.

무엇이든지 되는 상상전망돼

바다향기수목원으로 향한다. 가지를 넓게 펼친 아름드리나무 아래로, 아름다운 산속 숲길로 서해랑길 따라 천천히 여유롭게 숲길을 산책하듯 올라간다.

이게 뭐지? '마음속 정원 아름다운 환상, 바다향기수목원 2012.11.'이라 적힌 커다란 알? 바로 기억상자라는 조형물이다.

입구의 기억상자는 서해안 고깃배 두 척을 맞대어 붙인 알 모양의 철제 조형물로, 10년 뒤에 열어 볼 수 있도록 설계해 재미를 더했다. 도자 파편으로 꾸민 전망대로 올라가는 길은 국내에서 가장 긴 예술언덕으로, 길이가 70미터에 달한다. 서해안의 파도, 물고기 떼, 구름, 하늘, 태양으로 구성된 언덕의 바닥은 바다에서 태양까지 걸어 올라가는 느낌을 표현한 것이다. 알록달록 예쁜 언덕을 따라 올라가면 어느덧 1004개의 풍경이 달려 있는 '소리 나는 꿈나무'와 만날 수 있다. 모든 상상을 담아 소원을 빌면

상상전망돼 가는 길

소리 나는 꿈나무가 바람에 흔들릴 때마다 소원을 하늘까지 전달해 줄 것이다.

   보이는 전망대가 상상전망돼다. 혹시 잘못 쓴 게 아니냐고요?
   아닙니다. 상상전망대가 아니라 상상전망돼$_{103.4m}$가 맞습니다. '모든 상상이 전망되는 곳'이라는 뜻으로 명칭부터 재미있다.
   상상전망돼에 올라서 바다를 바라본다. 동주염전이 보이고, '큰 햄섬'이 보이고, '작은 햄섬'도 보이고, 쪽박섬도 보이고, 제부도도 보이고 전곡항도 보이고. 고갯부리 갯벌에서 지나온 길과, 사방팔방이 다 보인다. '사방이 모두 조망돼는', '상상하는 일이 돼는' 멋진 전망돼다. 오늘의 종착지 탄도항도 보인다.

상상전망돼에서 약 2km 지점에는 팔효정이라는 또 다른 정자가 가고자 하는 방향을 알려준다. 팔효정으로 이어지는 산행길이 이 코스의 하이라이트!

선감학원의 죽은 소년들이 암매장된 곳, 선감리 공동묘지^{선감묘역}를 지난다. 불도방조제길이 끝나는 지점에는 식당가라 할 만큼 많은 식당이 모여 있다. 물론 자동차들도 많이 주차해 있다. 그곳에서 점심을 해결할 수 있었다.

마당 한쪽에는 대부해솔길 6코스 안내판이 있다. 대부도의 특징적인 장소 대부광산 퇴적암층과 탄도 바닷길을 만나는 코스를 소개한다. 대부해솔길 6-1과 6-2의 순환코스인 둘레길은 '대부광산 퇴적암층'을 따라 순환코스로 잠시 쉬어갈 수 있는 잔디광장부터 전망대에 이르기까지 상세하게 그려져 있다. 서해랑길도 마찬가지로 대부광산 방향으로 가게 된다.

대부광산 퇴적암층

자그마한 박물관 안내소가 존재하나 안내자는커녕 사람의 그림자도 찾을 수 없고 주차장에도 자동차 한 대 없다. 단지 '대부광산 퇴적암층'이란 안내판만 이곳을 설명할 뿐이다.

안산 대부광산 퇴적암층은 화산이 폭발할 때 퇴적된 입자의 연대를 측정한 결과 공룡이 번성했던 중생대 이후인 7,000만 년 전 전후, 중생대 후백악기에 형성된 것임을 알 수 있다.

1999년 대부광산에서 암석을 채취하면서 초식공룡의 발자국 1족이 발견된 후 총 23개의 공룡 발자국과 식물화석 클라도플레비스가 발견되었다. 최초로 발견된 발자국 1족은 어촌민속박물관에 보관되어 있으며, 이후 발견된 공룡 발자국 중에서 보존 상태가 양호한 3개를 현재 이곳에 전시하였다.

이곳은 원래 채석장이었다. 일부에 채석장의 건물이 남아 있다. 암석 채취 중 중생대 초식공룡케니리카리움 발자국과 양치식물류클라도플레비스 등 총 23개의 화석이 발견되면서 운영이 중단됐다.

철문으로 가려진 곳이 있기에 가 보았다. '문화재 구역 내 행위금지 및 주의 안내문'이 설치되어 있다.

이 지역은 경기도 기념물제194호로 지정된 문화재구역으로 불법 개발행위, 쓰레기투기, 수영, 낚시, 퇴적암 반출 등의 각종 행위를 금지하오며 위반 시 문화재보호법 제99조에 따라 5년 이하의 징역이나 오천만 원 이하의 벌금에 처합니다. …

수영과 낚시를 할 수 없다니? 철문 안을 들여다보고 놀랐다. 너무나 아름다운 에메랄드빛 호수가 자리하고 있는 것이 아닌가! 깎아지른 바위를 배경으로 고요하고 넓은 인공호수가 철망 안에 갇혀 있다니? 잔잔히 물결치는 숨겨진 호수, 숨겨두지 않으면 안 되는 아름다운 호수, 대부도 3경에 속한다(대부도). 국내 유일의 퇴적암층 광산으로 경기도 기념물제194호로 지정된 역사적 가치를 지닌 자연문화유산이다(안산 톡톡). 퇴적층을 구성하는 많은 층리의 색깔과 두께의 변화를 고려해 볼 때 이 지역이 당시 호수였다고 한다(안산시).

대부광산 퇴적암층은 중생대 지질층과 화산암체를 종합적으로 볼 수 있고, 인근 하성의 시화호 공룡알 화석지천연기념물 제414호와 관련되어 당시의 식생 및 환경을 판단해 볼 수 있는 실마리를 제공하는 중요한 지질층으로, 2024년 경기도 자연유산제6호으로 지정되었다(안산시).

'자연이 머무는 섬, 아름다운 대부도를 지켜주세요.' 플래카드가 있는 야트막한 산길로 오른다. 입구 안쪽은 비포장 산책로 코스로 이루어져 있다.

대부광산 퇴적암층의 호수(대부도3경, 경기도 기념물 제194호)

산길도 원시림인 양 숲길이 깊고 아늑하다. 곳곳에 '절벽 추락위험' 표시가 있다. 대부광산 퇴적암층 절벽 구간을 에돌아 나가는 숲길이다.

대부도 선감동147-1에 위치한 이곳은 '1박 2일' 방송프로그램을 통해 알려지기 시작했다. 지난 2022년 첫선을 보였던 미디어 아트쇼 행사에 이어 해마다 볼거리를 선사하고 있다. 2024년에는 '대부광산 모꼬지'로 10월 11일부터 10일간 디스이즈잇 공연팀이 '빛으로 꽃피다'를 연출, 화려한 볼거리로 잊을 수 없는 추억을 선사했다.

대부광산의 산길을 타고 내려가면 탄도항에 이른다.

탄도항

경기도 안산시 단원구 대부황금로5-20. 탄도선착장은 경기도 안산시 대부도에 위치해 있다. 탄도炭島는 대부도 본섬과 선감도, 불도에 이어 네 번째 큰 섬으로 1.2km 떨어진 곳에 누에섬이라는 작은 무인도無人島를 거느리고 있다. 탄도는 옛날 무인도일 때 섬에 있는 울창한 참나무를 베어 숯을 구워 외부로 반출했던 것에서 유래했다. 그래서 '숯무루'라고 불리었다(정경훈).

'누에섬을 오가는 입구이자 노을 명소로 유명한 탄도항.'

탄도와 누에섬 사이에는 하루 두 번 썰물 때 4시간씩 갯벌이 드러나기 때문에 도보로 건너갈 수 있고 갯벌도 탐험할 수 있다. 이때 바다가 갈라지면서 잠시 생기는 길을 '탄도바닷길'이라고 부른다. 성경에서 모세가 바닷길을 연 일과 비슷하다고 해서 흔히 '탄도바닷길 모세의 기적'이라고 일컫곤 한다.

탄도바닷길은 대부해솔길 6코스의 끝에서부터 시작된다. 탄도에서 연결된 진입로를 따라 10여 분쯤 걸어가면 바다 한가운데 우뚝 솟은 등대 전망대와 풍력발전기를 볼 수 있다. 바로 누에섬에 있는 등대전망대다.

누에섬은 멀리서 보면 누에를 닮았다고 하여 붙여진 이름이다. 탄도바닷길 일대에 일몰이 내리면 누에섬의 등대전망대와 풍력발전기가 배경이 되어 환상적인 풍경을 자아내기 때문에 안산 9경 가운데 4경에 속한다(안산시). 하루에 두 번 열린 바닷길이 배경이 되어주기 때문이다.

정경훈 작가는 『대부도 이야기』에서 서해 일몰 명소로 탄도항을 꼽고 있다. 하지만 유명하여 너무 많은 차량이 몰려 그냥 돌아가는 사람들도 있는데, 탄도에서 2km 떨어진 '경기도 청소년수련원' 앞에서의 일몰은 편안히 구경할 수 있다며, 이를 적극 추천한다

영화 〈킹 더 랜드〉가 2023년에 촬영되었고, 〈나 혼자 산다〉 촬영지로도 알려진 곳이다. 걸어서 누에섬으로 가보자. 그리고 일몰도 감상하자.

서해랑길 90코스 안산시

남동보건진료소입구[3]- 흘곶갯벌체험장- 흥성리마을회관- 흥성리선착장- 바다낚시터 입구 / 15.7km

고랫부리 갯벌 습지보호지역

우리 미래의 소중한 유산, 국가 습지보호지역이 있는 생태 해안마을이 서해랑길의 시작점이다. 포도향기와 람사르습지 갯벌의 생명 소리를 느끼는 행낭곡 마을에서다.

자연을 품은 갯벌과 바다별, 멸종위기 식·생물이 살아가는 갯벌습지, 2.5km의 해안길이 아름다운 곳!

갯벌습지보호지역 지정과 람사르습지로 등록된 이곳 생태 해안마을에서 생태를 보존하고 도시민을 힐링시키는 생태관광 협동조합입니다.

대부도 갯벌은 경기도 안산시 단원구 대부남동$^{470-11}$ 고랫부리^{고래부리}갯벌과 경기도 안산시 단원구 대부북동 산$^{298-3}$ 상동갯벌, 두 군데가 있다. 모두 람사르습지에 속한다.

경기도 안산시에 속한 대부도는 해안선의 드나듦이 많고 주변에 작은 섬들이 분포하고 있어서 다양한 특징을 가진 갯벌들이 섬 둘레를 감싸고 있다(안산어촌민속박물관). 갯벌은 퇴적물의 성분에 따라서 펄갯벌, 모래갯

---

[3] 90코스 시작점이 안산시 단원구 대부남동 산284-5 고랫부리 입구 버스정류장으로 변경되었다(2025년 6월 28일 걸을 당시).

대부도 고랫부리 갯벌

벌, 혼성갯벌로 구분할 수 있다. 대부도 내에는 지형과 바닷물의 세기에 따라 조류가 다른 갯벌이 혼재되어 있으며, 갯벌의 다양성에 따라서 서식하는 생물들도 차이를 보인다. 갯벌과 서식생물의 차이는 갯벌에서 살아가는 대부도 주민들의 생활방식에도 영향을 미쳐서 다양한 어업문화가 공존하는 모습을 볼 수 있다.

갯바탕은 흉년 밥그릇이었어. 흉년이 들어도 갯바탕에 나가면 먹을 게 지천이었거든.

대부도 갯벌은 자연정화 기능을 갖춘 넓은 갯벌로 생태적 가치가 매우 높은 곳이다. 갯지렁이, 농게, 바지락 등의 저서생물이 풍부하게 서식하며, 이들을 먹이로 삼는 도요새, 물떼새 등 국제적으로 중요한 바닷새들의 이동 경로 및 취식지로서 건강한 생태계를 유지하고 있다. 이러한 가치를 인정받아 '안산 대부도 갯벌'은 2017년 3월 해양수산부로부터 13번째 국가습지보호지역으로 지정되었다. 이는 경기도 내 최초로 람사르습지에 등록되어 국제적 위상을 높였다.

아랍에미리트 두바이에서 개최되는 '제13차 람사르 협약총회 2017년[10월 21일~29일]에서 안산시 '대부도 갯벌'이 '람사르 습지'로 공식 등록됐다고 밝혔다.

'람사르 협약Ramsar Convention'은 습지의 보호와 지속가능한 이용을 위해 1971년 이란의 람사르에 18개국 대표자들이 모여 체결한 국제습지보호조약으로 1975년 12월 발효됐다. 우리나라는 1997년 7월 101번째로 가입했다. 이 협약은 희귀하거나 독특한 습지 유형을 포함하는 지역 또는 생물다양성 보전을 위해 국제적으로 중요한 지역을 선정하고 있다. 2018년 9

월 말 기준으로 170개 국가에 총 2천326곳, 총 면적 2억 4천958만여 헥타르의 습지가 등록되어 있다.

　수도권에 위치한 대부도 갯벌은 수많은 개발 압력을 받고 있는 상황에서도 자연 상태의 다양한 염생식물 군락지와 멸종위기 야생동물Ⅱ급 보호 대상 해양생물 등 104종의 대형 저서동물底棲動物이 서식하고 있어 가치가 매우 높게 평가되는 곳이다.

　또한 천연기념물 및 멸종위기 물새 5종, 노랑부리백로, 저어새, 알락꼬리마도요, 황조롱이, 검은머리물떼새를 포함한 국제적으로 중요한 바닷새들을 만나볼 수 있다.

　노랑부리백로는 천연기념물제361호로 1988년에 지정되었다. '안산시의 새'가 바로 노랑부리백로다. 노랑부리백로가 시詩가 되어 읽힌다.

　머리에 어사화 쓴 새 한 마리
　갯벌에 내려 앉는다.
　고고한 선비의 정신으로
　대부도 하늘을 나는 노랑부리백로
　　　　　　- 「노랑부리백로」 신성철

경기둘레길을 걷는 이를 만나고

　끝없이 이어지는 광활한 해안가 코스, 바로 대부해솔길 4코스다. 대부해솔길 4코스 안내판 문구다.

　트레킹으로 따지자면 4코스는 오롯이 서해의 가장 아름다운 해안가를 맛볼 수 있는 구간이다. 쪽박섬과 메추리섬에서 고래뿌리선착장과 느릿부리안길까지 이어지는 광활한 해안가 코스다.

시작점 고랫부리 갯벌에서부터 앞장서서 걷던 이가 있었다. 늦게 시작한 나와의 거리가 쉽게 좁혀지지 않는다. 수건으로 머리를 단단히 동여매고 양손에는 등산용 스틱으로 무장을 하고 짐은 무척 많은지 배낭이 아주 컸다. 흘곶어촌체험 마을에 이르러서야 거리가 좁혀졌다. 갯벌가에 앉아 있는 그녀를 찾았다. 슬며시 다가가 '서해랑길 걸으세요? 물었다.

"아뇨. 경기둘레길 걸어요."

그렇다. 여기는 경기도둘레길 리본도 대부해솔길 리본과 함께 휘날린다. 가끔씩 서해랑길 리본이 보일 뿐이다.

'경기둘레길'. 경기도 관내를 걸으면 가끔 보이는 푸른색 리본. 경기도의 외곽을 따라 걷는 '장거리 걷기 여행길'을 말한다. 경기도의 아름다운 경관과 역사, 문화, 생태자원을 두 발로 경험할 수 있는 길이다.

풋풋한 삶의 활기와 바다의 정취를 만끽할 수 있는 대명항에서 시작하여 경기도 외곽을 한 바퀴 돌아 원점 회귀하는 60개 코스 860km의 순환 둘레길이다. 경기도 내 15개 시·군에 걸쳐 있는 걷기 여행길을 하나로 잇는 길이다. '함께 걸어 하나 되는' 경기둘레길은 평화누리길, 푸른 숲과 계곡이 있는 숲길, 강을 따라 너른 들판과 함께 걸을 수 있는 물길, 청정 바다와 갯벌의 매력을 느낄 수 있는 갯길로 4개의 권역으로 나눠진다(경기도).

경기둘레길은 새로운 길이 아니다. 기존의 길을 구슬 꿰듯이 엮어 하나의 걷기 길로 만든 것이다. 오랜 역사도 시끌벅적한 시장과 숲 속 새소리도 각각의 길에 담겨 있다. 이제 경기둘레길에서 자연의 내음을 맡고, 새로운 추억을 만들어 보자.

4개의 선과 색은 경기둘레길 4개 권역과 권역별 특성을 담고 있다. 하나로 연결된 형태로 경기도의 미래 지향적 가치를 나타내고자 했으며, 코스를 선으로 연결한 형상을 캐릭터화했다. 경기둘레길의 모습을 꼭 닮은 캐릭터 누리, 누비, 연두, 아라는 경기둘레길의 4개 권역을 상징한다. 즉, DMZ 외곽 걷기 길을 연결한 경기평화누리길을 담당하는 '누리'는 사람들이 삶에서 진정한 평화를 '누리'길 바라죠. '누비'는 경기숲길을 '누비'며 아름다운 가을 단풍을 즐기는 걸 좋아한다. 경기물길의 마스코트 '연두'는 들판에서 노니는 싱그러움 그 자체이고, 경기 갯길의 마스코트 '아라'는 바다를 보는 것을 좋아한다.

서해랑길 90코스는 경기둘레길 50코스$^{15.7km}$에 해당된다.

생태가 살아 숨 쉬는 고랫부리 갯벌습지보호구역 옆으로 노선이 연결된다.

선재도와 영흥도를 연결하는 선재대교 아래를 지나면서 바다 건너 올망졸망한 섬을 옆에 두고 걷는 구간이다.

메추리섬이다. 섬 형태가 메추리 부리를 닮아 붙여진 이름이다. 걷는 내내 해안에는 하얀 조개껍질이 제방 끝까지 쌓여 있다.

흘곶 어촌체험 마을

사람들로 북적인다. 양동이를 하나씩 들고 갯벌로 들어간다. 경기도 안산시 단원구 대남로^{618}에 있는 대부도 흘곶 어촌체험 마을이다. 해양수산부 허가구역으로 흘곶 자율어업관리 공동체에서 운영하는 갯벌체험이다. 요즘 바지락 채취가 한창 성업 중이다.

해산물이 풍부하고 오묘한 맛이 다양하다고 하여 '흘곶'이라고 불리게 되었다. 두 가지 특징이 있다. 하나는 군사지역과 인접해 사람의 발길이 닿지 않은 청정갯벌에서 체험하는 것이고, 또 하나는 청정갯벌과 바다 위 바위섬으로 모습을 감추는 아름다운 일몰을 감상하는 것이다.

이곳에서는 갯벌체험, 맨손어업, 캠핑 등 다양한 체험을 할 수 있다. 요금을 지불하면 셔틀 트랙터로 체험장까지 왕복 이동한다. 흘곶 갯벌체험장에서 채취한 바지락, 낙지 등을 옆에 있는 대부도 '오토캠핑장'에서 요리해 먹을 수 있다. 매년 8월 하순부터 9월 초까지는 포도농장에서 샤인머스크, 거봉, 베니, 캠벨을 수확하는 체험도 가능하다.

갯벌을 걷다 보면 쪽박섬이 풍경이 된다. 박을 엎어놓은 모양의 섬이라고 한다. 바위섬이지만 소나무가 자라고 있는 것이 특징이며, 쪽박섬에서 바라보는 낙조는 대부도의 대표적인 낙조 가운데 하나로 꼽힌다. 바닷물이 들어오기 시작한다. 이때다 싶다. 쪽박섬의 풍경을 사진에 담는다.

흘곶 어촌 체험 마을

바다가 보이는 풍경지에는 펜션이 자리하거나 아담하고 멋진 전원주택들이 들어서 있다. 이상적인 삶을 실현하기 위해 마지막 여생을 즐기기 위해 이사한 사람들도 있지 않을까.

대부도 우리 집 정원에서 정다운 이들이 모이면 영화 속 한 장면처럼 느끼며 피곤한 일상을 잊을 수 있다. 정원의 바비큐 파티는 단순한 음식 먹기 이상의 의미를 담고 있다. 사랑과 행복으로 가득한 바비큐와 함께 미소와 이야기로 소중한 순간을 만들어 간다.

『나는 대부도가 좋다』에서는 대부도가 좋아 80살까지 살아야겠다고 마음먹은 장동익 작가가 「마조금길의 바비큐」에서 대부도 삶의 행복을 전한다.

흥성리선착장

 작은 목섬도 보이고 선재대교로 자동차들이 휙을 그며 휙- 휙 지나가는 풍경도 목격된다. 선재대교 밑을 지나자 흥성리선착장에 도착했다.
 너무나 놀라운 광경이다. 쓰레기처리장인지 아니면 고물상인지 알 수 없을 정도로 폐기물들이 쌓여 있는 선착장. 한편에는 매점도 있었는데 사람들도 왔다 갔다 많은 편이다. 자동차노 몇 대 주차되어 있는데 낚시용품들이 널려 있어 낚시꾼들 차로 간주된다. 아직도 사람들이 드나드는 선착장이다.
 하지만 선재도와 영흥도를 연결하는 선재대교가 놓이면서 흥성리선착장은 그 기능을 잃었다. 흥성리선착장에 서서 바다를 바라본다. 건너편에는 선재선착장이 보인다. 사람들과 작은 어선들이 꽤 많다. 이제는 선착장의

흥성리선착장과 마주 보이는 선재선착장

기능보다 어선의 기능만 다소 이루어지는 작은 포구가 된 듯하다. 흥성리 선착장이나 선재선착장이나 마찬가지다.

　서해랑길은 곧바로 산길로 이어진다. 이름이 '큰산100㎡'이다. 벤치와 정자가 있어 힐링 공간이 고맙게 느껴진다.

　리조트를 감싸고 돌아나가면 마을, 작은 망생이길을 따라 나간다. 갯길과 숲길, 해안길을 에돌아 어싱바다낚시터에 이른다.

　수문을 빠져나가면 새방죽방조제 간이공원에 서해랑길 91코스 안내판을 만난다. 오늘의 종착지에서 종지부를 찍는다. 스탬프 완보증이 참 잘했어요! 쨍 소리가 난다.

서해랑길 91코스 안산시

바다낚시터 입구- 해솔길 캠핑장- 구봉도 낙조전망대- 북망산- 대부도 관광안내소 / 15.3km

람사르습지 상동 갯벌

갯벌이 넓게 펼쳐져 있다. 전망대에 '람사르습지 상동 갯벌'이라 적혀 있다. 전망대로 올라갔다. 바닷물이 빠진 상태에서 갯벌도로가 선명하게 뻗어 바다 끝까지 치닫는다. 고랫부리 갯벌에서 보았던 갯벌과는 전혀 다른 모습이다. 갯벌도로가 있다는 점도 다르고.

이곳도 고랫부리 갯벌과 함께 2017년에 람사르습지로 등록된 곳이다. 고랫부리 갯벌 3.14㎢, 상동 갯벌 1.39㎢ 총 4.53㎢가 대부도 습지보호구역인 것이다.

해양보호지역 상동갯벌 관찰데크도 있다.

이곳 갯벌은 제13호 국가연안습지보호지역이며 국제습지협약기구 람사르에 등록된 중요한 지역으로, 대표상징 해양생물은 노랑부리백로입니다. 국제적으로 중요한 바닷새 및 멸종위기 II급 해양생물 흰발농게 등 다양한 해양생물이 서식하는 지역입니다.

대부도에 서식하는 국제적으로 중요한 바닷새들이 해양보호지역 관찰데크에서 관찰이 가능하다. 저어새, 알락꼬리마도요, 검은머리 물떼새, 검은머리갈매기, 붉은어깨도요, 큰뒷부리도요다.

그 밖에도 해양보호생물 흰발농게, 칠면초, 해홍나물, 천일사초, 나문재 등 염생식물도 자라고 있다.

람사르습지보호지역 상동갯벌

구봉도 풍경

북망산에서 내려가면 카페와 식당이 몇 채 무리 지어 있다. 이름도 재미난 '조만간 식당'에 들러보는 것도 좋겠다. 조수 간만의 차를 실내에서 바라볼 수 있는 식당이다.

대부해솔길 구봉도길1코스로 들어선다.

대부해솔길의 백미 중의 백미로, 너른 서해안 갯벌을 병풍처럼 둘러싼 해송 숲이 멋지다. 북망산과 구봉도를 휘돌아 대부해솔길의 트레이드마크인 눈부신 낙조전망대로 이어지는 환상의 코스다.

구봉도 낙조전망대로 향한다. 구봉도는 아름다운 봉우리가 아홉 개로 되어 있다고 해서 붙여진 이름이다. 구봉도 해변에는 '낙조의 해를 품은' 조형물이 있다. 봉우리를 의미하는 아홉 개의 원형을 통해 낙조와 노을에 태양의 이글거림을 형상화한 것이다.

산길을 타고 조금 오르자 이윽고 제법 넓은 오솔길이 나타났다. 사람 얼굴 돌조각 상, 고슴도치 돌조각 상, 길가에서 발걸음을 멈추게 한다. 유심히 새겨보며 음미한다. 왜 여기에 이런 조각상이 있지 하고. 소나무 사이 오솔길을 걷는 내내 바다가 보인다. 끝도 없이 아스라하게 펼쳐진 바다. 수평선이 까마득한 넓은 바다에 잠긴 섬들, 바다 위에 떠 있는 듯한 풍력발전기. 이런저런 풍경들을 눈여겨보며 잠시 여유를 가져본다.

태양은 뜨거웠지만, 나무들이 우거진 숲 속인지라 오히려 서늘하고 청량한 느낌을 주었다. 때때로 시원한 바람까지 만끽하다 보면 어느새 다 왔나 싶다. 아직도 멀었는지 숲길은 이어지고. 이때 마음을 들여다보라는 뜻인지 「마음」시가 길가에 놓여 있다.

해솔길 1코스에서 바라본 개미허리아치교

나의 마음은 고요한 물결

바람이 불어도 흔들리고

구름이 지나도 그림자 자는 곳

돌을 던지는 사람

고기를 낚는 사람

노래를 부르는 사람

이 물가 외로운 밤이면

별은 고요히 물위에 나리고

숲은 말없이 잠드나니

행여 백조가 오는 날

이 물가가 어지러울까

나는 밤마다 꿈을 덮노라

-「마음」 김광섭

  나만의 속도로 천천히 걷고, 생각하고 바라볼 수 있는 해솔길, 이만한 곳이 없을 것이다. 단지 잘 걷기만 해도 치유가 되는 장소, 키가 큰 소나무들을 올려다본다. 바람 속에 솔향기를 날리는 초여름의 솔잎을 바라본다. 어찌 그리 싱싱하고 푸른지! 산의 정기와 더불어 온갖 나무들이 품어내는 신성한 초록의 기운이 내 몸속 깊이 스며드는 기분이다.

  '낙조전망대 0.6km' 화살표가 보이고 계단으로 내려간다. 자연이 신비로움에 감탄이 절로 나오는 곳. '개미허리아치교'. 보석 같은 장소를 발견하는 순간이다. 아치교 끝에 자리한 작은 섬 하나. 안갯속에 희미한 섬 자취가 너무 아련하다. 늦은 오후 햇살이 초록 언덕을 물들이는 순간은 또 다른 감동을 선사한다.

하여튼 산길은 힘들다. 더위가 시작되는 계절이기에 한낮에는 햇빛이 부담스러웠다. '아이스께끼 200m' 문구가 나무에 묶여 있다. 희망이 생겼다. 200m만 가면 시원한 아이스께끼를 먹을 수 있다는 희망. 희망을 너무 크게 생각했나. 아니면 희망이 '행복'으로 바뀌는 순간인가? 나태주 시인의 「행복」 시가 아이스께끼 문구 옆에 붙어 있다.

저녁때
돌아갈 집이 있다는 것
힘들 때
마음속으로 생각할 사람 있다는 것
외로울 때
혼자서 부를 노래 있다는 것

-「행복」 나태주

행복의 세 가지 조건은 사랑하는 사람들, 내일을 위한 희망, 그리고 나의 능력과 재능을 할 수 있는 일이다(장영희). 더울 때 산속에서 먹는 아이스께끼, 당연히 희망이 행복의 조건이 아닌가? 아이스께끼 말이 나왔으니 말이지만, 동주염전길에서 읽은 「짠맛」 시가 문득 이곳의 이야기로 여겨진다.

주말이면 어설픈 걸음과 단단한 걸음이
함께 해솔길을 오른다.
아버지를 돕는 버들강아지 같은 아들
그들이 파는 천 원짜리 하드에
구봉도 바닷가의 짠맛이 나서

-「짠맛」 황영주

지체한 덕분에 밀물이 몰려온 것도 몰랐다. 이미 바닷속에 잠겨버린 길. 해서 바다에 빠지지 않으려고 바위 위로 엉금엉금 네발로 건너는 아슬아슬한 경험. 가까스로 해변을 벗어났다.

해안가에 특별한 2개의 바위가 바다에 떠 있다. '구봉이 선돌' 선돌바위다. 할매 바위와 할아배 바위로 통한다. 작은 바위는 할머니, 큰 바위는 할아버지 같다 하여 그렇게 부른다. 이야기는 이렇다.

배 타고 고기잡이를 떠났던 할아배를 기다리던 할매는 기다림에 지쳐서 비스듬한 바위가 되었고, 할아배는 몇 년 후 무사 귀환을 했다. 그러나 할매가 그렇게 되고 보니 너

선돌바위- 밀물 때의 할매 할아배 바위

무 가여워서 함께 바위가 되었다고 한다. 그리고 이 바위가 구봉이 어장을 지켜주는 바위라고 전해진다.

바닷속에 물개들인가 했더니 수영하는 사람들. 또 하나의 새로운 구경을 했다. 앞서 2-3명이 수영을 하고 가며, 중간에 2-3명, 뒤에 서너 명이 바닷물을 가르고 해변으로 돌진하고 있다. 나중에 보니까 나이가 제법 든 사람들이다. 나이 들어도 즐겁게 사는 사람들을 만났다. 멋지고 존경스럽고 부럽다. 부러우면 지는 것이라지만, 바다 수영은 영 자신이 없다.

종현농·어촌체험 휴양마을

종현마을에 이른다.
대부도 종현마을은 제3회 우수 어촌 체험마을 선정대회에서 최우수상을 수상한 체험마을이다.

종현어촌체험마을은 전형적인 농어촌지역으로 체험 프로그램은 다육이화분만들기체험, 갯벌조개캐기체험, 조개목걸이만들기체험, 갯벌썰매타기체험, 맨손미꾸라지잡기체험, 전시관관람, 물놀이바운스, 갯벌생태교육, 안산해경과 안전하게 체험, 바비큐파티 등이 있습니다. 주변에는 시화호조력발전소, 구봉도, 천연 약수터, 누에섬 등대전망대, 천일염전 등이 있습니다.

특히 '건간망 체험'이 유명하다. 건간망 체험이란 그물을 걸고 썰물이 빠져나가면 미처 바다로 빠져나가지 못한 물고기들을 맨손으로 잡아보는 체험이다. 미끌미끌한 느낌, 몸부림치는 역동적인 물고기의 움직임을 느껴보는 시간이다.

넓고 깨끗한 갯벌이 펼쳐진 대부도 종현마을. '구봉도 낙조마을'이라는 브랜드로 유혹한다. '편안하고, 즐겁고, 행복한' 체험마을을 선도하고 있다. 따라서 구봉도 낙조마을에서는 어민 모두가 행복하고, 체험객 모두에게 즐거움을 주는, 행복 어촌의 출발점이다.

530가구, 인구 830명 가운데 91어가가 살고 있다. 바지락, 대부포도와 포도주가 유명하다. 「대부신문」에 난 기사의 일부분이다. 대부포도가 한몫을 한다.

'2024 안산 대부포도 축제'에 2만 3천여 명이 방문하며 성황리에 막을 내렸다고 30일 밝혔다. 지난해에 이어 "대부에 취하자, 즐기자, 빠지자! 대부에서 놀자!"라는 슬로건으로 -2024 안산 마라톤 대회 -대부해솔길 걷기 축제 -방아머리 해변 선셋 콘서트…

아울러, 대부포도를 주제로 한 -대부포도 밟기 댄스타임 -알뜰살뜰 깜짝 경매 -포도씨 멀리 뱉기 등 참여 프로그램은 오감만족 체험으로 가족 단위 방문객 및 다양한 연령층에게 큰 호응을 얻었다.

1회 방문으로 갯벌체험과 실내체험을 함께 즐길 수 있는 일석이조의 체험마을로 유명하다. 이유는 수도권으로 1시간 내외의 거리인 대부도에 위치해 있기 때문이다. 거리가 가까워도 풍부한 해양생물이 자생하고 있고 넓은 갯벌과 아름다운 자연환경이 이를 뒷받침하기 때문이 아닌가?

갯벌열차를 타고 조개 캐기, 그물 체험 등을 할 수 있다는 징짐이 있는 '종현어촌체험마을'이다(http://www.종현어촌체험마을.kr.)

구봉도 낙조마을 종현마을은 역사가 있는 마을이다. '종현동鍾峴洞'이라 부르게 된 유래다.

조선시대 인조대왕이 이괄의 난으로 피난하다가 한 마을에 들러 잠시 쉬던 중 신하에게 앞에 보이는 우거진 숲 속에 우물이 있을 것 같으니 물을 찾아보라고 하며 손으로 숲 속을 가리켰다. 신하가 황급히 그곳에 들어가 찾아보니 정말로 우물이 있었고, 신하는 물통에 물을 가득 채워 왕에게 바쳤다고 한다. 마침 갈증을 느끼고 있던 왕은 시원한 샘물을 단숨에 들이켰고 가뭄에도 물이 마르지 않는 신비한 샘물 맛에 반하여 얼마 후 우물을 '왕지정王指井'이라 칭하게 되었다. 기념으로 쇠로 만든 종을 하사하였다.

경기도 시흥시

92코스 —
93코스 —

소래염전 맨발걷기 장소

서해랑길 92코스 시흥시

대부도 관광안내소- 시화나래조력공원- 시흥오이도박물관- 오이도 빨간등대- 해수체험장 / 16.7km

서른 살이 된 시화호

시화방조제가 완성된 지 30년의 세월이 흘렀다. 이제 시화호도 생일날이 생겨 10월 10일이 시화호의 생일날이다. 마침 오늘이 제1회 시화호의 날이다. 꼭 내가 알고 온 것만 같은 우연이다.

시화호가 새로운 시작을 알립니다. 오랜 시간의 회복을 거쳐 시화호는 이제 자연과 사람이 조화를 이루는 특별한 공간으로 다시 태어났습니다. …
생명의 호수로 다시 태어난 시화호의 아름다움을 만끽하며 다양한 행사와 프로그램을 함께 체험하며 힐링해요!

시화호의 날 기념 초청장의 글이다. 1994년 1월 시화방조제가 완공된 이후 극심한 수질오염을 겪었다. 하지만, 정부와 시민, 환경운동가 등의 지속적인 수질개선 노력으로 30년이 흐른 2024년 현재 생명의 호수로 거듭났다(시흥시). 모두의 노력과 결실을 기억하고 세계적인 시화호로 한 발자국 더 도약하기 위해 2월 22일 '2024 시화호의 해'를 선포했다.

시화나래공원해상공원은 시화호의 날 기념행사 준비로 활기찼다. 시화나래공원은 시화방조제 중간에 있는데 지리적 위치는 경기도 안산시 단원구다. 대부도 바닷물을 이용하여 만든 빛을 상징하는 의미의 공원이다. 서해바다의 물결과 신재생에너지의 순환을 주제로, 조력발전소 건설 과정에서 발생한 토사를 이용하여 친환경적으로 조성되었다.

서해랑길 리본 따라 공원을 걸으면, 하늘을 찌를 듯한 조형물이 먼저 눈에 들어온다. '빛의 오벨리스크'. 이집트와 유럽에서 보았던 오벨리스크와는 좀 색다른 오벨리스크다. 영원한 우주를 상징하는 원을 도입하여 땅으로부터 하늘로 박진감 넘치게 치솟은 상승 곡선은 시화호 조력발전소가 녹색에너지의 보고로 자리매김하는 염원의 발로다. 또한 우리 선조의 예인들이 쌓고 빚어낸 아름다운 돌탑과 청자의 선을 연상케 함으로써 한국인으로서의 자부심을 가지게 한다. 색상과 재료는 투명하고 영구적인 색유리 수십만 개라니 놀랍기 그지없다. 첨탑 부분에는 강한 스테인리스 스틸과 무지갯빛 색유리를 설치하여 낮엔 태양빛을, 밤엔 조명을 받아 강렬하고 신비스러운 빛을 발하게 하였다. 멋진 감동적인 오벨리스크다.

경기둘레길이 이야기 산책로로 이어진다. 사랑, 감사, 기회, 최고 등등 줄지어 새겨진 조각 작품을 읽어 본다.

감사- 당신이 있게 한 모든 이에게 감사하는 당신이 되기를 소망합니다.
기회- 시회에 대한 준비로 세계 발전에 도움을 둘 수 있는 당신이 되기를 소망합니다.
최고- 주변 사람들에게 최고로 인정받는 그날이 올 것입니다.

시화나래공원에는 25층 높이의 '달전망대'가 있다. '달이 떠오르니 너도 떠오르네.' 25층으로 솟듯이 올랐다. 시흥과 화성을 잇는 12.7km 시화방조제가 바로 눈 아래다. 달전망대는 모든 이들의 인기 장소이듯 북적이는 가운데 저마다 사진 찍기에 바빴다.

달전망대 유리창에는 육지와의 거리 표시가 흥미롭다. 조력발전소가 배

달전망대에서 내려다본 풍경

치해 있는 광경을 어렴풋이 짐작을 하면서 그저 바다와 어우러진 멋진 풍경에 정신을 쏟는다.

서울 42km, 시흥 18km, 송산 그린시티 15km. 오이도, 배곧신도시, 거북섬, 시화 MTV^{Multi Techno Valley}, 반달섬, 송산그린시티^{화성시} 송산면 …

시화 MTV란? 경기도 시흥시, 안산시 일원 시화호 북측 간척지 약 301만 평에 조성 중인 미래 지향형 첨단 복합 산업단지를 말한다(시화지구지속가능협의회).

대한민국 구석구석에 들어가서 여행지 인기 순위를 본 적이 있었다. 단연 거북섬이 1등이었다. 거북섬은 경기도 시흥시 시화MTV에 조성된 거북이 모양의 해양레저복합단지 인공섬이다. 현재 거북섬에는 세계 최대 규모의 아시아 최초 인공서핑장인 웨이브파크가 있고, 근처에 다양한 카페와 식당이 있어 여름 휴양지로 부상하고 있다. 이참에 함께 5위까지를 보면, 핫들생태공원^{경남 합천군}, 힐링파크 쑥섬^{전남 고흥의 애도}, 퍼플교^{전남 신안군}, 원대리 자작나무숲^{강원 인제군}으로 나타났다.

조력문화관은 아직 오픈하지 않은 상태. 직원 외 출입금지. 아쉬움을 남긴 채 서해랑길을 재촉했다.

시흥오이도박물관에 들려 오이도 유적을 보고

시화방조제가 끝나는 지짐에 '시흥오이도박물관'이 자리한다. 건물 외관이 화장을 한 듯 뽀얀데, 빗살무늬 파문을 그리는 곡선이 천장까지 이어지는 내부는 더 멋지다. '신석기시대 빗살무늬 토기'를 형상화한 특별한 건물이 오이도박물관이다. 이러한 토기는 서울 암사동 유적과 서해 도서연안에서 보이는 문양과 비슷한 양상이다(시흥오이도박물관). 하지만 전시 내용

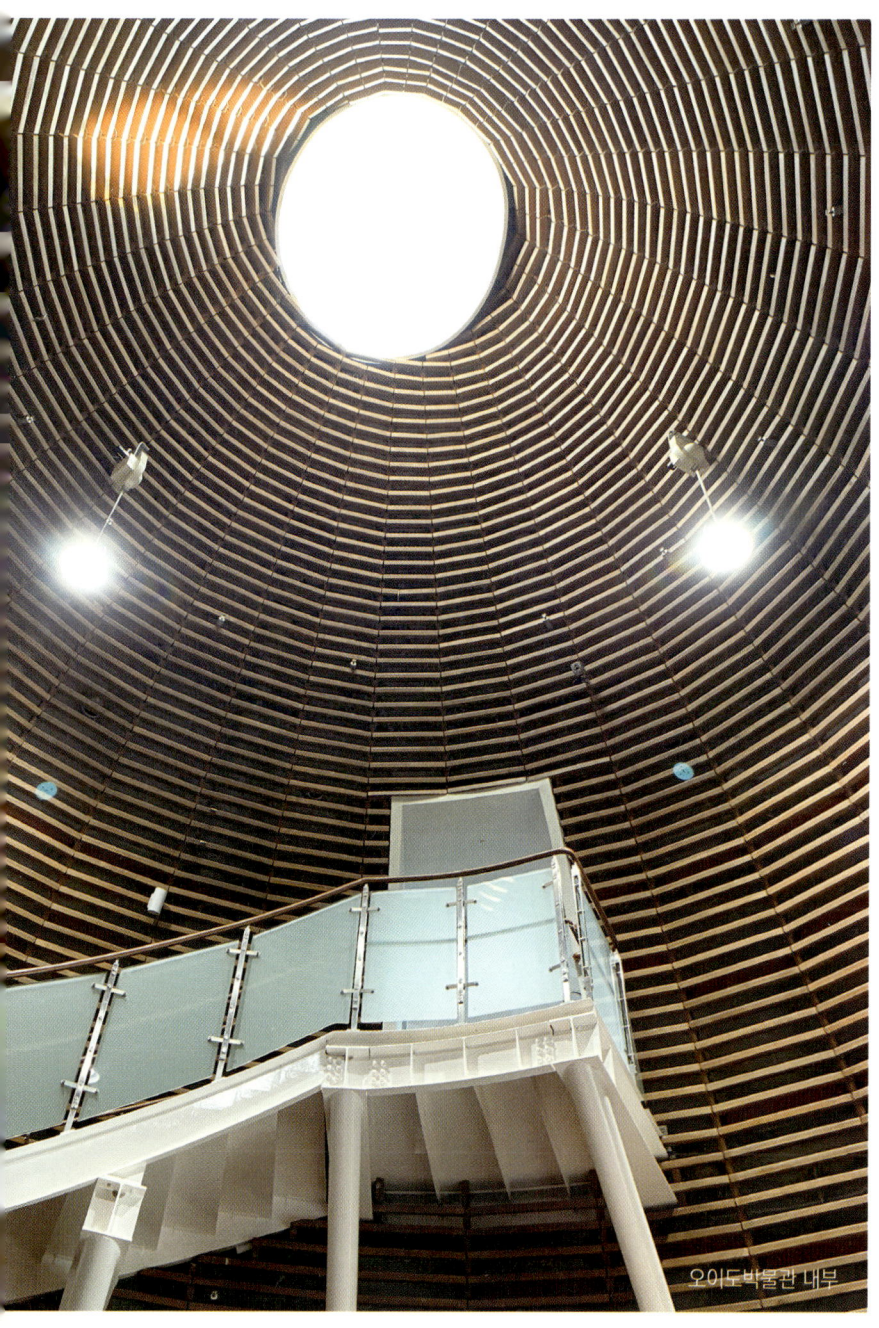

오이도박물관 내부

에 대해서는 가벼운 실망을 느꼈다. 신석기시대 유물이 많지 않겠지만 대부분이 모형이었기 때문이다.

『한국고대사』에 따르면 한반도에서는 신석기시대 초기에는 이른 민무늬와 덧무늬, 눌러찍기무늬토기를 만들어 사용하였다. 중기와 후기에는 밑이 뾰족하거나 납작한 모양으로 크기가 다양한 빗살무늬토기를 널리 사용하였는데 오이도박물관은 이런 문양의 토기를 보여주고 있다.

오이도는 원래 섬으로, 경기도 시흥시에서 약 4㎞ 떨어진 서남쪽 해변에 위치한 남북이 긴 섬이었다. 그러나 1925년 갯벌을 염전으로 만들면서 제방을 쌓아 육지와 연결되어 섬 아닌 섬이 되었다. 조선시대에는 이곳을 '오질이도吾叱耳島', '오질애도吾叱哀島' 등으로 불렸다. 1980년대 말 시화공단을 조성하면서 육지가 되었다.

'시흥오이도박물관'에는 구석기와 신석기시대의 유적이 대부분이다. 문화해설사의 설명을 듣고야 이 지역의 특성을 살린 박물관이라는 점이 이해되었다.

신석기시대, 따뜻한 기후변화로 대형의 동물 사냥감이 줄어들게 되자 강가나 바닷가로 진출하여 사냥보다 손쉽게 풍부한 식량자원을 확보할 수 있는 어로에 눈을 돌리기 시작하였다. 그러면서 새롭게 오이도 문화가 형성되었다.

오이도가 위치한 한반도 서해안지역은 해안선이 복잡하고 작은 섬들이 발달하여 조수간만의 차가 크고 수심이 얕은 특징이 있다. 이러한 환경을 이용하여 어패류 등을 주요 자원으로 활용하였다. 오이도에서 조개껍질이 퇴적된 패총조개무지이 발견되었는데 전체 출토 조개류의 99% 이상이 굴로 판명되었다. 굴은 빗창과 같은 도구를 이용해 채취하였을 것으로 추정된다. 이는 남해안 패총과는 다른 양상을 보여준다(오이도박물관). 그러나 물고기 뼈 등 직접적인 어류의 흔적은 거의 확인되지 않았다.

오이도 유적지에서는 신석기시대, 초기 철기시대. 삼국시대 패총과 통일신라시대의 주거 유적이 확인되었다. 1960년 안말 배다리 패총이 발견된 이래 현재까지 소래 벌패총, 신포동 A·B·C 패총, 가운데 살말 가·나·다 패총, 뒷살막 패총, 작은 소래벌 A·B·C 패총의 6개 지역 12지점에서 패총 유적이 확인되었다(시흥오이도박물관). 오이도 유적지는 국가사적제441호으로 지정되었다. 신석기시대 중서부 해안지역의 생활문화를 살펴볼 수 있는 귀중한 자료로 평가받고 있다.

오이도의 가장 높은 봉우리를 중심으로 한 낮은 야산 기슭에서 주로 확인되고 있다. 군부대 지역에서도 패총 흔적이 상당수 확인되고 군부대가 있는 산 정상부에는 인천과 연결되는 봉수대가 남아 있으며 다수의 패총도 발견되어 오이도 섬 전체에 유적이 분포한 것으로 확인되었다.

오이도 유적지는 '시흥오이도박물관' 2층에서 보이는 산 뒤편에 위치한다. 그곳에는 신석기시대부터 통일신라시대까지 계속 거주했던 지역으로 확인된 집 자리, 온돌유구 등과 출토된 토기편, 석기, 어망추 등 유물들이 있다. 이는 우리나라 해안지역 주민의 생활상과 서해안 도서지방의 문화를 연구하는데 귀중한 자료를 제공해 준다. 특히 주거형식 및 온돌 발전 과정을 이해하는데 학술적인 가치가 매우 크다(문화재청 국가문화유산포털).

오이도 빨강등대에도 오르고

오이도 선착장에 이른다. 오이도의 마스코트 '빨강등대'가 듣던 대로 멋지다. 계단을 따라 전망대로 올라가 본다.

바닷물이 빠진 갯벌은 일대 장관이다. 드넓은 갯벌에 핏줄처럼 펴져 있는 물길들. 빨강등대 위에서 보이는 물길들은 바닷물의 뿌리란 생각이 든다. 구불구불 영락없이 나무뿌리처럼 생겼다. 뭍에 박힌 나무뿌리. 바로 생명줄이다. 한참 메말라 있던 갯벌이라도 몇 시간도 못 되어 다시 바닷물이 차곤 한다. 바닷물이 차서 갯벌이 젖으면 생명줄은 보이지 않게 된다. 진흙 위에 생겼던 자취는 싹 사라지고 만다. 갯벌의 바닷물이 어제의 이야기를 삼켜 버리는 광경이다. 조수 간만처럼 확실한 이런 자연적 과정의 일환으로 살면 삶은 그것으로 충분하지 않을까.

시원한 시선 너머엔 아파트 단지가 보이고, 산업단지인지 공장들도 보인다. 사방으로 펼쳐진 경관이 우리가 살아가고 있는 모습 그대로다.

삶은 먹거리를 빼놓지 않는다. 오이도 종합어시장이 코앞이다. 등대횟집, 파도횟집, 여수횟집 등등. 전통어시장도 한몫을 한다. 2003년 문을 연 어시장도 오이도 마을의 넓은 갯벌과 싱싱한 수산물 때문. 싱싱한 자연산 활어회, 조개구이를 비롯한 다양한 해산물 먹거리는 시화호의 회생으로 갯벌도 다시 살아나고 있기 때문이다. 그냥 지나칠 수 없는 곳이다.

이곳은 삼면이 바다여서 만조 때는 출렁이는 바다내음이, 썰물 때는 살아 움직이는 바다 생물들의 생활 모습이 드러난다. 특히 이곳은 아름다운 낙조를 만날 수 있는 저녁 무렵이 하이라이트다. 가슴 벅찬 낙조가 펼쳐지는 '생명의 나무' 전망대까지 사색하듯 명상하듯 산책하자.

시흥의 명소, '생명의 나무'도 빼놓을 수 없다. 명소 가운데 하나로 밤에 빛을 발한다. 한낮이라 하얀색이 금방 눈에 띄지 않지만 가까이 볼수록 오래 볼수록 신비감마저 감도는 그 무엇인가를 품고 있는 듯하다. 신석기시대부터 유유히 흘러 쌓아 온 오이도의 기억과 우리네 삶의 흔적과 유구한 역사의 흐름을 생명의 나무를 통해 일깨우고 있다는 점이 특이하다. 생명의 나무 전망대는 옛 오이도가 가진 역사와 생명, 사람의 흔적을 되살리고 후대에 길이 알리기 위해 제작된 것이다.

생명의 나무와 이어져 있는 '황새바위길'은 탁 트인 바다와 환상적인 낙조를 감상하기에 제격이다(시흥시).

마음이 어수선한 날엔 섬 오이도로 가보자. 아득한 신석기시대 이야기를 간직한 시흥오이도박물관, 시원스러운 갯벌 탐방로 황새바위길, 생명의 나무를 보고 어시장을 맞닥뜨리는 순간, 삶의 한복판에 다다른 기분이 들 테니까.

시흥 배곧한울공원 해수체험장을 보고

서해랑길은 시흥에서도 신도시로 이어진다. 야자수와 그늘막이 이국적인 느낌을 물씬 풍기는 곳. '배곧한울공원'이다. 해수체험장은 한울공원 내에 인기 포토존으로 많은 사람이 찾는 명소다.

오이도 빨간등대에서 바라본 갯벌과 인천신도시

해수체험장

    핑크물리가 화사한 핑크빛으로 유혹한다. 누구나 한 번쯤 걸어보고 싶은 충동을 느낄 것 같은 공원이다.

    노천 해수체험장^{수영장} 풀이 내려다보이는데 무척 인상적이다. 가을부터는 운영되지 않아 물이 빠진 풀의 파란색이 멀리 떠나온 이국적인 느낌이 들게 한다. 해수체험을 하지 못해도 그만. 체험장 앞으로 펼쳐진 바다 경치가 아름다워 잠시 앉아만 있어도 좋다. 해수체험은 물론 도심 속 휴식처로 많은 시민들이 찾는 곳, 사랑받는 곳임에 틀림없다.

    3,082㎡의 규모의 해수체험장은 성인과 유아 풀로 구성되어 있고 지하 150m, 암반해수 70%, 상수도 30% 비율로 운영되고 있다. 매년 여름에만 운영되는 '성인 풀'도 수심이 0.7m라서 아이를 동반한 가족 단위의 해수체험이 가능하다. 매주 수질관리가 이루어지고 있어 이용객들은 쾌적하고 안전한 해수체험이 가능하다. 취사 및 텐트 설치는 금지. 그렇지만 배달 음식을 수영장에서 즐길 수 있는 장점이 있는데, 정해진 배달존에서만 음식을 받을 수 있다. 시흥시민은 입장료에 30%를 할인받는다.

서해랑길 93코스 시흥시

해수체험장- 배곧생명공원- 월곶포구- 소래습지생태공원- 남동체육관입구 / 11.9km

배곧생명공원

경기도 시흥의 '배곧'하면 최근 대한민국 미래 도시의 풍광을 한눈에 조망할 수 있는 뷰포인트로 알려지고 있다.

'배곧'이란?

1914년 주시경 선생이 조선어강습원의 명칭을 '한글 배곧'이라고 명명한 데서 유래된 용어다. '배곧'은 순우리말로 '배우는 곳'이라는 뜻이다(한국향토문화전자대전). 시흥이 '배움의 터'라는 의미를 살려, 군자君子라는 한문 이름과 어울리는 이름으로 학문과 지성이 겸비된 글로벌 교육도시를 지향한다는 의미를 가진다.

시흥이란 지명의 어원은 고구려 때 지명인 잉벌노仍伐奴현이 기원이다. 일어나 시始, 흥해간다는 흥興으로 고어古語인 잉벌노라는 고구려 지명을 한자로 기록하면서 불리던 지명이다.

배곧 신도시는 시흥시 정왕동 일대 군자 매립지에 조성된 새로운 주거단지이다. 이곳 배곧에는 '생명을 품은 도시'를 지향한다는 의미에서 생태공원, 이를테면 '배곧생명공원'이 자리한다. 2013년 건립을 추진하여 2015년 11월 14일 개장하였다(디지털시흥문화대전). 배곧 마루, 스카이데크, 갈대 산책로, 공연장 등으로 구성되어 있다.

도란뜰이라는 가족 피크닉장이 마련되어 있고, 다양한 야생화를 감상할 수 있는 갈대랑길과 하늘마루 등이 조성되어 자연 속에서 산책할 수 있다. 이 외에도 갈대습지원과 새봄마루에서는 기수역 공원에서 볼 수 있는 다양한 생물들을 관찰할 수 있다.

배곧생명공원의 정상인 배곧 마루는 높이 29m의 평평한 잔디밭으로 조성되어 소규모 야외행사 및 현장학습이 가능하다. 배곧생명공원은 자연환경을 보존하며, 인간과 자연이 함께하는 공원으로 '생명-참여-문화'라는 슬로건을 내세우고 있다. 이러한 취지에 어울리게 인간만을 위한 공원이 아니라 다양한 동·식물이 함께 사는 생명공원으로 조성되었다. 공원 곳곳의 길 이름은 공모를 통해 시민이 직접 지은 이름을 사용하였다. 또한 2015년 개장 이후 배곧마루 생명콘서트, 대한민국 도시농업박람회, 해넘이 행사, 마라톤 대회 등 각종 다양한 문화 행사가 열리는 문화의 장 역할을 하고 있다.

월곶포구

'월곶포구' 아치 앞이다. 바닷가가 아니라 신도시 아파트촌이 주위에 포진해 있는 월곶동이다.

갯골과 이어지는 큰 개울로 밀물 때면 바닷물이 드나들어, 도시의 끝자락까지 밀려드는 바닷물의 통로가 신기할 뿐이다. 바닷가 공사로 막아놓아 횟집과 어물전이 바닷가가 어디쯤 있을 것 같은 착각을 하게 한다.

월곶月串의 곶串은 '바다를 향해 뾰족하게 내민 땅'이라는 의미나.

육지에서 바다로 내민 모습이 마치 반달같이 생겼다고 하여 월곶이라 하며 '달월'이라고도 불렸다. 조선시대에는 수군만호水軍萬戶가 설치될 만큼 군사상 중요한 곳이었다. 1991년까지만 해도 바다와 자원의 보고로 불리는 살아 있는 갯벌이었고, 바다였던 곳이다. 하지만 시흥시가 1992년 8월부터 매립사업을 하면서 횟집과 어물전 230여 곳을 비롯하여 위락단지로 바뀌고 말았다.

월곶포구는 서해안의 특성인 조석 간만의 차가 커서 주로 만조 전후로 어선이 드나든다. 언제든지 갓 잡아 온 싱싱한 횟감들의 풍성함에 취할 수 있는 곳, 즐거움이 있는 곳이 월곶이다.

월곶동 사람들이 찾기 쉬운 포구다. 도시생활에서 쌓인 이런저런 스트레스를 말끔히 지워버리고 싶다면 월곶포구로. 누구나 바다가 보고 싶다면 월곶포구로.

소래포구의 상징들

소래포구는 인천광역시 남동구南洞區 논현동에 있는 서해안의 어항漁港이자 포구다. 경기도 시흥시에서 인천의 서해랑길로 접어들었다.

긴 '해오름공원 수변' 구간1.5km을 걸으면 특징적인 타워가 보인다. '새우타워' 전망대. 새우파시로 이름을 날렸던 옛날을 상기시키는 소래포구의 랜드마크다. 이를 기념하기 위해 옛 5부두에 새우타워가 2020년 개장되었다. 아름다운 경치를 감상하고 싶다면 전망대로 올라가자.

조업하는 어선이 실제로 드나드는 수도권 유일의 재래포구다. 사람들도 꽤 많다. 나름 걷기도 하고, 앉아서 이야기하거나 멍 때리고 있거나 유유자적 즐긴다.

소래포구의 원래 지명은 솔애좁은 갯가로 이를 한자화하여 소래蘇萊가 되었다. '깨어나게 된다'는 뜻을 가진 소래의 유래는 '소정방이 왔었다', '지형이 소라처럼 생겼다', '소나무 숲'이라는 등 여러 설이 있었다. 소래포구 지역은 1930년대 염전이 생기면서 알려지기 시작했다. 1937년 일본이 수인선 협궤열차를 부설하면서 소래역을 만든 이래로 소래포구는 작업 인부와 염분을 실어 나르는 배들이 정박하며 더욱 활성화되었다.

왁자지껄/ 새벽을 깨우는 소리에/ 생기로 눈을 뜨는 땅

이내 포구의 아침 햇살은/ 금빛 번쩍이는 비늘을 세우고/
노역을 건져 올리는/ 아낙의 함지박엔/ 펄펄 뛰는 숭어와/
각角을 세우고 덤벼드는 꽃게들이/ 저마다 향연을 베푼다

어수선한 행렬 끝나는 곳에서/ 사리 때 밀물처럼 몰려오는/
통통배의 기관음 소리/ 쩌렁쩌렁한 목소리에 실려/
삶을 흥정하는 근육질 사내의/ 건장한 가슴에 흥건히

어느 덧 포구 위로/ 먼 바다의 넘실거리는 파도소리가 올라오고/
요란한 갈매기 소리가 덤으로 올라오고/
식탁 위에 벌어지는 왕성한 식욕처럼

시끌벅적한 포구는/ 언제나/ 힘찬 의욕이 솟구친다.

-「소래포구」 남상학

시집 『그리움 불꽃이 되어』에 실린 남상학 시인의 「소래포구」 시다. 숭어, 꽃게, 기관음 소리, 삶을 흥정하는 사내, 파도소리, 갈매기 소리 등등 소래포구의 풍경이 그대로 상상된다.

소래포구는 수산시장이 제법 크다. 인천을 대표하는 어시장인 만큼 물고기의 종류도 엄청 많다. 소래포구 '전통어시장'은 2017년 화재로 소실된

협궤열차

지 3년 9개월 만에 현대화사업을 통해 새롭게 개장되었다.

　수산시장 맞은편엔 '소래역사관'이 자리한다. 남동구에 위치한 최초의 공립박물관이다. 소래의 역사와 문화, 아름다운 옛 모습을 보존하고자 2012년 6월에 개관하였다. 앞마당엔 증기기관차 협궤-7형가 육중한 모습으로 대기하고 있다. 지금이라도 시동을 걸면 달릴 것만 같다. 기름칠이 잘 된 증기기관차가 달리던 '소래철교' 또한 옛날의 추억을 소환한다. 소래철교는 수인선 협궤열차가 다니던 철로 교량으로 인천광역시 남동구 논현동과 경기도 시흥시 월곶동을 잇는다. 길이 126m의 소래철교는 1994년 열차운행이 중단된 후 통행로로 이용되다가, 최근 경관사업을 통해 전망시설을 갖춘 관광명소로 탈바꿈되었다.

1974년 인천내항 준공 이후 새우잡이 소형어선이 정박 가능한 소래로 포구를 옮기면서 '새우 파시'로 발전하여 수도권의 대표적인 재래어항이 되었다. 서울과 가까운 지리적 환경, 수인선 협궤열차와 소래철교 등의 지역관광 요소가 어우러져 지금은 연평균 300만 명의 방문객이 찾는 곳이 되었다고 인천은 자부한다.

2001년부터 '인천 소래포구 축제'가 개최되었는데 2020-2023년까지 문화관광 예비 축제로 선정됐고, 2010년- 2011년에는 유망축제로 선정된 바 있다. 매년 9-10월에 소래포구 해오름공원에서 개최된다.

소래습지생태공원 즐기기

소래포구의 시작이었던 염전은 1996년 폐쇄되어 현재는 소래습지생태공원으로 거듭났다. 소래습지생태공원으로 서해랑길은 이어진다. 횡단보도 건너편에 생태공원 마크가 보인다. 갯벌과 염전이 있던 지역을 복원해서 다양한 생물서식지와 철새 도래지로 만들어진 생태공원이다. 염전에서 천일염 생산과정을 체험한다.

갯벌 위에 놓인 소염교蘇鹽橋를 건넌다. '소래염전을 이어주는 다리'라는 뜻으로 길이 60m, 폭 4.5m의 소염교는 1933년에 최초로 설치되었다. 일제강점기에 일본으로 소금을 공급하기 위하여 소래 갯벌에 염전을 만들었고, 생산한 소금을 소래역까지 운반하기 위한 열차 레일을 놓으면서 다리를 설치히였다.

그러나 소래염전은 소금생산 채산성이 떨어지면서 1996년 폐업하였다. 이후 다리 구조물이 낡고 갯벌 층의 침하 등으로 소염교 일부가 붕괴되었다[1999]. 이후 생태 목조다리가 설치되었고, 2006년에는 길이 60m, 폭 8.8m의 지금의 다리가 새로 설치되었다.

소염교를 건너자 습지 풍광이 마음을 시원케 한다. 다양한 풍경이 데크 길로, 갈대숲길로, 걸어가게 한다. 충분한 시간을 가지고 경치에 취해 즐겨 보자.

먼저 갯벌에서 맨발로 걸어보자. 8천 년의 역사를 가진 갯벌은 아무나 걸을 수 있는 곳이 아니다. 전국적으로 맨발 걷기 열풍을 넘어 돌풍이 일고 있다. 갯벌에서 걸어보는 것은 쉽지 않은 경험이다. 이미 몇몇이 맨발로 갯벌을 걷고 있다. 그들 뒤를 따라가자.

생태전시관에서는 갯벌과 습지가 왜 중요한지, 어떤 생물이 살고 있는지, 우리에게 어떤 영향을 주는지 배워 보자.

여기서 잠깐 '썩어도 준치'라는 말을 아시나요?

준치는 청어과의 바닷물고기로 몸길이가 50cm쯤 된다. 살에 가시가 많지만, 맛이 좋아 물이 좀 가도 그 맛을 쳐 주었다. 그런 까닭에서 값지거나 좋은 물건은 기간이 지나 낡고 헐어도 본래의 값어치에는 변함이 없음을 이르는 말이 됐다.

'물이 깊어야 고기가 모인다.'는 말이 있다. 깊은 물에 고기가 모여 사는 것은 자연스러운 이치이다. 수초가 우거지고 먹이가 풍부해 살기가 편하기 때문이다. 그와 마찬가지로 사람도 덕망이 깊고, 도량이 넓으면 사람들이 자연스럽게 그를 따른다는 뜻이다.

'고기 보고 기뻐만 말고 가서 그물을 떠라'는 말을 아시나요.

물속에 물고기가 많다고 그것이 내 것이 되는 것은 아니라는 것이다. 낚시를 드리우거나 그물을 던져 잡아야 내 물고기가 되는 것이다. 즉, 무슨 일이건 목적한 바가 있으면 먼저 그 일을 이룰 수 있게 준비를 단단히 하라는 뜻이다.

소래습지생태공원

자 이제 공부는 그만하고, 산책로 따라 갈대밭을 거닐고 풍차가 있는 풍경을 배경으로 사진을 찍어보자.

힘들면 쉼터에서 쉬며 충전하자. 소래습지생태공원 다양하게 즐기기에 안성맞춤이다.

가을바람이 일부러 시원하게 하려고 불어오는 것은 아니지만 자연스레 청량함을 느낄 것이다. 좋은 계절 습지생태공원을 걷게 된 것이 행운이라면 행운. 일상을 떠나 그림 같은 풍경 속에서 휴식을 취하며 즐기는 시간, 서행랑길을 걷는 자만의 특권이다.

쌀쌀한 날씨엔 뭐니 해도 족욕足浴이 제격이다. 생태공원 안에 있는 해수족욕장은 3~11월 중순까지 운영된다. 누구나 무료. 따끈한 해수에 발을 담그고 쌓인 피로를 사르르 녹이며 서해랑길을 추억하자.

인천광역시 남동구로 길은 이어지고

인천광역시에서 소래포구를 따라오던 서해랑길은 인천의 끝자락 남동구에 이른다. 하지만 서해랑길에서는 인천의 남동구에서 시작되는 노선으로 되어 있다.

심용환 역사학자의 말을 빌리면, 인천은 대한민국의 대표 도시 중의 하나이자 서울에서 가장 가까운 항구가 있는 곳이다.

시울의 관문이자 서해의 요충시이기 때문에 전쟁과 관련이 깊다. 러일전쟁 당시 이곳에서 러시아 군함 바략호와 카레예츠호가 침몰했다. 제물포해전 중에 일어난 사건으로, 2003년 러시아는 제물포해전 100주년 기념식을 인천에서 치르기도 했다. 또한 한국전쟁 당시 인천상륙작전을 통해 연합군과 국군은 상황을 반전시킬 수 있었다. 그리고 부산, 목포, 군산처럼 인천에도 근현대사 유적이 많다. 개항장의 특징인데 그 중 차이나타운은 구한말 청나라 조계 지역이 변화 발전한 곳으로, 현재는 대표적인 관광 명소다.

「남동구 관광지도」에 의하면 인천광역시 가운데 자연이 숨 쉬는 생태관광도시가 남동구이다.

도시, 농촌, 어촌이 조화롭게 공존하는 남동구는 다채로운 매력과 성장 잠재력이 빼어난 도시이며, 행정, 문화, 금융, 산업시설이 모인 인천의 중심도시이면서 도심 속 푸른 숲과 해양생태공원 등의 녹지가 50%를 넘고, 인천대공원과 소래포구 등은 생태관광도시의 면모를 자랑합니다.

남동구는 남동南東이 아니라 남쪽의 동네南洞라는 뜻이다. 남동이라는 지명 자체가 구한말에 이 지역에 있었던 남촌면南村面과 조동면鳥洞面을 1914년 부군면 통폐합 시절 각각 한 글자씩 따서 부천군 남동면으로 명칭이 변경된 것이다.

인천 하면, 먼저 '300만 인구, 100조 경제, 대한민국 제2경제도시'라는 타이틀이 어느덧 인천을 상징한다. 깊고 푸른 인천 바다에 보석처럼 박힌 168개의 섬. 가깝고도 아득히 멀던 그 섬이 숨겨둔 아름다움을 드러내고 세상을 향해 고개를 든다.

나도 모르게 밖으로 나가 심호흡을 하고 싶어지는 청명하고 포근할 날, 인천의 서해랑길을 걷는다.

이제부터 인천을 톺아보자.

인천광역시 서해랑길

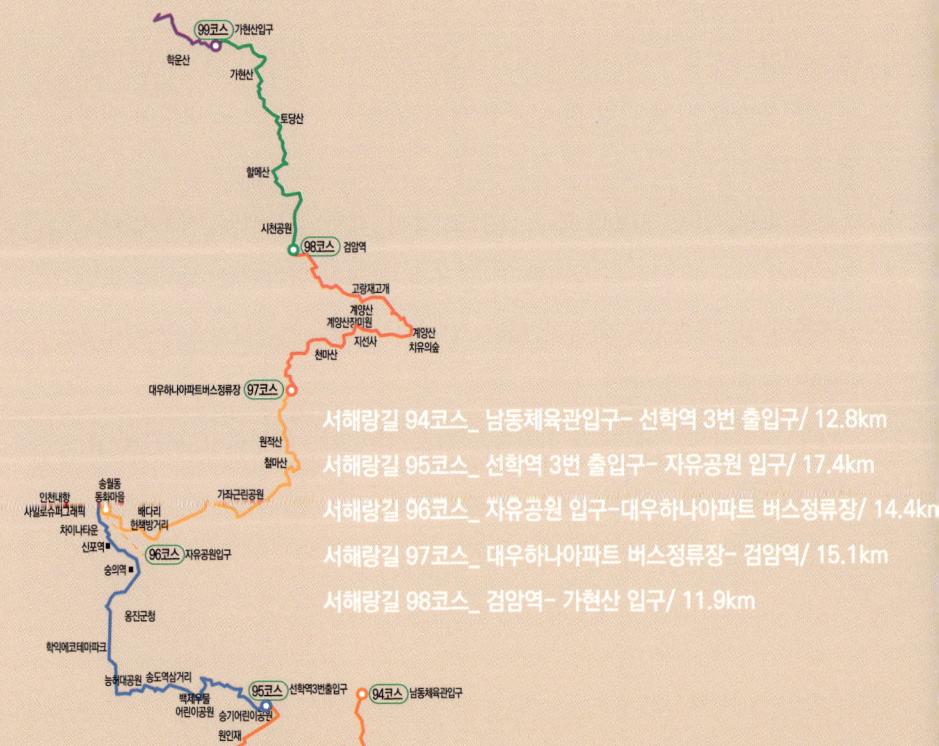

서해랑길 94코스_ 남동체육관입구- 선학역 3번 출입구/ 12.8km
서해랑길 95코스_ 선학역 3번 출입구- 자유공원 입구/ 17.4km
서해랑길 96코스_ 자유공원 입구-대우하나아파트 버스정류장/ 14.4km
서해랑길 97코스_ 대우하나아파트 버스정류장- 검암역/ 15.1km
서해랑길 98코스_ 검암역- 가현산 입구/ 11.9km

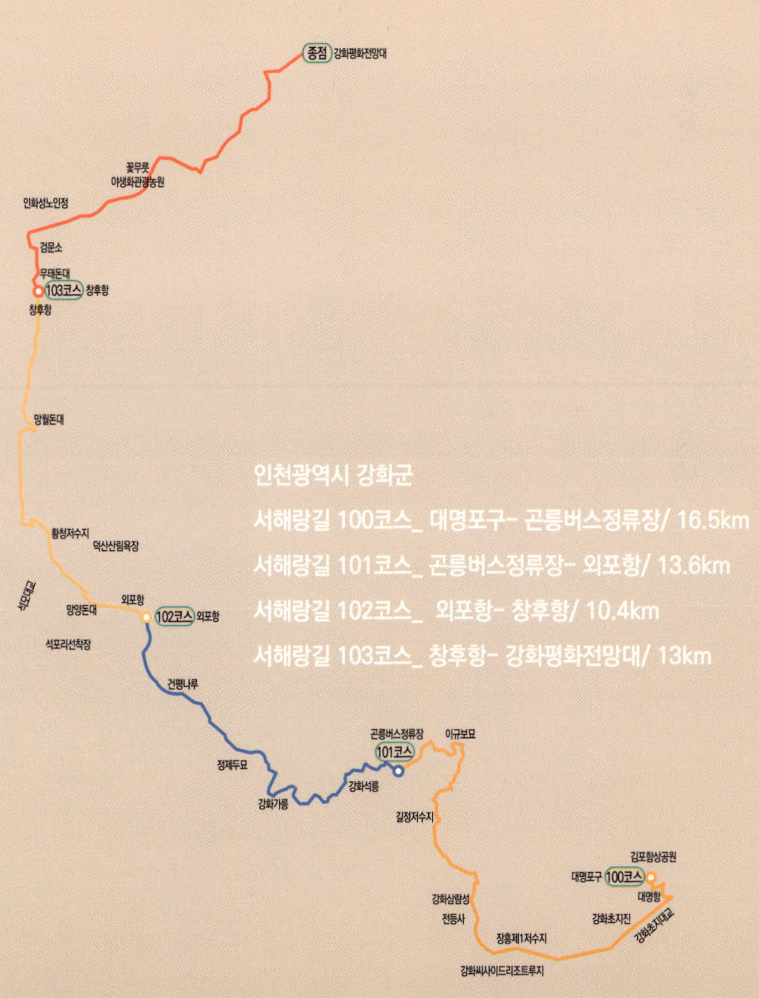

인천광역시

94코스 —
95코스 —
96코스 —
97코스 —
98코스 —

인천대교 부근에서 본 서해바다 풍경

서해랑길 94코스 인천 남동구

남동체육관입구- 오봉산- 논현포대 근린공원- 대한상공회의소 인력개발원- 선학역 3번 출입구 / 12.8km

인천에는 인천종주길이 있어요

　시작점이 남동체육관 입구지만, 그곳에서 좀 떨어진 장수천 2교에서 시작한다. 장수천 너머 아파트 단지가 나무에 가려 고층만 보이는 풍경이 대도시의 끝자락이라는 생각이 들게 한다.

　가로수를 따라 양옆으로 논과 텃밭으로 이어진 소박하고 조용하고 호젓한 길이다. 도시를 멀리 떠나보낸 기분이 든다. 이런 길은 시골길을 연상케 하는 어릴 적 향수가 소환되기 때문인지 편안하게 느껴진다. 서해랑길 아니면 요즈음 이런 길을 걷는다는 것은 어림도 없다.

　항상 새로운 코스의 시작은 발걸음이 부지런해진다. 지역을 관조하고자 좌우로 그리고 위아래로 시선을 주면서 가벼운 발걸음으로 유유자적 서해랑길을 활보한다.

　'인천종주길'안내판이 나무에 꽁꽁 묶여 있다. '담방마을 아파트 1.25km↔오봉산 입구 1.43km'. 양쪽으로 친밀감마저 드는 가까운 거리감이다.

　인천종주길 64km은 계양산 연무정에서 송노 솔잔공원에 이르는 10개 코스로 연결된다(https://www.incheon.go.kr/park). 인천의 12개의 산, 2개의 하천, 그리고 7개의 공원으로, 한남정맥漢南正脈이 인천으로 들어와 크고 작은 산들을 잇는 길이다. 계양산, 원적산, 함봉산호봉산, 문학산. 청량산까지… 자연이 남아 있고 멋진 풍경이 기대되는 길이다. 서해랑길에서도

이 산들을 넘어야만 한다. 인천종주길의 홍보 문구다(인천광역시).

인천의 중심부에 형성된 S자 녹지축의 정상부를 따라 이동하기 때문에 조망이 상당히 좋고, 야생동물 서식지와 문화재 지역도 지나가기 때문에 지루하지 않게 운동과 여가를 즐길 수 있다는 것이 특징이다. 또한 등산로가 잘 발달되어 있다.

걷는 내내 인천종주길 이정표가 곳곳에서 안내하여 헤맬 일이 거의 없다. 이 코스에서는 서해랑길이 아니라 인천종주길을 걷는 것이나 다름없다. 서해랑길 94코스는 인천종주길 7코스의 오봉산코스다. 인천 동쪽의 종주길을 남서쪽 지역과 이어주는 가교 역할을 하는 구간이다. 도림초등학교오봉산입구-오봉산 1봉-듬배산-논곡중학교-남동 도시첨단산업단지-도림119소방안전센터-승기근린공원-승기천변-선학경기장으로 이어진다.

갯벌 가운데 갈대가 늘어서서 나름 멋진 풍경을 자아낸다. 갈대와 어우러진 도림2교 '수문'이 바닷가였다는 사실을 짐작케 한다. 곧이어 산길로 접어든다.

길바닥에 '돌판'이 지리적 위치를 알려준다. '남동둘레길' 안내판. 인천광역시에 인천종주길이 있다면 남동구에는 '남동둘레길'이 별도로 있다. '오봉근린공원 0.1km↔듬배산 2.5km', 오봉산으로 진입한다.

오봉산 넘어 듬배산으로

'도심 속 쉼터 오봉산에서 대자연의 아름다움을 느껴 보세요.'

오봉산五峯山, 105.8m은 낮은 산이지만, 마을의 쉼터인 동시에 자연으로 품고 있는 남동구의 자랑거리다. 남동구 도림동桃林洞과 논현동 경계에 있는 산이다.

도림동은 구한말 인천부 남촌면으로 오봉산리五峯山里와 도림마을, 능동陵洞, 여무실리女舞室里 등의 마을이 있던 곳이다. 1903년에 이 가운데 오봉산리와 도림마을이 합해져 도리桃里가 되었고, 능동과 여무실리가 합해져 남촌면 2리가 되었다가 1914년 수골, 덕골 등 주변 마을까지 모두 합해 도산리桃山里가 되었다. 이것이 한때 일본식 지명으로 바뀌었다가 광복 뒤인 1946년 도림동이 되었다. 결국 이전의 여러 마을 중 가장 대표적이었던 도림마을에서 이 동네의 이름이 생겼다. '도림'은 그 한자 이름이 말해 주듯 이곳에 복숭아밭이 많아 '복숭아골'로도 불렸기 때문에 생긴 이름이다(인천광역시사). 지금도 이 일대에 과수원이나 밭이 많아 옛 풍경을 떠올리게 한다.

오봉산은 산정을 중심으로 북동쪽으로 2개의 봉우리, 남서쪽으로 2개의 봉우리와 주봉으로 총 5개의 봉우리가 줄지어 있다. 해서 오봉산이다. 또 다른 이름은 태산胎山이다. 옛날에 왕자의 태胎를 묻었다 해서 붙여진 이름이다.

오봉산 1봉 근처에서 갑자기 쏟아지는 소나기를 만났다. 비가 비를 부르고 또 그 비가 더 큰 비를 끌어당겼다. 가까스로 전망대로 가서 비를 피했다. 비가 그치기를 기다리는 동안 등산 온 주민들과 오봉산에 대해 이런저런 얘기를 나누었다. 마침 토요일이라 사람들이 꽤 많았는데, 평일에도 주기적으로 찾는 산이란다. 확실히 인근 주민들의 건강증진과 생태학습장으로 손색이 없는, 약수도 유명한 동네 산이다.

소래산, 경기도 시흥시, 남산타워, 롯데월드타워, 소래습지생태공원이 오봉산 전망대에서 보이는 풍경이라는데, 비가 모든 것을 감춰버렸다. 비가 그칠 기미가 보이지 않았으나, 일정을 맞추기 위해 어쩔 수 없이 다시 길을 나섰다.

마침 나무에 걸려 있는 '햇살에게' 시가 눈에 들어온다. 정호승 시인의

인천종주길(오봉산 2봉)

시다. 비가 오는데 햇살에 관한 시를 읽는 아이러니. 햇살에게 감사한 마음이 이다지도 클까!

이른 아침에/ 먼지를 볼 수 있게/ 해주셔서 감사합니다.
이제는 내가/ 먼지에 불과하다는 것을 알게/ 해주셔서 감사합니다.
그래도 먼지가 된 나를/ 하루 종일/ 찬란하게 비춰주셔서 감사합니다.

오봉산 2봉에서 3봉, 그리고 4봉을 넘는다. 2봉이라 적혀 있어 '여기가 2봉이구나.' 알뿐이다. 2봉, 3봉, 4봉 모두 높고 험난한 봉우리가 아니라 오르락내리락 하는 오솔길이다. 멀리서 보면 봉우리로 보일지 모르겠지만. 산 안에서는 봉우리를 전혀 느끼지 못했다.

생태통로를 건너 듬배산$^{80.9m}$으로 올라간다. 신발을 벗고 맨발로 산길을 걷다니? 한두 사람이 아니라 산을 걷는 모든 사람들이 맨발로 걷고 있었다. 나중에야 안 사실이지만, 듬배산 황토 맨발걷기는 알려진 어싱earthing 하기에 좋은 산이었다. 맨발로 걷는 사람들을 따라가다 그만 길을 잃고 말았다. 두루누비 앱도 산속이라 먹통이라 산에서 내려와 논현동 큰 길을 따라 '논현포대근린공원'으로 향했다.

논현포대근린공원의 역사적 의미

공원 앞에 있는 안내판을 들여다보았다. 주차장, 포대마당, 까도미로원, 잔디마당, 야외무대, 조화원, X-게임장, 어린이 놀이터, 테니스장, 배드민턴장 등등. 겨울철에는 한시적으로 무료 야외 얼음썰매장을 운영하기도 한다.

논현포대근린공원은 포대가 있던 옛 군사시설에 조성된 공원이다. 수인·분당선 호구포역 2번 출구를 통해 쉽게 이용할 수 있는 것이 장점이다.

서해랑길 따라 공원 안으로 들어섰지만 논현포대論峴砲臺라는 지리적 정보가 없어 그냥 지나치고서야 아차 했다.

논현포대는 인천과 부평 연안의 군사방어 시설이었다. 병인양요와 신미양요 등의 공격으로 경기 연안의 군사적 방어를 강화할 필요성이 커지면서 정부가 해안을 통해 들어오는 외세를 사전에 방어하기 위해 어영대장 신정희와 강화유수 이경하에게 명하여 군사시설을 확충토록 함으로써 1879년 고종16년 축조되었다. 그 후 인천광역시 유형문화재제6호로 1982년에 등록되었다. 축조 당시에는 '호구포虎口浦포대'라고 명명되었으나 지금은 논현포대라 부른다(남동구). 인근 지하철 호구역이 지리적 유래를 상기시킨다.

과거 논현포대 모습을 눈감고 그려보자. 산등성이 토성에 둘러싸여 있고, 그 안으로는 중심부에 포대가 존재하였으며, 언제든지 사격이 가능한 상태가 아니었을까. 이처럼 조선시대 눈으로 이곳을 살펴보면 만만치 않은 장소임을 깨닫게 된다. 다만 토성은 그렇다 치더라도 주위에 보이는 것이라고는 아파트, 빌라뿐이니 더 이상 과거의 모습으로 다가가기 힘든 상태다.

인천 연안은 강화의 바닷길을 통해 한양으로 가는 길목이었기 때문에 당시 많은 포대가 있었으나, 현재는 논현포대만 남아 있다.

호구포의 전설

인천의 포구에 대한 전설적 이야기가 전해 내려온다.

인천에는 포구가 많은데 남동구 논현동 서남쪽에 있는 호구포虎口浦는 이름 그대로 '호랑이의 입처럼 생긴 포구'라는 뜻이다. 지금은 많이 쓰이지 않지만 '범아가리'가 바로 호구포의 순우리말 이름이다. 예전에 호구포는 말 그대로 바닷물이 들어오는 포구였다.

이곳서 멀지 않은 오봉산五峰山 기슭에 호랑이가 입을 벌리고 으르렁거리는 모양의 검고 큰 바위가 있어 호구암虎口巖이라 불렀고, 이 때문에 호구포라는 이름도 생겼다. 호구암은 바다 건너 대부도를 향해 있어 대부도에서는 개를 키우면 바로 죽어버렸다.

엇비슷한 전설로 이런 얘기도 전한다.

호구암 맞은편인 경기도 안산의 산기슭에 옛날 어떤 세도가들 집안의 산소가 여럿 있었는데, 그들 집안의 자손들은 제대로 대代를 잇지 못했다고 한다. 집안사람들은 그 이유를 잘 알지 못하고 답답해하기만 했는데, 한 풍수쟁이가 산소 건너편 호구암이 입을 크게 벌리고 산소를 삼키려 드는 모양이라 그렇다고 하였다. 이에 그 집안사람들이 호구암의 입 부분을 도끼로 때려 없앴더니 그 뒤로 자손이 번성했다는 얘기인데, 지금은 호구암이라는 바위가 진짜 있었는지도 조차 확인되지 않는다.

결국 이는 모두 전설일 뿐이다. 실제는 이곳의 지형이 바다 쪽에서 안으로 파고들어 와 호랑이의 입처럼 생긴 데에서 동네 이름이 유래했을 것으로 보고 있다. 이곳이 매립되기 전인 1918년 일제가 발행한 지도에 따르면, 호구포 일대의 모양이 실제 호랑이의 입처럼 보이기도 한다는 것이다. 하지만 1920년대에 들어 호구포 앞 바다에 버려져 있던 갯벌을 이용해 남동염전이 만들어지면서 호구포는 그 원래의 모양을 잃었다. 그나마 지금은 남동공단이 들어서면서 더욱 모양이 바뀌고 말았다.

사당 원인재

인천지하철 1호선이 개통되면서 생긴 원인재源仁齋역은 역사 바로 옆에 인천이씨의 중시조中始祖인 이허겸李許謙의 재실齋室 원인재가 있어 그 이름을 갖게 됐다. 인천 도시철도 1호선과 수도권 전철 수인·분당선의 환승역 명名

원인재

도 원인재다.

중시조란? 이름이 별로 없던 성姓씨를 가진 집안을 일으켜 세운 선조를 말한다. 재실이란 묘소에 딸려 있는 전각이나 제사를 지내기 위해 지은 집, 또는 유생들이 모여 공부하는 집을 일컫는데, 원인재는 실제로 이허겸의 묘소가 있고 이곳에서 제사를 지낸다.

지금의 원인재는 원래 연수3동 신지마을에 있었다. 1994년 택지개발로 해체되어 '인천이씨대종회'에서 1999년 10월에 복원, 증축한 것이다. 원인재의 '원인'이란 '인주仁州이씨李氏, 인천이씨의 근원源'이라는 뜻으로, 인천이씨의 여러 분파가 이허겸 대 이후에 나뉜 것을 의미하는 것으로 해석된다.

원인재 건물이 언제 세워졌는지 정확한 시기는 알 수 없으나, 인천시사편찬위원장을 지낸 고 박광성朴廣成 교수는 지금의 새 건물이 지어지기 이전의 원인재가 32대와 33대 손의 글을 통해, 1807년순조7년이나 1857고종4년, 아니면 1927년을묘년에 지어진 것으로 추정한 바 있다. 인천광역시 지방문화재자료제5호로 1990년 지정되었다.

인주이씨 종친회에 따르면, 이허겸의 선조는 가락국 김수로왕의 둘째 아들이었다 하며 어머니의 성을 따서 대대로 허許씨 성을 썼다고 한다.『고려사』에 따르면, 신라 말기에 이 집안사람 중 '안록산의 난'이 일어난 당시 당나라 사신으로 갔다가 당의 황제 현종에게 잘 보여 황제의 성인 이씨 성을 받았고, 그 뒤 자손들이 8-9세기쯤에 소성현邵城縣(지금의 인천)으로 이사와 터를 잡았다. 이허겸의 집안은 이 같은 조상들을 자랑스럽게 여겨 이李씨와 허許씨를 함께 성으로 쓰고 이름을 겸謙처럼 한 글자로 짓곤 했다.

고려 인종 때 이지저李之?가 지은 '이공수묘지명李公壽墓誌銘'의 기록에 따라 이 집안의 선조를 이허겸대보다 100여 년쯤 앞선 시대에 황해도 신천信川에 살다 인천으로 이주한 기평奇平이라는 사람으로 보기도 한다.

인주인천이씨가 고려시대 귀족 대열에 낄 수 있게 된 것은 이허겸 때부터다. 그의 손녀 3명이 모두 현종의 비妃가 되었다. 첫째 손녀는 원성황후로 덕종과 정종 두 왕을, 둘째 손녀는 문종을 낳았다. 그 뒤 문종에서 인종에 이르기까지 7대에 걸쳐 귀족정치의 막강한 파벌을 이루었다.

이곳에서는 인천이씨대종회가 매년 청명일4월 5일 전후에 시조의 춘향대제를 봉행하고 있으며 정기총회도 개최된다(원인재).

건물 한 곳에서 돌 사진촬영이 한창이었다. 알고 보니 최근엔 전통혼례와 돌 사진의 인기 촬영장소로 유명세를 타고 있었다.

서해랑길 95코스 인천 연수구

선학역 3번 출입구- 문학산- 남향그린공원- 숭의역- 자유공원 입구 / 17.4km

연수둘레길 따라 문학산으로

지하철 선학역에서 내렸다. 검은 구름이 심상치 않다 했더니 기어코 비를 몰고 왔다. 비가 제법 추적추적 내려 비옷을 입고 우산도 쓰고 문학산으로 향했다. 빗속에 산 중의 정취를 느끼며 자연을 둘러보고 문학산의 역사를 탐색해 본다.

문학산 가는 길은 '연수둘레길'을 따라 간다. 선학역에서 문학산文鶴山 입구까지는 280m 거리다. 문학산은 미추홀구와 연수구에 걸쳐 있다.

연수둘레길17.54km은 기존의 산책로와 등산로를 연결하고 다듬어서 만든 역사와 문화, 생태를 체험할 수 있는 길이다. 승기천 구간, 문학산 구간, 청량산/봉재산 구간, 총 3개 구간이다. 천천히 여유로운 걸음으로 연수구의 자연과 문화를 느껴보기 바란다.

'학이 날개를 펴고 앉은 것 같다' 해서 붙여진 이름 문학산217m. 봉수대가 있어 그 모양이 마치 배꼽 같다 하여 '배꼽산'이라고도 했다는 문학산. 조선시대 지리서인 〈세종실록지리지〉와 〈신증동국여지승람〉에는 '남산'이라고 표기되어 있다. 문학산이 당시 인천도호부 관아의 남쪽에 있었기 때문이다(인천광역시). 인근에 문묘文廟가 자리하고 있고, 1708년 학산서원鶴山書院이 건립되어 각 단어의 글자가 합쳐져 유래했다는 견해도 있다.

문학산은 동쪽의 길마산-수리봉-문학산주봉-연경산-노적산노적봉을 통칭하는 범위로, 5개의 봉우리가 동서 4.5km로 완만하게 이어진 형상이다.

빗줄기는 더욱 거세어졌다. 인천의 거대 도시가 광활하게 펼쳐진 장관을 가끔 내려다보는 재미가 쏠쏠했다. 하지만 안개가 몰아칠 때에는 도시는 물론 나 자신마저도 안개에 묻혀버린 듯 막막한 기분이 들기도 했다. 물론 사진은 찍을 엄두도 내지 못했다. 비바람에 우산이 몇 번이나 뒤집혀지고서야 문학산 정상에 도달했다. 출발한 지 1시간 40분만이다.

1965년부터 50여 년간 군부대가 주둔한 이유로 그 동안 그 누구도 문학산 정상에 오를 수 없었다. 2015년 10월 15일에야 일반 시민들에게 문학산이 개방되었다. 그리고 군사시설을 리모델링한 나지막한 건물 '문학산역사관'이 생겼다. 발길이 저절로 역사관으로 향한다.

문학산역사관은 미추홀 2,000여 년의 역사와 문화를 품고 있는 기념관이다. 알지 못하는 정보를 놓칠 수 없기에 문화해설을 청했지만, 비가 오는 날이라 문화해설사가 근무하지 않아 직원이 대신하겠다고 나섰다. 빗속에 찾아온 방문자를 맞아 마음이 담긴 안내에 감동하며 감사한 마음으로 귀를 기울였다.

문학산의 가치와 문학산성의 현황에 대한 축소 디오라마와 동영상제1전시실을 보았다. 제2전시실에서는 선사시대부터 현재에 이르기까지 문학산의 시대별 역

문학산 정상에서 필자

사와 문화유산을 주제별로 설명을 들었다(문학산역사관). 선구자들이 남긴 옛 사진들과 근·현대 문학산의 변모를 자세하게 설명해 주었고 관련 책자까지 선물로 받았다.

문학산 정상까지의 오솔길은 걸을 만하다. 그러나 정상에서 내려가는 길은 산길이 아니라 아스팔트길이다. 덕분에 쉽고 빠르게 내려갈 수 있었다. 문학산 정상에서 가끔 축제가 열리는데, 사람들이 걸어서 올라가는 길이 바로 이 아스팔트길이다. 나름 좋은 아이디어라 생각된다.

문학산을 내려와서도 비는 그칠 줄 모르고 세차게 계속 되었다. 결국에는 그 이상의 모험을 할 엄두가 나지 않아 걷기를 접고 다음날을 기약했다.

문학산에서 미추홀의 역사를

문학산은 인천의 역사와 그 맥을 함께 해왔다. 『문학산역사관』 자료에 따르면 바다와 인접한 자연·지리적 환경으로 선사시대 생활 문화의 흔적이 밝혀졌다. 기원전 18년 비류 세력이 정착한 미추홀의 중심지가 문학산 일대이다. 고려시대 이래 문학산과 승학산 사이 분지에 읍치邑治가 형성되어 전통시대 이전의 행정·교육·문화의 중심지였고, 더불어 군사적 요충지 역할을 해왔다. 미추홀의 2,000년의 역사를 간직한 문학산은 인천의 주산主山으로 자리하고 있다.

인천의 옛 지명은 주몽의 아들, 비류가 정한 도읍지, 미추홀로 부른 것이 시작이었다. 삼한과 삼국시대를 거치며 경원부慶源府라 불렸고, 고려시대에는 인주仁州라 불렸다. 이후 조선 태종13년에 인천군仁川郡으로 개칭되었고, 군의 소재지는 현재 미추홀구에 위치한 관교동이었다. 인천군은 세조의 비妃인 정희왕후의 외향이라 조선시대 세조5년에 인천도호부로 승격되었다. 그러나 역모사건에 연루돼 숙종24때에 현으로 잠시 강등되었다가 1698년 다시 부로 승격되었다.

　백제 건국과 관련해서는 여러 가지 설화가 전해지고 있다.『삼국사기』의 백제본기에는 온조전승과 비류전승이 남아 있다.

　온조전승에 따르면 온조가 백제의 시조이고, 온조의 형 비류는 미추홀에 정착하였으나 땅이 습하고 물이 짜서 후회하다가 죽은 것으로 전해진다. 반면 비류전승에는 백제 시조 비류의 주체적인 모습이 강조되어 있다. 비류가 온조에게 어머니 소서노召西奴를 모시고 남쪽으로 가서 도읍을 세우자고 제안하고 무리를 이끌고 미추홀에 정착한 것으로 전해진다.

　백제에서도 여러 차례에 걸쳐 시조에 대한 인식이 바뀌었고, 이러한 이유 때문에 시조에 대한 다양한 전승이 남아 있다. 역사는 항상 시대에 따라 여러 가지 이유 때문에 다시 쓰이고, 재해석된다는 사실을 우리는 백제의 시조에 관한 문제를 탐구하면서 새삼스럽게 되새겨 볼 수 있다(전덕재).

　백제 건국신화를 품은 문학산성文鶴山城은 인천광역시 기념물제1호이다(인천광역시 미추홀구). 인천 지역의 대표적인 관방시설로 문학산 정상의 봉우리를 돌로 둘러싼 소규모의 테뫼식 산성이다. 삼국시대 말기 신라가 쌓은 석성石城으로 알려져 있는데, 처음에는 백제가 쌓은 토성土城이었다가 후대에 석성으로 개축하였다는 견해도 있다.

　이규상의 '문학산성' 시를 읽어보면 문학산이 얼마나 아름다운 산인지, 역사가 얼마나 오래된 곳인지를 알게 한다.

　　문학산 오솔길을 더디게 오르니
　　일찍이 미추가 나라를 세운 곳이네

빗줄기 지나가자 원앙 기와 자주 눈에 보이고

봄의 진달래는 한쪽에만 피었네.

옛 우물에 구름이 서리니 패기는 아닐는지

주인 없는 사당은 신령스런 까마귀가 지키네.

무너진 성곽은 임진년 난리를 막아서인지

흙은 무너져 켜켜이 비늘모양이고

돌은 뾰족하게 닳아 있네.

-이규상(李奎象, 1727-1799)

이외에도 문학산에는 조선시대의 군사 통신수단이었던 봉수대 터, 임진왜란 당시 문학산성을 지키다 전사한 김민선 장군을 기리기 위해 백성들이 만든 안관당 터 등 흥미진진한 이야기를 품은 장소가 여럿이다. '문학산 옛이야기길'은 역사를 알려준다(인천광역시). 등산로에 놓인 옛이야기 안내판을 따라가 보자.

송월동 동화마을

선린문에서 해남 땅끝 방향으로 걸어 내려간다.

선린문을 지나면 곧바로 세계명작동화가 그려진 벽화마을 '송월동松月洞 동화마을'에 이른다.

송월동은 자유공원 아래쪽에 있는 마을로 구한말 다소면 고잔리에 속한 야트막한 구릉지대였다. 1883년 인천항이 개항된 후에는 독일인들을 비롯한 외국인들이 거주하면서 부촌을 형성하였다.

별다른 동네 이름이 없었던 이곳은 1903년 지금의 중구 중앙동과 항동 일대를 가리키는 당시의 제물포 지역에 이곳을 통괄하는 부내면이 새로 생

송월동 벽화마을 골목길

기면서 만석리萬石里가 됐다. 1912년 행정구역 개편으로 만석리가 나뉘면서 일본식으로 송판정松坂町이라는 이름을 갖게 됐다. 글자 그대로 '소나무 언덕'이라는 뜻이다. 이는 자유공원이 있는 응봉산 기슭에 소나무가 많았기 때문에 '솔골' 또는 '송산'이라는 순우리말 이름으로도 불렸다. 1914년에는 3개의 구역정목으로 송판정1, 2, 3이 되었다가, 1946년 동네 이름이 송월동으로 바뀌면서 송월동1, 2, 3가街가 되었다. 송월동은 이처럼 광복 뒤에 새로 붙인 이름인데 '응봉산의 소나무松 숲 사이로 달月이 밝게 보인다'는 뜻에서 붙여졌다(인천광역시).

응봉산 북측 경사면에 위치한 송월동은 개발이 더딘 편이었고, 혐오시설로 분류되는 쓰레기소각장이 있었다. 일제강점기 송월동 1가는 오물처리

사무소와 마구간, 공장, 관리자 사택이 뒤섞여 있던 지역이었다(손장원).

그 후 젊은 사람들이 떠나고 마을에는 연로하신 분들이 살다 보니 활기를 잃고 침체되었으며, 빈집들이 방치되었다. 이런 열악한 주거환경을 개선하기 위해 꽃길을 만들고 세계명작동화를 테마로 담벼락에 색칠을 하여 동화마을로 변모된 곳이 오늘의 송월동이다.

벽화는 도로시 길, 신비의 길, 빨간모자 길 등 세계명작 동화를 주제로 10개의 테마 길로 구성되었다. 옆으로 뻗은 골목길에도 눈길을 주어야 한다. 골목길마다 특이한 벽화가 동화 속으로 빠져 들게 한다. 통영, 목포, 여수 등등 벽화마을을 둘러보았지만, 송월동은 또 다른 정취의 벽화마을이다.

'트릭아트스토리'에도 들어가 보자. 웰컴 장면이 나오는데, '이상한 나라의 엘리스' 주인공이 내가 움직이는 대로 따라 움직였다. 내가 엘리스가 되다니, 누구든 나이에 상관없이 동화 속의 주인공이 되는 시간이다. 3D 미술관. 관객이 직접 애니메이션 속 주인공이 되어 즐기는 놀이공간이 재미있고 신기하다. 하여튼 잠시 나이를 잊고 동화 속으로 들어가서 새로운 동화세상을 맛보자.

인천 차이나타운

송월동 동화마을을 벗어나면, 서해랑길은 인천차이나타운으로 이어진다.

한국과 중국의 문화가 공존하는 '한국 속의 작은 중국'을 만난다. 중국인들이 모여 살며 그들만의 문화가 형성된 지역이 인천 차이나타운이다.

인천 차이나타운의 시작은 130여 년 전으로 거슬러 올라간다. 1883년 인천항이 개항되고 1884년 제물포지역이 청나라 치외법권治外法權, extraterritoriality지역으로 지정되면서 선린동 일대 약 5,000평 규모의 청국 조계가 마련되어 중국인이 대거 이주했다.

초창기에는 대부분 항구 노동자였지만 돈이 모이자 이들은 음식점, 이발소, 양복점 등 상점을 열거나 채소를 재배해 팔기 시작했다. 「아는 동네 아는 인천1」에 따르면 특히 중국산 삼베와 비단을 판매하는 주단포목점은 화교의 경제력 성장에 근간이 됐다.

또한 낮은 임금에 높은 기술을 제공하는 화교 벽돌공이 등장해 노동시장에서 독보적인 경쟁력을 확보했다. 답동성당, 홍예문 등 인천의 근대 건축물 다수에 화교의 손길이 닿은 것은 이런 이유에서다.

1920년대는 단연 화교 전성시대였다. 1914년 조계제도 폐지 이후에도 인천항은 대중국 무역의 본거지로 남았고, 이에 따라 화교 인구는 1,800여 명까지 늘어났다. 영원할 것만 같던 호시절에도 끝은 찾아왔다. 1931년에 일어난 대규모 화교 배척사건의 피해에 조선총독부의 압박과 대중 수입 감소라는 악재가 더해지면서 화교 상인의 경제활동은 급격히 위축됐다. 이후 발발한 한국전쟁으로 선린동에 있던 중국식 건물 대부분이 파괴됐고, 전쟁 후 쑥대밭이 된 이곳에서 화교들은 밑바닥부터 다시 삶을 일구기 시작했다.

관광지로 알려지면서 개인과 단체로 다니는 관광객이 무척 많아졌다. 중국 진나라부터 한나라 건국까지 시간여행을 해보는 초한지 벽화거리, 삼국지 소설 속 가장 대표적인 장면들을 담은 삼국지 벽화거리가 발걸음을 멈추게 한다.

또한 수많은 중국 음식점이 줄지어 있어 골라서 맛보는 재미도 쏠쏠하다. 나는 하얀 짜장면을 선택했다. 하루 평균 전국에서 800만 그릇이 소비된다는 자장면은 1880년대 인천에서 일하던 중국 노동자들이 식사를 간단히 해결하고자 중국 산동지방 음식을 변형해 만들어 먹는 데서 유래했다. 면을 삶아 볶은 춘장에 비벼먹는 이 요리는 간단하지만 든든해 고된 노동자들에겐 선풍적인 인기를 끌었다(황승경).

차이나타운 거리

　현재 이 거리를 지키는 한국 내 거주 중국인들은 초기 정착민들의 2세나 3세가 대를 이어 운영하고 있다. 때문에 1세들이 지키고 있던 전통문화를 많이 지키지 못하고 있다. 하지만 중국의 맛만은 고수하고 있는 곳도 적지 않다. 영화 〈북경반점〉의 한 사장처럼 예전에 중국집 춘장을 직접 담가 썼던 전통을 지켜온 것이다.

　중국 음식점 거리를 지나면 해안성당이 있는 근대거리에 이른다. 인천 차이나타운에 살고 있는 중국화교들을 위해 1960년에 세워진 성당이다. 1960년 당시 이곳 차이나타운에는 4,000명의 중국화교가 거주하고 있었고 소수의 화교 가톨릭신자들은 답동성당을 다니며 신앙생활을 하였다. 그러나 중국 화교신자들의 언어 소통과 민족 이질감으로 화교들을 위한 성당이 절실히 요구되었다. 이에 미국 메리놀회에서 1960년 7월 17일 화교를 위한 '선린성당'을 설립하고, 중국 만주에서 사목 경험이 있고 중국어에 능통한 고요셉 신부를 초대 신부로 임명하게 된다.

현 성당 건물은 초대 신부의 노력으로 1966년 6월 9일에 완공된 건물이다. 중국 화교신자가 점차 감소하고 한국인 신자수가 증가하여 1972년 10월 1일 '해안성당'으로 이름을 바꾸고 한·중 합동본당으로 운영되었다. 화교신자가 더욱 감소하자 한국인 성당이 되었다(해안성당). 현재 해안성당은 이 지역에서 치명 당하신 10분의 순교자를 기리는 '제물진두 순교성지'를 관할하고 있다.

해안성당 옆으로 쉼터 '한중원韓中園'이 위치한다. 차이나타운의 4대 패루의 한 곳이다. 중국 4대 정원 중 졸정원拙政園과 유원留園의 시설 양식을 주제로 조성된 공원이다. 한중원을 끝으로 국제국수거리Noodle Road에서 인천 차이나타운은 끝이 난다.

과거에 와 본 기억이 있었지만, 서해랑길을 걸으면서 중국 화교의 삶과 인천 차이나타운의 또 다른 역사적 의미를 되새기게 되었다.

인천 근대역사문화의 시간여행

우리나라 최초의 태극기가 게양되어 있다. 향수를 느끼게 하는 최초의 낡은 태극기. 클래식한 분위가 무척이나 인상적이다. 키니네와 이명래 고약 광고가 아직도 남아 있다.

시해랑길은 근대건축물이 들어선 19세기 말 인천항 개항 이후 역시를 긴직한 길로 이어진다. '모던'한 조선인들의 일상과 꿈, 그리고 한 시대의 은밀한 욕망을 읽을 수 있는 거리다.『모던 씨크 명랑』에서는, 이 시대가 우리 민족에게 나라 잃은 암울함과 서양 문명 상륙의 경이감이 공존하고 있다고 말했듯이.

근대문화거리, 우리나라 최초의 태극기

  1883년 인천이 외국에 문을 열었다. 인천은 조선 수도와 인접해 정치, 경제적으로 중요한 공간이었다. 제물포항을 중심으로 세계 각국 주거지, 조계지租界地가 정해졌다. 조선법이 아니라 자국 국내법이 적용되는 공간이다. 외국인 중에는 일본인이 가장 많았다. 지금 인천 중구청 주변 옛 조계지에는 100년 전 흔적이 남아 있다. 그 쓰라렸던 과거를 잊지 않기 위하여, 일부 거리는 옛 모습을 재현해 놓았다(박종인).

  구한말부터 일제강점기 사이에 조성된 근대 건축과 문화유적지가 다양하게 존재하는 '근대역사문화골목'이다(인천광역시 중구). 인천의 '근대' 개항장은 현재 인천항을 중심으로 한 인천광역시 중구 일대를 말한다. 우리가 잘 알고 있는 차이나타운, 자유공원, 신포동, 월미도 등이라고 하면 이해가 쉬울 것이라고 유동현 작가는 『시대의 길목 개항장』에서 말한다. 대불호텔에서 신포동에 이르는 거리가 개항장 역사문화거리로 알려져 있다.

개항장 역사문화의 거리. 세월의 흔적이 켜켜이 쌓인 공간들을 둘러보며 지나간 시간 속을 거닐어 본다. 이제는 이색적인 카페, 공방, 상점, 박물관이 구석구석 자리 잡고 있다.

그러면 과거의 모습은 어떠했을까?

9월 20일에 제물포에 도착했다. 이곳은 슬래브 판자 집, 진흙 오두막집, 헛간, 토담집, 술집 등이 있는 도시다. 이곳에서도 일본인들의 영향력이 상당했고, 가장 좋은 요지를 차지하고 있었다. 일본은 근사한 영사관 건물이 있었다. 미국은 쿠퍼 씨가 건축한 백색 건물을 영사관 건물로 사용하고 있다. 중국도 영민하게 벽돌가옥을 지었으나 화재로 소실되었다. 영국은 나가사키에 있는 로열오크오크나무로 된 낡은 술집을 구입해서 영사관을 만들기 위해 그 재료를 가지고 왔다.

알렌Allen의 일기1883에 적혀 있는 근대 도시로서 제물포의 도시경관이다(강성구).

1876년 개항과 함께 신문물이 인천으로 밀려들었다. 은행과 주식회사처럼 완전히 새로운 제도가 낯선 양이식 건물에 자리 잡았다. … 인천 감옥소는 기존 감옥소와 전혀 다른 근대 감옥소이고, …

직책 역시 '옥리獄吏'가 아니라 '간수'다. 1894년 갑오경장과 함께 경찰제도도 탈바꿈했는데, 신식복장과 함께 계급도 경무관, 총순, 순검으로 달라졌다. 순검 중 일부가 간수看守 역할을 맡았다.

… 최근에 발견된 감옥소 도면에 의하면, 개화기까지 인천감옥소는 단층이며, 기와지붕 아래 감방은 단 세 칸뿐이다. 감옥소를 에워싼 담벼락도 네모반듯하지 않고 타원에 가깝다. …

백범 김구의 청년시절 인천감옥소에 수감된 이야기를 담은 『대장 김창수』에서 나오는 인천 분위기와 감옥소의 모습이다. 김창수는 김구 선생의 청년시절의 이름이다.

　먼저 우리나라 최초의 서양식 호텔이었던 대불호텔에 들어가 보았다. 1887년 일본인 해운업자인 호리 히사타로에 의해 건립된 11개 객실을 갖춘 3층 벽돌 건물이었다. 대불호텔의 객실과 그 당시 사교의 장인 연회장을 재현한 공간이 지금의 호텔과는 비교가 되지 않지만, 나름 호텔의 정취는 느껴졌다.

　그 당시 서울 정동에는 서양식 호텔로 '손탁호텔'이 있었고, 최초의 국영호텔로 '철도호텔'이 1912년 부산과 신의주에 문을 열었다. 1915년 금강산에 금강호텔, 1918년에는 내금강에 장안사호텔, 1925년에는 평양 철도호텔이 신설되었다. 최초의 민간호텔로는 한양에 '반도호텔'이 1937년에 111개의 객실로 개관하였다. 그러나 이 시기에 일반인들에게 여행이 극도로 제한되었기 때문에 사실 일본인과 외국인을 위한 시설이었다. 호텔사업도 일부에 의해 독점되었고.

　한편 대불호텔의 일부 시설이 인천광역시 '중구생활사 전시관'을 겸하고 있다. 구제區制가 시행된 1968년부터 현재까지 인천에서도 중구의 생활사와 제도 변천을 시대별로 꾸며놓았다. 인천항이 자리한 인천광역시 중구는 제물포濟物浦가 위치한 곳이라는 점에서 또 다른 의미를 가진다. 제물포는 조선시대 지금의 자유공원이 있는 응봉산 주변에 있었던 것으로 알려진 군사시설 '제물진'에서 유래한 것이다. 광복 이후 1949년 8월 인천은 '경기도 인천시'가 되었고, 1968년 1월 행정적으로 구제區制가 실시되면서 동구, 남구, 북구와 함께 중구가 탄생하였다.

　의식주 문화도 엿볼 수 있다. 꽤 흥미진진하다. 특히 1960-70년대 중구

시민들의 문화향유 공간이었던 선술집, 극장과 다방 등의 상가 거리가 옛 정취를 느끼게 했다.

피켓손팻말을 든 여성들의 캠페인 '걷기 운동'이 그때에도 있었던가 보다. 구호가 특별하고 재미지다.

걷기 운동 참여하여 내 건강 찾자.
걸어서 건강 찾고 차비 아껴 불우 돕자.
걷기 운동을 내가 먼저 실천하자.

'인천개항박물관'과 인천개항장 근대건축전시관도 둘러볼 만했다. 인천개항박물관은 구舊일본제1은행 인천지점으로 인천광역시 유형문화재제7호로 등록되었다. 개항 이후 인천항을 통해 들어온 다양한 근대문물과 인천의 풍경, 철도, 은행 등 관련 자료를 전시해 놓았다.

구舊일본제18은행 인천지점이었던 인천개항장 근대건축전시관은 인천광역시 유형문화재제50호로 등록되었다. 개항 이후 인천 각국 조계지에 건축된 서구 근대건축물과 관련된 자료, 현존하는 근대 건축물과, 이제는 볼 수 없는 근대건축물의 모형과 건축 관련 자료들이 전시 중이었다. 은행으로 사용할 당시의 지붕과 금고, 기둥, 그리고 금고 출입문이 그대로 남아 있어 당시의 모습을 직접 볼 수 있다.

서해랑길은 신포동에서 어느덧 운치 있는 갯골호수로 이어신다. 초록의 향연을 느끼는 남항공원을 지나면 또 다른 느낌, 공사 중인 개발 도시의 느낌을 안기는 길을 걷게 된다.

거친 갯벌이 끝도 없이 펼쳐져 있다. 바닷물이 빠져나간 바다의 끝자락 치곤 너무 넓다. 서서 마냥 갯벌의 끝을 본다. 그 너머 고층아파트가 빼곡히 들어선 모습이 마치 삭막한 도시처럼 보인다. 미래도시를 보는 듯 상상의 날개를 펼치게 만든다. 서해랑길에서 보이는 도시풍경이 남다르다. 그리고 질주하는 자동차와 트럭이 수 가닥으로 나뉘는 고가도로로 종횡무진 오가고, 그 밑으로 서해랑길은 이어진다. '인천대교' 안내판이 고가도로 밑 구석에서나마 인천대교가 얼마나 자랑스러운지를 알린다.

송도 국제도시와 인천 국제공항을 연결하는 인천대교는 국내 최장 교량이며, 사장교 주탑 사이 거리인 주경 간 800m는 세계 5번째 규모입니다.
인천대교는 유럽 언론으로부터 '경이로운 세계 10대 건설 프로젝트'로 선정되고 유로머니Eurmoney가 선정한 '아·태지역 교통인프라 부문 최우수 금융조달상'을 수상하는 등 기술과 사업구조면에서 세계적 인정을 받은 한국의 자랑스러운 다리입니다.

능허대가 능허대공원이 되고

서해랑길은 공원으로 안내한다. 능허대? 뭐지. 안내판을 자세히 읽어보았다.

능허대는 청량산의 한 줄기가 바다에 다다라 절벽을 이루는 듯 하다가 다시 솟아 섬 모양을 이룬 곳이다. 곱고 흰 모래벌이 넓게 펼쳐진 바닷가에 자리한 능허대는 풀과 나무, 그리고 바위가 멋지게 어우러져 있고, 멀리 바다를 바라보매 막힘이 없었다 한다. 예로부터 풍광이 수려하여 수많은 시문이 전해오는 인천의 대표적인 경승지였다.

지금의 능허대공원이 과거에는 바닷가였다는 것이다. 삼국시대에 백제의 사신들이 중국을 오가던 나루터, 선착장이 능허대凌虛臺였다.
원래 이곳의 나루터는 백사장에 있었고, 그곳을 우리말로 '한나루', 한자로는 대진大津 또는 한진漢津이라 불렀다. 서기 372년 백제 근초고왕 때 시작해 그 뒤 100여 년 동안 이곳 나루터에서 백제의 사신들이 중국을 오갔으며 조선 광해군 때까지도 나루터로 이용되었던 곳이 능허대다.

인천에는 이미 1500여 년 전 능허대를 통한 자주적 개항 교역의 역사가 있었던 것이다.

하지만 향토사학자들 사이에는 옛 문헌을 볼 때 능허대가 배를 대던 곳이 아니며, 이곳에 누각이 있지도 않았다는 견해도 있다.『여지도서輿地圖書』에는 '대진에서 백제 사신이 배를 타고 바다를 건너 중국의 등주登州와 내주萊州에 닿았다'고 나와 있고, 능허대에 대해서는 '청량산 옆 해변에 백여 척 높이로 솟아 30명이 앉을 수 있고, 그 위에서 바다가 멀리 보인다'고 기술되어 있기 때문이다. 또 '백제의 사신을 따라온 애첩愛妾이 임을 보낸 뒤 이곳 바위에서 떨어져 죽었다'는 전설로 미뤄볼 때도 능허대는 높다란 바위였음이 분명한데 이곳의 절벽은 그다지 높지 않아 기록이나 전설에 어울리지 않는다는 주장이다.

어쨌든 '능허'라는 말은 중국 송나라 때 시인 소동파蘇東坡의 대표작 '적벽부赤壁賦'에서 따온 것으로 추정되고 있다. 곧 '만경창파萬頃蒼波를 건넌다.'는 뜻의 '능만경지망연凌萬頃之茫然'에서 '능凌'을 따고, '하늘을 타고 바람을 몬다.'는 뜻의 '빙허어풍憑虛御風'에서 '허虛'를 따 능허가 되었다는 의견이다(인천광역시사).

당시 한나루와 산둥반도를 잇는 해로는 중국으로 향하는 최단거리였다. 따라서 서울에 도읍을 둔 한성기 백제를 비롯하여 통일기 신라와 송국 남동과 교역하던 고려왕조, 그리고 산둥반도를 경유하여 북경에 도읍하고 있던 명, 청과 통교하던 조선시대까지 능허대 한나루가 이용되었던 것으로 추정하기도 한다.

1950년대까지 인천의 대표적인 유원지였던 능허대와 그 해변의 사방이 매립되고 주거시설과 도로가 들어서면서, 그 옛날 수려했던 풍광은 사라지고 말았다. 인천시는 이 같은 역사를 기념해 지난 1988년 능허대에 연못을 조성하고 정자도 세워 공원을 만들었다. '능허대 터'라는 표석標石과 함께 '중국 사신의 배를 대던 곳'이라는 내용도 붙였다. 1990년 인천광역시 기념물제8호로 지정되었다.

지금은 1955년 세운 능허대지 표석만 예전의 자취를 남기고, '백제사신길'이라는 철판이 길바닥에서 좌표를 가리키고 있을 뿐이다.

서해랑길 96코스 인천 중구

자유공원 입구- 송림오거리- 가재울사거리- 원적산- 대우하나아파트 버스정류장 / 14.4km

최초의 철도 인천역

1호선 인천역에서 내렸다. 인천역 끝자락에서 출발하는 인천의 중구 96코스를 걷기 위해서.

인천역 입구로 나가자마자 보이는 관광안내소로 직행했다. 이것저것 필요한 자료를 챙기고 자유공원 자리를 물어 도움을 받았다.

"서해랑길 걷는 사람들 많나요?"라고 묻자.

"처음 듣는데요. 서해랑길이요." 놀라운 응답이다. 서해랑길 걷는 이들은 관광이 아니므로 관광안내소에 들릴 필요도 없었나? 아니면 다들 잘 알아서 걷는 것인가?

하여튼 인천역 앞에 '한국철도 탄생역' 기념석조 기차 형상이 눈에 띄었다. 인천역은 우리나라 최초의 철도다. 1897년 3월 22일 인천에서 착공하여 1899년 9월 1일 노량진-인천역간 33.9^{km} 개통된 경인철도이다. 도보로 12시간 걸리던 서울과 인천 간을 1시간 30분으로 줄이면서 서울과 인천이 1일 생활권으로 변하는 계기가 되었다.

최초의 기관차는 모갈1호였다. 철도 개통 시 사용된 첫 열차를 견인한 증기기관차로 미국 보룩스회사에서 총 4대가 제작된 후, 반제품으로 운송하여 인천에서 조립되었다.

한국철도의 발원지 '우각리'

경인선은 미국인 제임스 모스James Mose가 고종황제로부터 경인철도 부설권을 특허 받아 미국인 거상 타운젠트와 함께 인천에서 한국개발공사를 설립하고 1897년 3월 22일 우각동牛角洞에서 기공식을 가졌다. 그러나 모스는 자금난과 기술문제로 공사가 지연되자 1899년 1월에 철도부설권을 일본의 경인철도인수조합에 넘겼다. 이후 공사가 빠르게 진행되면서 1899년 9월 13일에 경인선의 개통식을 갖고 임시영업을 시작하게 되었다.

당시 개통된 역은 제물포-축현-우각동-부평·소사-오류동-노량진이었다. 축현동동인천역과 현재의 주안역 사이의 경인선 선로는 직선으로 공사할 수 있었지만 우각동역牛角洞驛을 경유하느라 곡선으로 약간 휘어 있었다. 우각동 일대는 인천의 교외지역으로 여객수요도 거의 없었다. 그럼에도 불구하고 우각동역이 설치된 이유는 미국공사 알렌의 영향이 컸다. 알렌의 별장이 우각동역 인근 쇠뿔고개에 있었기 때문이다. 그러나 모스의 부설권을 매수한 일본으로서는 굳이 돌아가는 노선을 유지할 필요가 없었기에 1906년 우각동역은 폐지되고 1908년 12월에 선로마저 이설되었다.

경인철도와 관련하여 재미있는 에피소드가 전해진다.

경인철도가 개통되기 이틀 전인 1899년 9월 16일, 「독립신문」에 또 하나의 철도규칙이 공표된다. 바로 '경인간철도규칙'이다. 차비 지불 방법이 규칙의 상단에 제시되었다. 기차 등급별로 차등을 둔 차비가 이때부터 적용된 것이다. 자신이 낸 차비보다 높은 등급의 객실에 탈 수 없었으며, 이를 어기면 벌금이 부과되었다. 요금에 따라 좌석의 편리함과 화려함의 정도가 눈에 띄게 차이 났다. 본격적으로 '돈'의 위력을 실감하게 되는 순간이었다. 기차역에 들어서 돈을 주고 차표를 사는 순간 '나'를 증명할 수 있게 되었다. 신분이 돈으로 치환되는 1900년대의 길목에 경인간철도규칙이 상징처럼 서 있었다. 근대적 질서도 적용되었다. 돌림병을 앓는 자, 취한 자, 난잡한 자는 탑승할 수 없었다. 운송 도중 화물이 손상, 분실되더라도 책임은 화물 주인에게 있었다. 열차의 운행 시간도 정해져 공지되었다. 철도가 등장하면서 근대적 시간 개념이 도입된 것이다. 이제 1분이라도 늦으면 기차를 탈 수 없었다. 철로 주변에 사는 사람들은 기차가 지나가는 소리로 시간을 알기 시작했다(장병국).

경인철도 개통 초기에 손님이 거의 없자 철도회사는 승객을 유치하기 위해 궁여지책으로 '평양명기 앵금' '인천기생 초선'하는 식으로 주요 역 정거장 마당에 기생 이름을 적은 푯말을 꽂아놓고 일종의 '라이브'공연을 벌였다. 더 나아가 기차를 타고 출발역에서 종착역까지 객차 칸칸을 왔다 갔다 하며 승객유인에 한몫했다. 이를 보기 위해 한량들이 비싼 기차티켓을 끊고 승차하기도 했다. 오늘날 나이트클럽의 '여성 무료입장'의 원조 격이라 할 수 있다고 『시대의 길목 개항장』에서 말한다.

인천역사驛舍는 일제강점기 동안 별다른 변화 없이 초기 형태가 그대로 유지되었다. 『인천, 100년의 시간을 걷다』에 따르면 인천역은 주로 인천항 일대 화물수송을 담당했고, 여객수송은 지금의 동인천역인 축현역이 주로 담당했기 때문이다.

지금의 인천역사는 기존의 역사가 한국전쟁 때 파괴됨에 따라 1960년 6월에 새로 건립한 것이다. 철근콘크리트 구조에 맞배지붕을 올린 단순한 건축이었으나 2층에 수직 루버가 연속으로 이어지고 있어 1960년대에 유행한 모더니즘양시을 보여 준다. 2016년 수인선이 개통됨으로써 지금은 경인선과 수인선의 시·종착역이자 환승역으로 이용되고 있다.

인천 자유공원을 지나며

인천역에서 횡단보도를 건너 '중화가中華街' 1패루로 들어간다. 차이나타운에는 4개의 패루가 있다. 각각의 이름은 중화문^{中和門}, 선린문^{善鄰門}, 인화문, 그리고 한중문이다. 예부터 중국인들이 동네 입구에 세웠던 마을의 대문 같은 것으로 귀신을 쫓고 상가 번영을 기원하는 의미를 담고 있다.

차이나타운 '황제의 계단'을 올라가면 선린문을 통해 자유공원으로 이어진다. 다른 길은 없다. 이곳이 96코스의 시작점이다.

경사가 꽤 급하지만, 처음부터 힘 빼지 않으려고 아주 천천히 발걸음을 옮겼다. 해발 69m의 야트막한 응봉산^{鷹峯山} 남쪽에 자리 잡은 자유공원. 평일 낮 시간이라 그런지, 운동하는 몇몇 사람들이 보일 뿐 사람은 많지 않았다. 공원이 넓고 숲이 울창하고 은근 분위기가 좋아서 나도 산책 나온 사람처럼 여유롭게 걸으며 둘러보았다.

인천 자유공원은 그 자체로 역사^{歷史}다. 한국 근현대사의 사건들이 켜켜이 쌓여 그 의미가 한 공간에 압축된 생생한 역사의 현장이기 때문이다.

선린문

자유공원은 인천항 개항1883년 5년 후인 1888년고종25년 11월 9일에 만들어진 우리나라 최초이자 최고最古의 서양식 공원이다. 도면엔 미, 영, 로, 청, 일 등 각국 외교관이 공동 서명하고 러시아 측량기사 사바틴Sabatin이 설계하여 만들었다. 서울의 탑골공원보다 9년이 앞선다.

이 공원에는 한국 최초의 양관으로 알려진 독일 세창양행의 숙사宿舍와 개항 초기 인천해관장을 역임했던 영국인 존스톤Johnston 별장, 당시 각 국민들의 사교장이 되었던 제물포구락부Club 등 근대 건축물이 있어 유명하였다.

개항 후에는 미국, 영국, 독일 등 각국 사람들이 설정한 각국 조계 안에 있었기 때문에 '각국各國공원'으로 불렸다. 1914년 각국 조계가 폐지되면서 일제는 지금의 인천여자상업고등학교 자리에 신사를 세우고 그곳을 동공원東公園, 각국공원은 '서공원西公園'으로 불렀다.

광복 후에는 점차 '여러 나라'라는 뜻인 '만국萬國공원'으로 통칭되었다. 한국전쟁을 겪고 난 1957년 개천절에 이곳에 맥아더 동상 제막식을 가지면서, 인천상륙작전으로 대한민국이 자유를 얻었다는 뜻에서 '자유自由공원'으로 개칭되었다.

자유공원 한편에는 대한민국 임시정부 수립 기념 헌수비獻樹碑가 세워져 있다.

1919년 3월 1일 독립만세운동 직후 임시정부 수립을 위해 인천 만국공원에서는 4월 2일 홍진, 이규갑 등이 주도하여 전국 13도 대표자대회를 개최하였다. 이 대회는 4월 23일 서울에서 선포된 한성 임시정부 수립이 근간이 되었다. 국회에서는 3월 17일 노령 임시정부, 4월 11일 상하이 대한민국 임시정부가 수립되었다. 정부는 4월 11일을 대한민국 임시정부 수립 기념일로 지정하였다. 이에 그 연원이 된 이곳에 한 그루 나무를 헌수함으로써 101년 전 민족 독립을 열망한 선조들의 높은 뜻을 현대에 기리고자 한다.

2020년 4월 11일 인천광역시 중구청장

뜻깊은 장소가 아닐 수 없다. 지사들은 만국공원이 가진 상징성을 이용해 만국의 장場에서 세계를 향해 조선이 독립국임을 선언하고자 했다. 당시 항일 지하신문인 '독립신보'는 4월 10일 한성임시정부 초대 내각 명단을 실은 호외를 발행했고, AP통신은 이를 전 세계에 타전하기도 했다(연합이매진). 한 그루의 나무가 나라를 존속시키는 영원한 생명의 나무가 된 것이다.

정상엔 한미수교 백주년기념탑이 있다. 그 당시 인천의 랜드마크 존스톤 별장이 있던 자리에 건립된 것이다. 1882년 4월 우리나라와 미국 사이에 조인된 한·미 수호 통상조약 체결을 기념하고 양국 간 상호 신뢰와 협력 관계의 지속적 발전을 위하여 100주년이 되는 1982년에 세운 것이다.

그렇지만 랜드마크는 역시 맥아더장군 동상이다. 한국전쟁 당시 인천상륙작전을 성공시킨 맥아더장군의 전공을 기리기 위해서다. 인천상륙작전 성공 이후 7주년이 되는 1957년 9월 15일에 완공됐다.

이 외에도 자유공원 안에는 소규모 동물원과 팔각정, 연오정然吾亭, 의자 등 쉼터가 마련되어 있다. 지대가 높아 공원 정상에서 멀리 인천 앞바다까지도 훤히 내려다보인다. 동양 제일의 도크와 외항을 둘러싼 월미도, 영종도, 팔미도의 섬들과 멀리 문학산의 연봉이 그림같이 가물거린다.

서구 열강에 의해 개항된 동아시아 3개국 개항 도시, 상하이1843, 요코하마1859, 인천1883에는 모두 '만국공원Public Garden'이 공통적으로 설치되어 있다. 공원분위기도 흡사하다고 한다(유동현).

조계지였던 골목길을 걸으며

자유공원을 빠져나가면 곧바로 마을 골목길로 이어진다. 서해랑길은 과거 조계지였던 곳을 지난다. 빠르지 않은 걸음으로 골목길을 둘러보며 걸어 내려갔다.

홍예문虹霓門 입간판이 보인다. 무지개처럼 생긴 문이라는 의미의 홍예문은 제물포항에서 경인철도 축현역동인천역 쪽을 관통하는 문으로 1908년 축조되었다. 처음에는 혈문穴門이라 불렀다. 일본은 이 문을 통해 당시 포화상태였던 일본인 거주지를 조선인 마을까지 확장하고 물자 수송의 편리함도 도모하였다. 화강암을 다듬어서 약 10m 높이로 쌓았는데 감독은 일본이 맡고 조선인과 중국인 노동자들이 공사에 참여하였다.

그런데 어디가 홍예문이지? 밑으로 자동차가 다니는 터널이 홍예문이다. 위에서 내려다본 홍예문, 돌문이 멋지다.

거리표시판에 각국 조계와 기상대, 신포국제시장 420m, 내리교회 350m, 내동교회 180m, 그리고 서해랑길이 표시되어 있다.

인천내동교회대한성공회를 정문에서 보았는데 돌로 지은 교회가 고전적 양식으로 유럽의 교회를 닮은 듯했다.

길가에 '친환경 액상제설제 분사시스템'이라고 적힌 주홍박스가 놓여 있다. 골목길이 가팔라 눈이 오면 사용하라는 것이다. 골목길이 가팔라도 너무 가팔라서 눈이 오면 아예 통제 불능일 것 같다.

골목길 하면 동네 아이들이 뛰어노는 모습이 상상되고, 노인들이 걸상에 앉아서 해바라기를 하는 모습이 눈에 선하다. 이곳의 골목길도 예외는 아니다. 자유공원으로 향하는 유아원 아이들을 만났고 쉼터 의자에 앉아 있는 노인들을 만났다.

"눈이 오면 이 길을 다닐 수 없을 것 같아요. 이곳은 눈이 많이 오나요?" 묻자, 이구동성으로 노인들이 말했다.

"눈이 거의 안 와요. 인천분이 아니신가 봐요. 살기 좋은 동네에요." 입이 마르게 자랑한다. 다 자신이 살고 있는 곳이 제일이지 싶다.

골목은 온갖 모습이 혼재되어 있다. 이 가운데 인천 골목동네에는 인천 골목동네에만 깃든 모습이 있다고 『골목 빛- 골목동네에 피어나는 꽃』의 최종규 작가는 말한다. 다양한 집들이 있듯이 그들의 다양한 삶이 묻어 있고 그래서 세월이 지나간 흔적이 있고 이야기가 있고 역사가 있는 것이 아닌가.

골목길을 다 내려가면 시내 중심가다. 서해랑길 표시를 따라가면 길을 잃을 염려는 안 해도 되겠다. 신포국제시장을 지나면 건널목에 이른다. 그곳에 '이경종 기록관'이 있다.

인천 소년병 6·25 참전 기록관

여기 오가는 나그네들이여, 이곳에 전사한 스승과 학생을 기록해 놓았으니, 나라를 지키려고 참전하여, 전사한 인천의 아들들을 기억해 주시기 바라오.

유리창을 통해 들여다본 '이경종 기록관'. 겨우 1평이나 될까? 흰색의 작은 공간 안에는 사망한 사람들의 이름과 번호가 빼곡히 매겨져 있고 당시 사진과 글이 적힌 액자가 다닥다닥 붙어 있다. 텔레비전에서는 영상이 흐르고 있었는데 2016년 6월 6일-10일까지 방송된 KBS 제1TV휴먼다큐 인간극장 '아버지의 유월'이다. 그 내용은 인천학생과 그들 스승의 6·25 참전사와 참전관의 신축 건립에 관한 내용이었다.

6·25 한국전쟁에 참전한 학생 이경종과 그의 큰 아들 이규원, 그의 큰 손자 이근표 부자 3대가 1996년 7월 15일부터 22년간 발굴한 기록과 편찬한 내용들이 고스란히 담겨져 있는 기록관이다.

하늘땅처럼 오래 갈 겨레는 나라에 충성을 바치고, 자손만대를 이어갈 집안은 어버이에게 효도를 다하고, 여기 불어 오가는 바닷바람이여 이 뜻을 모두에게 알려라.

-충렬사忠烈祠-

2004. 12.18. 인천학생 6·25 참전을 기념하며 이경종

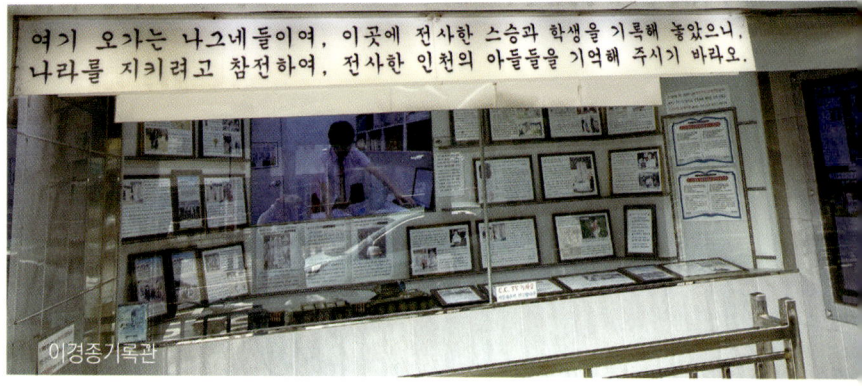
이경종기록관

'이경종 기록관'은 6·25 참전에서 사망한 인천지역 소년병과 그의 스승을 기리는 충렬사와 다름없었다.

이곳은 6·25 당시 중학교 2-6학년 학생들이 1950년 12월 18일 인천 축현국민학교를 출발하여 부산진학교를 거쳐 육군 제2훈련까지 500km를 매일 25km(동인천-영등포 거리)씩 걸어가서 1951년 1월 10일 자원입대하여 전사한 인천 학생 208명의 자료가 보관되어 있다. 그리고 인천에서 태어나서 인천상업중학교 영어교사로 활동하다 시흥 보명학교에 입교 후, 참전하여 24살에 함경도 마한령에서 전사한 신선택 선생님에 대한 자료도 보존되어 있다. 선불 벽 흰색은 어린 학생들의 나라를 위한 순수한 마음을 뜻하고, 검붉은 색은 나라를 위하여 목숨 바친 고귀한 희생을 뜻한다.

그러면 이경종은 어떻게 기록관을 만들 수 있었는가?

그는 1934년 4월 18일 송림동에서 태어나, 인천 서림국민학교를 졸업한 후, 인천상업중학교 3학년 때 20일 간 걸어가, 부산에서 자원입대하려

했으나, 너무 어려 탈영병 군번으로 편법 입대하여 살아남았다. 1954년 12월 15일 20세에 만기 제대하였다. 그리고 그 어려웠던 시절에 같이 했지만 결국 돌아오지 못한 사람들을 기억했던 것이다.

가슴이 먹먹하다. 다양한 사연들이 있겠지만. 전쟁에 참전한 우리나라 소년들의 참전사는 '이경종의 기록관'이라는 초라한 한 뼘 자리 충렬사에 남아 있어야만 했는지, 그 이유가 매우 궁금할 뿐이다.

배다리 헌책방 골목

건널목을 건너면 서해랑길은 곧바로 인천광역시 동구로 이어진다. 조택상 동구청장은 인천 동구는 근대화의 '역사현장'이라고 『걸어서 주민 속으로』에서 말하였다. 구한말 서양 외세에 문호를 처음으로 개방해서 근대문물을 받아들인 곳이기 때문이다.

배다리 헌책방 골목은 해방 후부터 조성된 대표적인 헌책방 거리다. 애초 '배다리'라는 이름은 '배를 대는 다리'가 있었다는 동네에서 비롯됐다. 지난 60-70년대 배움에 목말라했던 이들이 학문에 대한 갈증을 풀 수 있었던 인천지역의 유일한 헌책방 거리다(동구).

책방 사이로 기웃거려 본다. 신간서적부터 교환용 헌책까지, 그리고 크고 작은 문구류, 다양한 재활용품 등을 구매할 수 있는 곳이다. 북카페, 친환경 먹거리 매점과 게스트하우스가 눈에 띈다. 즐비한 헌책방 골목으로 생각했던 것과는 달리 헌책방은 고작 5개 서점이 자리를 지킬 뿐이다. 국문학 고서에서부터 미술, 음악, 한방, 어린이 전집류, 사전류까지 모든 서적을 망라하고 있다.

1897년 경인철교 공사가 시작되면서 공사용 자재가 드나들던 포구였던 곳이 지금은 문화의 향기를 가득 품은 도심 한복판 문화의 거리로 자리 잡앉다(조택상).

　배다리 헌책방 골목은 일제강점기와 6·25 한국전쟁을 거치면서 민족사적 애환을 그대로 품고 있다. 외세의 침범 속에서도 조선인의 공간이라는 주체성을 잃지 않았던 배다리는 일제강점기에 접어들며 민족정신이 더욱 응집된 공간으로 변모했다. 3·1운동 이후 인천에서는 처음으로 배다리에서 시위운동이 전개되었고, 이후에도 지속적으로 일본인 자본가들에 항거하는 노동자 쟁의가 이루어졌다. 이렇듯 배다리는 인천, 나아가 우리나라의 역사와 정신을 고스란히 안고 자라난 동네였다(고은혜).

　골목은 경인선 철로가 놓이기 전, 인천에서 서울로 가는 대표적인 통로인 '우각리牛角里길'이었다. 창영동의 옛 이름은 우각리로 우리말로 쇠뿔고개이다. 우각리는 헌책방 삼거리에서 창영초등학교-인천세무서-전도관까지 오르는 언덕길로 소의 뿔처럼 휘어져 생긴 지명으로 19세기말 이후 조선인들의 삶의 터전이었다.

　'쇠뿔마을 주민커뮤니티센터'가 옛 지명을 일깨운다. 6·25전쟁 이후 창영동의 뒷골목을 중심으로 꿀꿀이죽 거리가 생겼다. 원래 창영동과 유동삼거리 사이의 건널목은 통행하는 인구가 많았는데 이 길로 꿀꿀이죽 거리가 자연스럽게 형성되어, 막일꾼, 피난민, 지게꾼 같은 사람들의 끼니 해결을 위해 이용되었다.

　배다리마을에서는 2008년 5월 돌아가신 한국문학의 큰어머니 토지의 작가 박경리1926-2008 선생님의 자취를 찾을 수 있다. 선생님은 1948년부터 49년 말까지 동구 금곡동에 사시면서, 이곳 배다리마을에서 정신의 자양분을 얻었다고 한다. 남편김행도이 인천 전매국에 발령을 받으면서 동구로 이주했고, 2년여 동안 거주하다가 남편이 서울로 발령을 받게 되면서 인천을 떠났다. 고서점 거리를 자주 살폈고, 후에는 배다리마을에서 사들인 책을 펼쳐 놓고 고서점을 직접 열기도 했다고 전해진다. 결혼한 직후, 선생님의 나이 20대 초반 때로, 배다리에서 행복한 일상을 만끽하면서 고서점에서 구한 책으로 문학과 세계 사조의 흐름에 흠뻑 빠졌다. 신혼의 남편, 젖먹이 딸과 함께 평화를 누렸고, 이곳에서 후일 사고로 잃게 된 아들도 얻었다. 선생님은 남편과 1950년 한국전쟁 통에 사별했다. 고인은 생전 배다리에서의 삶에 대해 "삶에서 가장 황홀했던 시절"이라고 추억했다.

배다리마을과 관련된 작가의 이야기였다면 이번엔 책과 관련된 인천의 이야기가 있다. '2015 세계 책의 수도' 인천.

유네스코는 매년 4월 23일을 '세계 책과 저작권의 날'로 정하고, 이를 기념하기 위해 2001년 스페인 마드리드를 시작으로 매년 5개 대륙을 안배하여 '세계 책의 수도'를 선정하고 있다. 한국은 2015년에 인천이 세계 책의 수도가 되었다(인천광역시).

세계 책의 날은 유네스코가 1995년 제정한 날로, 스페인 카탈루냐 지방에서 책을 읽는 사람에게 꽃을 선물하던 '세인트 조지'축일과 1616년 '세르반테스'와 '셰익스피어'가 사망한 날에서 유래되어 전 세계적으로 독서와 출판을 장려하는 날이다.

세계 책의 수도로 지정된 도시는 1년 동안 저작권, 출판, 문학작품, 장작 등과 관련된 국내외 교류 및 독서문화 행사의 중심 도시로서 도서 및 독서와 관련된 일체의 행사를 주관하게 된다.

『2015 세계 책의 수도 인천백서』에 따르면 인천은 고려시대 팔만대장경을 탄생시킨 출판문화의 선도 지역이었다. 조선왕조실록과 의궤 등 왕실관련 서적을 보관했던 '정족산 사고' 및 '외규장각'이 위치한 기록문화의 도시강화군뿐 아니라 개항 도시로서 근대문학 활성화의 중심도시가 되어 왔다. 이에 인천 국제공항과 인천항 등 세계로 통하는 교통 인프라와 지리적 이

점을 활용하여 책을 통해 국내 뿐 아니라 세계 각 나라의 문화를 공유하여 지구촌 내 문화적 혜택의 격차를 해소하고자 유치된 것이다.

배다리 헌책방 거리는 근대문화의 역사적 산실로, 또한 드라마 '도깨비' 촬영지로 인기를 끌면서 한때 방문객이 끊이지 않았다.

인천 3·1운동 발상지

인천광역시 동구 우각로15번길16 창영동, 인천창영초등학교 앞을 지난다. 가드레일에 '3·1운동 발상지' '강재구소령 수류탄 희생'이라고 적혀 있다. 이곳이 인천 3·1운동 발상지라는 인천창영초등학교다.

3·1운동은 1919년 3월 1일 한민족이 일본의 식민통치에 항거하고 독립선언서를 발표하여 한국의 독립 의사를 세계만방에 알린 비폭력 평화시위 만세운동입니다. 3·1운동 당시 일본의 영향력이 큰 지역인 인천의 심장부에 위치한 '창영초등학교'가 인천 3·1운동의 발상지로 인천 시내 중심으로 경인가도, 만국공원, 관교리, 황어장, 인천서구 지역 등에서 항일독립운동이 전개되었습니다.

인천 최초의 공립보통학교인 창영초등학교는 1907년에 공립보통학교로 개교하였다. 1933년에는 제일공립보통학교, 1938년에는 창영공립심상소학교, 1941년에는 창영공립국민학교, 광복 후 창영국민학교로 이름이 바뀌어 오늘에 이르고 있다.

인천 교육 100년 학교
인천 창영초등학교
1896년 인천부 공립소학교 개교.

인천의 3·1운동발상지: 창영초등학교

　현재의 건축물은 모두 개축된 것으로, 옛 교사 건물은 1922년 6월 착공하여 1924년 3월에 준공되었다. 일자형의 건물로 현관·복도·난간·기둥들의 보존상태가 비교적 좋은 일제강점기 전반의 건물이다. 인천광역시 유형문화재제16호로 지정되었다. 그래서 수위실에서 출입을 통제하고 있다.

　창영초등학교는 3·1운동 당시 인천 만세운동의 진원지이었다. 3·1만세시위에 고무된 창영국교 3, 4학년생 김명진, 이만용, 박철준, 손창신 등을 중심으로 1919년 3월 6일 학교 전화선을 끊고 동맹휴교를 선언하고, 정오에 학교에서 출발해 인천공립상업학교인천고등학교 학생들과 함께 대한독립만세를 외치며 시가를 행진하며 시위를 주도하다가 투옥되었다.

　창영초등학교에는 인천에서 최초로 일어난 만세운동을 기리기 위해 3·1

독립운동 기념비가 세워져 있다. 매년 3월 1일에는 당시 만세운동이 터졌던 바로 그 장소에서 인천시민들이 함께 하는 만세운동 재현행사를 통해 그날의 함성과 뜻을 함께 기념하고 있다.

오랜 역사를 자랑하는 학교인 만큼 근·현대 우리 역사를 빛낸 여러 인물들이 청운의 꿈을 키우던 현장이기도 하다.

2013년 4월 2일 저녁 6시, LA다저스구장. 등 번호 99를 단 동양인이 마운드에 섰다. 인천 창영초-동산중-동산고를 졸업한 투수 류현진이다. 제물포항을 통해 이 땅에 야구가 도입된 지 110년. 인천인 류현진은 '베이스볼'의 본고장 미국 메이저리그에서 연일 승리를 이끌었다.

인천둘레길 따라 함봉산을 넘고

자동차대로의 인도를 따라 걷는다. 전통시장 '현대시장'이 건너편에 있고 송림고가교 버스정류장을 지난다. 큰 도로와 산업단지가 있는 도로는 지루한 편이다. 그래도 걷고 또 걸으면 어느새 여유를 즐길만한 숲이 기다린다. 가좌이음숲이다.

서구 가좌동의 마을공원이다. 가좌에는 가재가 많이 사는 건지乾池가 있었고 고려시대에는 큰 가재 한 마리가 건지에서 나와 '가재울'이라 부르던 것을 한자로 표기하면서 가재리佳裁里라 하였다. 이후 '가재'가 변음되어 '가좌佳佐'가 되었다. 한편 이곳을 건지가 있던 곳이라 하여 '건지골'로도 불리웠다(인천광역시). 의자에 앉아서 잠시 쉬었다가 다시 발걸음을 재촉한다.

장고개에 이른다. 부평구 산곡동에서 서구 가좌동으로 넘어가는 고갯길이다. 함봉산호봉산의 줄기가 떨어진 중간 지점쯤 거의 평지를 이루는 곳에 장고개가 있다. 구한말 원적산 줄기 동쪽으로 흘러내려 자그마한 산과 연결되는 끝 지점을 '뫼끝말'이라 불렀고 효성동에서 이곳까지 넓은 목장인

호봉산 정상

마장의 끝이라 하여 '장끝말'이라고도 불렸다. 장끝말의 얕은 고개를 장끝고개, 장고개라 불렀다.

인천둘레길 '장고개길'이 마장으로 가는 길이다. 지금은 산곡동쪽으로 군부대가 들어서 고개의 기능을 잃었다.

인천의 녹지 축과 생태환경을 체험하는 길이고, 인천의 추억을 느끼는 길이며, 인천의 섬을 걷는 길이 인천둘레길이다. 즉, 인천둘레길은 시민들에게는 맑은 공기를 마실 수 있는 공간이자, 동식물에게는 생존의 터전인 산과 하천, 습지를 지키기 위한 의지에서 탄생되었다. 인천둘레길을 걷다 보면 인천의 역사는 물론 한국 근·현대사에서도 중요한 공간인 인천의 원도심으로 이어져, 역사적 의미와 과거의 추억을 느낄 수 있다.

그런데 인천둘레길이 만만치 않다. 총 16개 코스[115km]다(인천둘레길). 코스를 보면 산길과 바닷길이 대부분이다.

1코스 계양산[7.36km]을 시작으로 2코스 천마산[6.52km], 3코스 원적산[6.88km], 4코스 함봉산[6.17km], 5코스 만월산, 금마산[7.07km], 6코스 소래길[남동생태누리길9.84km], 7코스 해안길[7.38km], 8코스 승기천과 문학산[9.27km], 9코스 청량산과 봉재산[연수둘레길 8.12km], 10코스 신면우금길[12.63km], 11코스 연탄길[4.9km], 12코스 성창포길[5km], 13코스 월미도[5km], 14코스 부둣길[8.39km], 15코스 강화 마니산[5.2km], 16코스 장봉도[5.5km]로 이어진다,

이곳 서해랑길은 인천둘레길 4코스 장고개 코스로 장고개에서 산으로, 산에서 마을로, 마을에서 산으로 이어진다. 철마산, 함봉산[6.17Km], 호봉산 등 사람들 사이에 지명이 혼재되어 불리는 코스다. 비타민길. 산길을 걷다가도 산 속 작은 마을을 만나고 다시 산자락으로 접어드는 코스다.

함봉산[106m]은 호랑이가 우는 소리가 들리는 산이란 뜻인데, 옛날엔 숲이 매우 울창하여 호랑이가 살았다고 한다. 호랑이의 울음소리가 울리던 함봉산 정상에 올랐다. 정상 표지석엔 虢峰山[호봉산] 한자로 적혀 있다. 인천 시내가 빤히 내려다보인다. 아파트가 울창하다.

서해랑길에 표시된 '원적산' 생태 통로를 지나면, 보각사-장고개-열우물 약수터 경원대로 벽회기리 백운공원 부평아트센터 십정공원 신명요양원에 이른다.

서해랑길 97코스 인천 서구

대우하나아파트 버스정류장- 천마산- 계양산산림욕장- 피고개산- 검암역 / 15.1km

검암산 넘고 피고개산 넘어서

검암역을 시점으로 해남 방향으로 내려가기로 했다. 서해랑길 안내판을 확인하고, 횡단보도를 건너서 서구국민체육센터, 검암도서관, 인천은지초등학교를 지나자 '서로이음길 4코스' 안내판이 길을 막아섰다. 안내판을 꼭 보고 가자.

'서로이음길'은 인천시 서구가 조성한 완만하며 편안하고 호젓하게 걸을 수 있는 서구의 둘레길, 이름하여 '꽃메산 둘레길'이다.

곧바로 울창한 숲길로 들어간다. 숲길은 마치 산속에 있는 정원 같다. 나무들이 하늘을 덮어주어 아늑하고 감미롭다. 쓰러진 나무 사이로 새싹이 돋아나는 모습, 모든 굴곡을 이겨내고 틈을 뚫고 빛을 향해 쭉쭉 뻗어나간 생명들을 둘러본다. 흙길 따라 언덕을 올라가는 내 걸음은 경쾌하고 단단하다. 누군가가 망설이지 않고 나를 살짝 밀어주는 기분이 든다. 이내 '서로이음길 4코스에서 5코스'에 이른다.

맨발로 걷는 이들을 만났다. 그들과 앞서거니 뒤서거니 하면서 걸었다. 계단을 따라 한참을 올라갔다. 계단의 끝 지점, 자그마한 돌에 적힌 검암산 185m 석자가 내게 정상임을 알려준다. 정상의 공터는 헬기장이다. 9월 초의 내리쬐는 햇빛이 너무 눈부셔서 눈 뜨기조차 힘들었다. 손차양을 만드는 그 짧은 순간에도 '검암산'이라는 사실, 이 공터가 너무나도 평화롭다는 사실만이 머릿속에서 웅웅 거렸다. 인천의 도시풍경이 눈앞에 펼쳐졌다. 초록 밀림이 인간들의 아파트단지를 둘러싼 광경이 장관이다. '장관'이란 말은 이럴 때 쓰는 것 같다. 미래의 도시풍경 아니 마법에 걸린 도시 같다. 하여튼 상투적인 도시의 모습이라기보다 우주의 한 공간, 어디쯤인 것 같다. 비밀의 도시인 양 마음으로 이곳 풍경을 소중하게 간직했다.

'비탈길을 내려가는가?', 했는데 산길이 점차 가팔라지더니 흙길이 바윗길로 바뀐다. 숨이 찼다. 나는 크게 심호흡했다. 고랑과 산비탈을 따라 줄을 잡고 기어오르면서 '이런 길이 계속 이어질까?', 걱정이 앞섰다. 한 걸음 한 걸음 옮길 때마다 적막이 깨졌다. 대자연에 가까이에 다가선 것 같은 기분이 들곤 했다. 생각해 보면, 대자연이야말로 우리가 진정 자유로울 수 있는 곳이고 아름다움과 평온을 간직한 곳이며, 삶의 소음에서 벗어나 고요해지기 위해 간절히 가고픈 그런 곳이 아닐까. 그때 올려다본 하늘 풍경이 거의 다 왔다고 말해 주었다. 줄에 기대어 묵묵히 계속 올라갔다.

피고개산 215m에 이른다. 피고개산 정상은 약간 봉긋한 모양이다. 조그마한 바위에 '피고개산 215m'라는 표지판이 이곳이 정상이라고 인지시킨다. '피고개'는 계양산 하산 길과 계양산 둘레길이 만나는 지점인데, 피고개 바로 서쪽 위에 커다란 철탑이 있고 철탑 아래에 돌무더기가 놓였다. 많은 돌들로 보아 사람들의 흐름이 많았던 것으로 짐작된다. 산속을 벗어난 기분이 들자 심장이 '이제 안정모드'라고 말해 주는 것 같다.

사람들이 북적인다. 종합안내판이 계양산 둘레길과 인천둘레길·종주길

1-2코스를 알려준다. 가래길에서 흩어져 계양산 둘레길로 방향을 틀었다. 산행로 곳곳에 서해랑길 이정표가 있어서 길이 헷갈리지는 않는다.

계양산 둘레길로

힘든 산길은 이젠 끝이 났다. 계양산 둘레길을 걸어서 산림욕장으로 향한다. 계양산 둘레길은 산책하기에 정말 좋은 길이다.

전망대에서 인천 시내를 내려다보기도 하고, 돌계단을 올라가기도 하고 내려가기도 하고, 너덜지대를 건너고, 목교도 건너고 '계양구 삼림욕장'에 이른다. 많은 사람들이 각기 모여서 밥을 먹거나 음료수를 마시면서 쉬고 있다. 나물을 다듬고 파는 행상도 어김없이 함께 한다.

계양산 둘레길이 시작되는 곳에 위치한 계양산 산림욕장은 총면적 73,379㎡로 2012년-2020년까지 조성된 숲이다. 편백나무, 자작나무, 미선나무 등 다양한 수목들로 구성되어 있다. 자연생태 관찰로가 있고, 건강지압로가 있고, 운동시설과 정자, 나무 테이블이 있고. 모든 길이 나무 테크로 되어 있고 무장애 나눔길도 있다.

임학정 정자에 앉아 마지막 남은 물을 마셔버렸다. 이제 조금만 가면 매점이라는 말에. 음식과 음료를 조달할 수 있는 곳은 단지 계양산성박물관 주위뿐이다. 어떤 이가 나에게 물었다.

"약수터가 어디 있나요?" 걷는 내내 약수터를 보지 못했기 때문에 "어느 곳에서도 약수터는 보지 못했어요."라고 응답하자 물을 가져오지 못했다며, 그만 하산해야겠다고 한다. 그만큼 힘들고 더웠다. 이 코스는 하루 종일 걸어야 한다고 생각하고 만반의 준비를 해야 한다.

계양은 과거 기원 초부터 19세기 말까지 읍치가 계양산을 중심으로, 서쪽 삼국시대, 고현읍古縣邑에서 시작하여 북쪽 그리고 동쪽으로 이동하여 마지막 남쪽 조선시대 부평도호부 읍에 이르기까지 여섯 번 환천換遷하면서 발전하고 번창했다(인천광역시). 소설『임꺽정』에서는 계양산을 '부평 계양산'으로 부르며, '숲은 크거나 길지는 아니하지만 나무가 빽빽이 들어선 까닭에 대낮에도 길이 어둠침침하였다'고 적고 있다. 계양산 동쪽 기슭 봉우리에는 삼국시대에 축조된 계양산성이 있고, 서쪽으로는 1883년조선 고종 20년에 해안 방비를 위해 부평 고을 주민들이 참여하여 축조한 중심성衆心城이 정매이項明이고개 능선을 따라 걸쳐 있었다. 옛 부평 고을의 주산主山으로 서울 서쪽에서 제일 높은 산이 계양산395m이다.

계양산은 시대에 따라 다양한 명칭으로 불려왔다. 고려시대 수주樹州시절엔 수주악樹州岳, 안남도호부 시절엔 안남산安南山, 계양도호부 시절에는 계양산으로 부르던 것이 조선시대에 들어와 부평도호부 시절 때도 그대로 이어져 오늘에 이르고 있다. 한때는 아남산, 경명산이라 불렀다고 전해진다. 계양산은 옛날부터 계수나무와 회양목이 자생하였기에 계수나무 '계桂'자와 회양나무의 '양陽'자를 하나씩 따서 계양산이라 부르게 되었다(인천광역시사).

1944년 1월 8일 인천시 최초의 도시자연공원계양공원으로 결정된 후 계양산은 인천광역시 지정 제1호 공원이 되었다. 등산로는 총 9개 코스가 있다. 임학공원과 계양산성을 잇는 계양산 무장애길, 계양산 장미원 옆 '계양산 무장애 나눔 길'을 이용하면 장애인과 노약자도 편안하게 산을 오를 수 있다.

박물관에서 계양산성 이야기를 듣고

카페에서 시원한 차를 마시고 정신을 가다듬고는 '계양산성박물관'에 들렀다.

우리나라 산성의 발달사와 계양의 역사와 문화를 한눈에 살펴볼 수 있도록 건립된 국내 최초의 산성山城 전문박물관이다. 부탁한 것도 아닌데 입구에서 문화해설사가 친절히 응대하며 설명을 시작했다. 덕분에 산성이 품고 있는 많은 이야기를 들었다. 먼저 「돌의 기억」이 산성의 이야기를 전한다. 그 이름 '성돌'이다.

한낱 바위에 지나지 않았던 나는
사람의 손에 의해 성돌이라는 새로운 생명을 얻었다.
나는 치열했던 전투에서 병사들과 함께 하기도 하였고

외세에 맞서 국경을 지키며 고향을 그리워하기도 하였다.
긴 시간이 흘러 이젠 그 임무를 다함에
산자락의 무너진 성돌로 남아
사람들에게 점점 잊혀져 가지만
나는 아직도 함께였던 그 날들을 기억한다.

- 계양산성박물관

   국가지정문화재 사적제556호 계양산성桂陽山城은 인천의 고대문화를 상징하는 삼국시대에 축조된 산성으로, 둘레가 1,184m, 면적은 62,863㎡로 비교적 규모가 큰 편에 속한다(계양산성박물관).
   성곽이 계양산 정상 동쪽의 낮은 봉우리 주위에 축조되어 있어 사모봉紗帽峰형 산성으로 분류된다. 성벽은 다듬은 돌을 쌓아 올려 만들었는데, 성벽이 잘 남아 있는 곳은 그 높이가 7m에 이른다.
   산성의 모습은 동남에 서북 방향으로 비스듬하게 기울어진 긴 타원형에 가깝다.
   삼국시대 계양산성은 한강 하류를 제어하는 데 전략적으로 매우 중요한 곳이었다. 때문에 계양지역을 점유한 백제가 처음 계양산성을 쌓고 사용하기 시작한 이래 삼국의 각축 과정에서 한강 유역을 차지한 고구려, 신라가 차례로 계양산성을 활용하였는데 고려 말까지도 활발히 사용되었다. 그러나 조선시대 들어 성이 폐지되고 일제강점기에는 공동묘지로 이용되면서 성은 황폐해졌다.
   계양구는 유적의 가치를 회복하기 위해 2003년부터 발굴조사와 1,000여 기의 분묘 이전, 사유지 매입, 성곽보수 등을 체계적으로 추진해 왔다.
   전시실에 마련된 둥근 바닥 항아리, 주부토主夫吐 명문기와, 논어의 글귀가 남아 있는 목간, 성문을 고정시켰던 부재와 대형기와, 각종 토기와 철제 무기 등을 관람했다. 이런 유물들이 우물 속에서 발굴되었다는 말에 의아했지만, 그 당시 우물을 배경으로 제를 지내는 영상을 보면서 우물에서 발굴된 이유를 이해하게 되었다.

천마산에서 산행을 마치고

인천광역시 서구와 계양구를 가르는 천마산天馬山, 287m은 서구 공촌동, 심곡동과 계양구 효성동 사이에 걸쳐 있다. 인천둘레길 2코스를 함께 하는 길이다.

오랫동안 '철마산'으로 잘못 불렸는데 그 이유는 부평의 향토사학자인 고 조기준 선생에 따르면 1916년 조선총독부가 토지조사사업을 위해 세부 측량 때 도면에 '철마산'으로 표기하면서 '천마산'이 '철마산'으로 둔갑했던 것이다.

'천마와 아기장수'의 전설이 전해오는 찬마산. 산길이 만만치 않았다. 산은 항상 우리를 시험한다. 그래서 늘 삶과 비교하는 것이 아닌가.

인천에 살지 않는 한, 산악인이 아닌 한, 평생에 인천의 산들은 두 번 가기 쉽지 않다. 한 번 가기도 쉽지 않다. 그런데 하루에 검암산, 피고개산, 계양산 둘레길을 통해 천마산까지 넘어야 하는 97코스다. 두루누비 '앱'에 '어려움'으로 표시되어 있다.

산은 언제나 어렵다. 어려운 정도가 넘어 심한 고통을 이기고서야 산을 넘는다. 그리고 언제 그렇게 힘든 길을 걸어왔는지 기억 속에 잠기고 만다. 마음 한편에는 저 산들을 넘었다는 안도감과, 성취감과 더불어 모든 일이 끝난 듯 평정심에 이른다.

서해랑길 98코스 인천 서구
검암역- 독정역- 마전중학교- 가현산- 가현산 입구 / 11.9km

독정역에서 할메산으로

지하철 공항철도와 인천2호선 교차역인 검암역에서 시작한다.

이곳 검암동黔岩洞은 이 지역의 주산主山인 허암산虛庵山 서쪽 기슭에 검은 색을 띤 큰 바위가 있어 마을 이름이 '검바위黔岩'가 되었다. 이곳에는 백제 때 축조된 것으로 보이는 토성이 있고, 그 북쪽 기슭에는 지석묘支石墓가 발견되었다.

한편 조선조 연산군 때 허암許庵 정희량鄭希良이 은둔했던 곳이라 해서 허암산 또는 허암봉이라고 부른다. 이 검바위 마을은 해주정씨 집성촌이다.

98코스 일정은 먼저 검암역에서 다음 역인 '독정역'으로 가야 한다. 리본도 화살표도 어떤 단서도 없다. 오로지 독정역이다. 일단 검암역 1번 출구에서 밖으로 나와 주황색 서해랑길 화살표가 있는 엘리베이터를 타고, 3층에서 내린다. 그리고 아라뱃길 위 고가도로를 따라 걷는다. 이 코스의 팁 tip이다. 당연히 아래를 내려다보게 된다. 고가 밑으로는 뱃길이다. 경인 아라뱃길 시천공원!

시천공원은 경인 아리뱃길이 지니는 수로 변에 인접힌 시민공원이다. 시천始泉은 시냇물이 시작된 곳이라는 의미를 담고 있다. 공원을 가로질러 시천샘이라 부르는 인공 개울이 흐르고 있다. 아라뱃길을 바라보며 휴식할 수 있는 도심 속 테마공원이다.

아라뱃길은 한강 하류에서 시작해 인천광역시 서구에 이르는 약 18km의 내륙 뱃길이다. 가장 아름다운 라이딩 코스로 꼽힌다. 아라뱃길 수향 8경 중 3경인 시천 가람 터가 가까이에 있다. 고요하고 아담한 산책로가 보인다.

백석중학교, 백석고등학교를 지나자 독정역에 이른다. 이제야 길 건너편에 화살표가 보이고 리본이 보인다.

'서로이음길 7코스' 할메산 입구로 들어선다. 친환경 10대 둘레길이며 한남정맥으로 이어지는 길이다. 정상까지는 1.16km. 경사가 급하지 않고 흙길이라 산책하듯 마을 뒷동산을 걷는 느낌이다. 아늑한 분위기지만 정상은 공사 중으로 막아져, 할 수 없이 빨간 선을 넘을 수밖에. 정상에서는 둘레길이 이어지고 하산 길도 여럿이라 서해랑길을 확인하고 가야 한다.

다시 발걸음을 옮겨 도심의 건물 사이를 배회한다. 아파트 사이의 상가에는 작은 식당들이 많다. 이제는 신도시의 경관을 이국적으로 바라보곤 한다. 타자로서 경관을 관조하면서. 문득 아파트 담에 적힌 글귀를 무심히 넘기지 못한다.

사소한 것들을 소중히 해야 한다.
그것이 삶을 이루는 버팀목이다.

그래. 그래… 모든 것들을 소중히 여겨야지. 특히 사소한 것들까지도.

진달래동산이 있는 가현산으로

빌라와 아파트가 포진해 있는 도로지만, 서서히 경사진 도로를 올라간다. 산으로 향하는 느낌이 든다. 현무정 체육공원에는 활쏘기장인 국궁장이 있는데 월요일은 휴무인 듯 문이 잠겨 있었다.

서해랑길은 '서로이음길 8코스'인 '가현산 가는 길'을 따라간다. 숲길 노선

가현산 수애단

은 3개 코스로 나뉜다. 1코스3.7km 검단사거리 코스, 2코스2.1km 묘각사 입구 코스, 3코스3.1km 금곡초등학교 코스다. 검단사거리 코스로 시작하는 것이 무난하다. 서해랑길은 현무정-서낭당고개-묘각사-가현산 약수터-진달래동산-수애단-가현정-경기도 둘레길로 이어지고 플렉스마트 뒤편으로 하산한다. 하산 길은 거의 다니지 않는 길인 듯 수풀을 헤치고 내려가야 했다.

가현산歌絃山, 217m은 인천광역시 서구 검단동과 경기도 김포시 양촌읍에 위치한 산이다. 개연산, 상두산, 갈현산, 갈연산, 가린산 등 시대에 따라 여러 이름으로 불려 왔다. 「경기도지」에는 가현산을 팔경에 꼽았고, 「금릉군지」에는 '가현산 낙조'의 아름다움을 읊은 시가 기록되어 있을 정도다.

뭇까마귀 울음 멎고 저녁 연기 자욱한데

한 덩이 붉은 해가 바다 위에 일렁인다.
산 아래 외딴 수풀 경치가 무한한데
가축과 귀가하는 목동의 노래 흥겹다.

서해안에 위치하여 서쪽 바다를 바라보는 경치가 뛰어나 예전부터 '노래를 부르게 된다'는 의미를 가진 '가현歌絃'에 산이 붙은 것이다. 그만큼 서해안을 바라보는 풍광이 뛰어난 산이었다. 하지만 서쪽 해안 일대가 간척되어 넓은 농경지로 바뀌고 주변에 공단이 들어서면서 예전의 풍광은 사라졌다(지식백과).

가현약수터다. 약수 한 모금 마시고 두 모금에 쉬어가자. 먹는 물 인증서가 보장하는 약수다. 과거 상두산象頭山 약수지藥水址였고 지금도 마실 수 있는 약수가 나오는 역사적인 약수터. 시원한 물맛이 남달랐다.

가현산 정상을 향한다. 능선을 따라 걸으면 동서남북, 책장을 넘기듯 달라지는 풍경. 맑은 하늘만큼 보이는 풍경 또한 맑고 상큼하다. 가현산 표시석이 있고 송림원松林園 석비도 있고. 정말 자연은 손길이 필요한가.

사람의 발길이 하나도 안 간 곳은 잘 보존된 곳이고
사람의 손길이 잘 간 곳은 자연이 더욱 잘 보존된 곳이다
-송림원(松林園) 석비 내용

수백 개의 계단을 오르고서야 또 하나의 장소 진달래동산에 이른다. 가을이라 봄꽃 진달래가 반겨주지 못하지만 '가현산 진달래' 시가 내년을 기약하고 다시 오라고 신호를 보내는 듯하다.

봄바람 너울너울 땀방울 타고

연분홍 송이송이 춤추고 오면

가현산 진달래 꽃

보기조차 송구하여 솟대에 걸린 낙조

수줍어 숨는구나!

꽃무리 불사르는 터지는 능선마다

첫사랑 애틋함도 추억 속에 다시 피고

진달래 꽃등 만들어 팔각정에 걸어두면

내년 봄에 오실 때는 등길 따라 오시겠지

바람아! 바람아! 서두르지 마라

연분홍 내 사랑 꽃바람에 다칠거나

연분홍 내 사랑 사라질까 두렵구나.

-은소천

또 하나의 능선을 타고 정상에 오른다. 가현산은 굽이굽이 몇 굽이 능선을 타고야 정상에 이르는 듯 산이 깊다. 몇 번이나 갈래 길에서 헤매어 어두워지기 전에 목적지에 이를 것인가, 걱정이 태산 같았다.

가현산 수애단守愛壇이 담에 둘러져 보호되고 있다.

가현산 수호신守護神께 이 제단을 바칩니다.

해 돋는 쪽으로 힘차게 고개든 상두象頭인 이곳에 설단設壇하면서 신께 간절히 기원드립니다. 김포민도 필경八景 중 가장 으뜸인 석양낙조 바라보며 선비들이 모여 앉아 가무歌舞를 즐기던 여유로운 시절처럼 안정과 번영을 주옵시고 유유悠悠하게 굽이도는 한강의 생명수로 기름진 이 땅 위에 연연풍작年年豊作 이어지는 풍요로움 주옵시고 임진강 저 넘어 개성開城 송악산松嶽山이 있는 그곳도 하나 되도록 남북통일 되게 하옵시고 이 산을 찾는 모든 이들에게 감로수甘露水의 샘물과 건강을 주옵소서.

가현산에서 내려다본 인천시가지 풍경

  고개가 숙어지는 애절한 기도문이다. 매년 정월 초하루 해돋이 행사와 신년기원제, 춘분에 김포시 농업인단체 주관 풍년기원제, 그리고 4월 상순경 진달래축제를 개최하는 장소로 상서로운 곳이다.
  밤나무골 지나자 서해랑길은 '경기도 둘레길' 안내 리본을 따라간다. 경기도 김포다.

경기도 김포시
99코스 —

가현산에서 내려다본 김포 시가지 풍경

서해랑길 99코스 김포시

가현산 입구- 학운산- 수안산성- 승마산- 대명포구 / 13.5km

국가어항 대명항

인천이 끝나고 다시 경기도로 돌아와 마지막 코스 김포의 서해랑길 99코스를 걷는다. 강과 바다로 둘러싸인 팔색조 도시 '김포'에서 대명항과 가현산과 승마산만 걷는다는 것이 다소 아쉽다.

최근 경기도 김포시가 MZ세대에게 인증샷 성지로 떠오르고 있다. 한반도 어디에서도 볼 수 없는 유일무이한 풍경을 갖췄기 때문. 대표적으로 김포시 월곶면에 위치한 '애기봉평화생태공원'이 있고, 이탈리아 베네치아를 연상시키는 도심 속 운하 '라베니체 마치 에비뉴'가 있다. 이외에도 김포시는 희소성 높은 나들이 장소가 넘친다(조성신).

김포시는 한강과 서해강화만, 조강의 삼면으로 둘러싸인 '한반도 내 또 하나의 반도'나 '물의 도시'로 불린다. 삼면은 저마다의 특징을 가지고 있다. 한강을 접하고 있는 곳은 푸른 물빛에 하얀 요트가 화려함을 자랑하고 서해 강화만은 인간미 넘치는 어촌 풍경, 조강 방향은 분단의 비극 속에 탄생한 장엄하고 웅장한 풍경이 펼쳐진다.

지하철 김포공항에서 김포골드 라인을 처음 접했다. 친구 유 교수와 나는 구래역에서 만나 60-3번 버스를 타고 대명항으로 향했다. 대명포구에서 가현산으로 내려가기로 한 것이다.

대명항의 첫인상은 '김포 대명항' 글자판이다. 꽃게가 두 다리로 글자판을 들고 있고, 그 옆엔 쭈꾸미가 미끄러지지 않으려고 안간힘을 쓰는 모습

이, 꽃게와 쭈꾸미가 대명항을 대표하는 것임을 알린다. 그뿐만이 아니다. 오래되었지만, 2001년 '한국관광공사 추천 겨울바다 7선'에 꼽혔던 대명항大明港이고. 아름다운 바다 경치와 재래식 포구의 정취가 묻어나는 대명포구大明浦口가 존재하기 때문이다(한국관광공사).

마을이 '대망이무기'처럼 바다를 향해 굽이져 있다고 해서 대망고지, 대명꾸지 대명곶으로 불린 것으로 전해졌다. 그래서 대망大蟒으로 불리다가 '대맹'에서 '대명'이 되었다. 김포 대명항大明港은 김포시의 유일한 어항으로, 대명포구 또는 대명포라고 불린다. 100여 척의 어선들이 연안어업을 하고, 어판장에서 직접 해산물을 판매하는 김포 유일의 지방어항2009년이었다. 그러나 이젠 달라졌다. '2024년 대명항 국가어항 선정을 축하합니다' 플래카드가 휘날린다. 2024년 8월 9일 국가어항으로 예비 지정된 것이다.

봄이면 삼식이와 주꾸미, 밴댕이, 여름이면 자연산 광어, 가을이면 꽃게와 대하, 갑오징어가 사람들을 부른다. 수산물직판장과 젓갈·건어물 어시장이 있다. 어시장에서는 바다에서 잡아 올린 싱싱한 해산물을 판매하고 있으며 직접 회를 쳐서 먹기도 한다. 젓갈류는 물론 건어물과 냉동수산물이 가득가득 쌓여 있는 모습이 보기 좋다. 이 모든 것이 들고나는 대명항이다.

대명항에서만 즐길 수 있는 축제도 있다. 매년 정월 대보름에 국가지정 중요무형문화재인 '풍어제'가 열린다. 풍어제는 마을의 평안을 기원하고 서해를 둘러싸고 전개된 역사의 아픔을 함께 풀어내는 의식이 담겨있다.

이 밖에도 주꾸미 철을 맞아 5월 열리는 대명항 축제, 가을에 열리는 대하축제, 일 년 내내 풍성한 볼거리와 신선한 먹거리를 선사해 대명항을 찾은 사람들에게 잊지 못할 볼거리와 추억을 전해준다. 횟집에서의 호객 행위도 만만치 않다. 무얼 좀 먹고 갈까, 이리저리 살피다가 떨어지지 않는 발걸음을 옮긴다.

경기둘레길의 평화누리길

강화해협으로 부는 바람이 들려주는 이야기, 경기둘레길 1코스의 시작점과 60코스의 종착점이 대명항이다.

김포 땅과 강화도 사이 세찬 물길이 흐르는 좁은 바다가 있다. 강화해협이다. 조선 말기, 성난 파도처럼 밀려오는 외세 침략에 맞서 꿋꿋하게 대항한 민족 자존심 현장이다. 강화해협을 따라서 길이 있다. 처음 목적은 이곳을 지키는 군인들 순찰로였지만 걷기여행길로도 같이 사용한다. 대명항 북쪽 끄트머리에서 경기둘레길을 연다. 2,000리가 넘는 머나먼 길을 돌아 다시 만날 곳이다. 이 길은 평화누리길 1코스이기도 하다. 입구에 리본 하나 묶어 놓고 떠나시라.

또한 평화누리길이 김포의 대명항에서 시작된다. 문수산성에서 바다 건너 강화도를 바라보며 군영인 덕포진과 부래도, 염하강을 따라 철책길을 걷는 구간이다. 평화누리길은 DMZ와 인접한 김포, 고양, 파주, 연천 등 4개 지역을 잇는 대한민국 최북단의 길이다.

전 세계 유일한 분단지역, 냉전의 마지막 유물이라는 DMZ의 태생적인 한계가 평화를 향한 전 세계의 소망으로 승화되면서 DMZ는 평화를 바라는 전 세계인의 관심이 집중되는 지역이 되고 있다.

평화누리길

평화의 의미를 되새기는 길이다. 김포시는 평화누리길의 시작점으로 대명항에서 전류리 포구까지 3개의 구간으로 나뉜다(김포시).

1코스는 염하강철책길14km이다. 염하강철책길 순환코스는 조선시대 신미양요와 병인양요 때 서구 열강과 치열하게 싸웠던 천혜의 지형을 걷는다. 철책길을 따라 잠시 걸어보았다. '철책'이라는 방어물이 평화가 얼마나 간절한 단어인지를 몸으로 느끼게 한다. 갇힌 공간 속에서 걷는 기분, 아니 안전한 공간이라는 기분도 들긴 했지만. 평화누리길의 '평화'가 얼마나 중요한 것인지를 느끼게 한다.

염하鹽河는 강화군과 경기도 김포시 사이의 해협이다. 다시 말하면 강화도와 김포시 사이의 남북 방향의 좁은 바닷길을 말한다(이재언). 한강과 임진강이 합쳐져서 서해로 흐르는 물길로 양쪽 기슭 사이 거리는 폭이 좁은 곳은 200-300m, 넓은 곳은 1km 정도이고, 길이는 약 20km이다.

평화누리길 2코스는 조강철책길8km이다. 문수산성 남문-애기봉 입구에 이르는 구간이다. 북한과 가장 인접한 코스로 문수산성 성곽길에 오르면 북한지역을 관찰할 수 있다는 점이 특징이다. 저수지와 평야가 선사하는 아름다움을 만끽해 보자.

평화누리길 3코스 한강철책길17km은 애기봉 입구-마근포리 마을회관-한강하류 재두루미도래지-석탄배수펌프장-전류리포구 구간이다. 드넓게 펼쳐진 평야와 함께 보이는 풍광이 평화로운 마을을 걷는 길이다. 한강 하구 후평리 평야로 들어서면 여러 종이 철새들을 관찰할 수 있다고 한다.

명품길로 인정되는 김포의 평화누리길이다. 이 길은 천혜의 자연경관과 역사 유적, 그리고 통일 염원을 간직하고 있다. 평화를 누리길 기원하며 걸어보자.

김포함상공원과 추모관이 있고

지난 62년간 바다를 지켜오다 2006년 12월 퇴역한 상륙함인 운봉함LST-671을 활용하여 조성한 함상공원이다. 대한민국 해병대 제2사단이 김포시 주둔 부대인 것을 생각하면 이런 시설이 있는 것도 전혀 어색하지 않다.

1944년에 메사추세츠주 퀸시에서 건조되었던 운봉함은 2차 세계대전은 물론 1950년 6.25 전쟁과 1975년 베트남 전쟁 등에도 참전하였던 전적이 있으며 1955년에 대한민국 해군에 인계되었고 이후에도 대한민국 해군의 주력함으로 기여하였다가 2006년 해군에서 공식 퇴역한 후 김포시에 기증되어서 지금의 함상공원 및 전시관으로 개조하여 국민들의 안보교육장 및 해군 홍보관을 맡고 있다.

수도권 최초의 함상공원으로 '김포함상공원'이라 이름하였다. 서울 한강 망원지구에 서울함 공원이 2017년 개장하여 수도권 지역의 유일한 함상공원이 아니게 되었다. 군함을 전시관으로 개조하여 안보의식 체험공간으로 활용 중이다.

공원에는 항공기, 상륙정, 수륙양육차, 단정 등의 다양한 볼거리가 자리한다. 독특한 경험을 하는 공간으로 거듭난 것이다.

공원 앞에는 문화관광해설사 안내소가 자리한다. 해설사의 설명을 들으며 전시관, 영상관, 한국전쟁 홍보관을 둘러보고 선실재현 공간에서 체험이 가능하다.

한편에는 한주호韓主浩, 1958-2010 준위 추모관이 자리한다. 해군특수전여단 작전지원대 근무 중이던 2010년 3월 26일 인천광역시 옹진군 백령도 일대를 경비하던 제2함대 소속의 초계함 천안함PCC-772이 침몰하자 2010년 3월 27일 소속부대원들과 함께 구조요원으로 참여하였다. 높은 파도와

김포함상공원

낮은 수온 등 극한의 환경에서도 실종자를 수색했다. 2010년 3월 30일 잠수 수색 활동 중 잠수병으로 실신하여 같은 해역 내 미 해군 구조함 살바SALVOR함으로 후송돼 응급처치를 받았지만 순직했다(위키백과).

그는 1975년 2월 서울 수도전기공업고등학교 졸업 직후 해군 부사관으로 입대하여 내연보통과를 수료하고 호위함 부산함FFK-959에 승조하였다. 이듬해 해군 특수전 초급반UDT/SEAL 제22차 과정을 수료하고 수중폭파대UDT에서 훈련교관, 작전요원 등을 역임하였다. 2000년 해군 준시관 제41기 과정을 수료하고 준위로 임관하였다.

35년의 군 경력 중 19년 6개월을 해군 특수전 교육훈련대 교관으로 재직했다. 한정민을 포함한 해군 특수전 초급반 수료자 절반 이상이 그의 제자였다. '지옥에서 돌아오라!'는 그들을 대상으로 반영된 프로그램의 제목이다. 그만큼 힘든 훈련으로 여겨진다.

특전요원으로서 활동 중 활동·훈련장비 개선의 필요성을 절감하여 선박 침투습격용 사다리, 저격수 횡이동 표적기, 탄·뇌관 보호상자 등을 개선, 제작하였다. 한 준위가 제작한 침투습격용 사다리는 2011년 아덴만 여명 작전에서 큰 도움이 되었다고 한다.

그의 유해는 국립대전현충원에 안장되어 있다.

승마산과 수안산을 넘고

대명항을 출발하면 서해랑길은 승마산139m으로 향한다.

승마산乘馬山은 완만한 산세로 산길이 산책로와 같아 걷기에 아주 원만한 편이다. 산책하듯 둘이서 산을 오르고는 잠시 쉬었다 내려왔는데 산이 우리를 슬며시 내려놓은 것 같은 기분이 들었다. 그런 산이 승마산이다. 슬며시 넘는 승마산. 승마산 아래 동네는 산업단지로 이어진다.

그리고 상마리 마을을 지난다. 상마리 버스정류장에는 '수안산성 입구' 이정표가 있듯이 수안산守安山 147m으로 향한다.

우리는 대명항에서 놀다가 승마산에서 점심을 먹고 나자, 시간이 많이 지체되었다. 수안산으로 들어가면 너무 늦을 것 같다는 친구의 말에 상마리 버스정류장을 기점으로 다음 주에 다시 오기로 약속했다.

1주일 후, 우리는 상마리 버스정류장에서 수안산을 향해 올라갔다. 수안산 또한 편안한 산길로 이어진다. 산속에서 수안산 산신단山神壇을 만난다.

하늘에는 천신天神이 있고 지상에는 산신山神과 지신地神이 있다. 천신은 일월日月을 주관하여 우순풍조雨順風調를 베풀어 천하의 만물을 생성, 발전시켜 주고 지신과 산신은 산천을 주관하여 만물을 육성 보호하여 주고 있다.

수안산 신령단

　　수안산에서도 고래古來로부터 산신제를 봉행하여 온 것으로 전하고 있다. 일제의 강점强占에 의하여 유구한 역사와 유적들의 부살정책扶殺政策으로 이 신성한 명산에 공동묘지를 설치하였던 것이다. 이 수안산의 연혁을 대략 기술하여 보면 삼한시대에는 마한의 부족국가인 속노불사국速盧不斯國이었던 것으로 추정되며 백제 초기와 고구려 시대에는 수이홀현首爾忽縣으로, 신라 경덕왕 16년에는 수성현戍城縣, 고려 태조 23년에 수안현守安縣으로 개칭 공양왕 3년에 이르러 통진동성通津童城 수안삼현을 통합하여 통진현通津縣으로, 일제 후에는 김포현과 합병, 현재는 김포시. 이 수안산 고성古城은 삼국시대에는 방어진지로 축성된 것으로 추정되며 옛날의 통신通信방법으로 축조된 봉화대도 있었으나 현재는 모든 것이 수락되었다.

　　다행히 도道와 시市에서는 1995년 지표조사 결과 문화유적 기념물제159호로 지정되었다. 이와 같이 우리 김포의 유일무이한 고적지古蹟地이며 통진반도通津半島의 주산인 수안산의 영감靈感하신 산신령님을 잘 받들어 우리 김포 시민의 모든 재액을 물리치고 만곡의 풍년과 모든 산업의 발전으로 온 시민의 안녕과 부귀영화를 누리며 국태민안을 기원하고자 시민의 주선으로 미성微誠이나마 산신단山神壇을 새로이 설단하고 산신령님께 형사亨祀하고자 이 단을 설단設壇하는 바이다.

-1999년 10월 3일

옛날 옛적에 수안산성이 있었던 곳인 만큼 유구한 역사를 가진 수안산을 넘는다. 산길이 넓고 편편하고 나무가 푸르고 그야말로 자연생태가 잘 보존되어 있는 명산인 듯 순하게 넘었다.

헬기장도 있고 과거 공동묘지였던 곳도 지나고. 그런데 묘지가 명당인 듯 어느 묘지에서나 내려다보이는 풍경이 장관 아닌 곳이 없었다. 산 길가에 갑자기 보이는 빨간 깃대와 노란색 '위험'표시판. '이 구간은 화살이 날아올 수 있으니 조심하여 다니시기 바랍니다.'는 말에 놀랐다. 궁도장도 갖춘 수안산이다.

놀라서 피한다고 내리막길을 숨 가쁘게 내려갔더니 어느새 수안산은 끝이 난다. 수안산도 그렇게 놀며 쉬며 넘었다.

얼마 가지 않아 '가현산 입구-동물이동통로'였다. 화살표 방향으로 이동하는데 임도가 넓어 편하게 하산했다.

해안가에 있는 망월돈대

서해랑길 100코스 인천 강화군
대명포구- 초지대교- 전등사 입구- 이규보선생 묘- 곤릉버스정류장 / 16.5km

초지대교를 건너 강화도로

오늘의 시작점은 김포시 대명항이다. 99번 김포 코스와 다소 혼돈되었지만, 바다를 끼고 에돌아나가 초지대교를 건넌다.

자동차들이 굉음을 내며 내달린다. 휙- 휙- 지나가는 자동차에 밀려 나온 바람은 차가웠다. 귀가 먹먹하고 머리가 지끈지끈하다. 한바탕 자동차 무리들이 지나면 괜찮다가도 다시 뒤이어 내달리는 자동차 무리들. 그 틈바구니에 좁은 인도를 조심스럽게 내디딘다. 그런 가운데에서도 초지대교 중간에 서서 대명항이 어디쯤인가 찾아보기도 하고. 등대를 보고 사진을 찍기도 하고.

누가 그랬던가? 한번쯤 초지대교를 걸어서 건너보고 싶다고. 그녀의 꿈을 깨고 싶지 않아 말없이 그녀의 희망을 대신 건넜다.

초지대교는 2002년에 개통되어 벌써 20년이 훌쩍 지나 세월의 흔적을 느낄 만큼 새롭지 않다. 아치형 4차선 초지대교가 인천광역시 강화군 길상면 초지리와 김포시 대곶면 약암리를 이었다. 초지대교$^{1.2km}$는 섬과 내륙을 잇는 연륙교 특성에 따라 교량부에 900㎜의 상수도관과 300㎜의 도시가스관이 함께 설치되었다(강화군).

거슬러 올라가면 1970년 '강화대교'가 처음 개통되어 강화도가 김포군 월곶면과 연결되었다. 1997년 8월 '신강화대교'가 건설되었고, 그 후 5년 만에 초지대교가 강화도를 우리에게 더 가까운 존재로 다가가게 했다. 서울 강서구와 경기 부천시, 김포시 등 수도권 서부지역 주민들이 강화도에 도착하는 시간이 기존 강화대교 이용 시보다 30분 빨라졌다(이재언).

경기도 김포시에서 초지대교를 건너 우리나라에서 네 번째로 큰 섬, 강화도江華島에 이른다.

지붕 없는 박물관이라 불리는 강화의 옛 이름은 '갑비고차甲比古次'였다. 갑비고차는 우리말 갑곶甲串, 가비고지를 한자로 나타낸 말이다. 강화江華란 '물바다에 있는 곳'이라는 뜻을 한자로 바꿔 표현한 이름이다. 한강과 황해가 만나는 지역의 강화 땅이 곶 모양으로 삐죽 나와 있어 이런 이름을 갖게 된 것이다.

삼국시대에는 혈구군穴口郡·갑비고차라 칭하였으며, 통일신라 경덕왕 때 해구군海口郡 또는 혈구진穴口鎭으로 바뀌었다가(이문열), 고려 태조 때인 서기 940년에 강화현江華縣으로 바뀌면서 강화라는 이름을 갖게 됐다. 조선시대 인조 때 강화유수부가 되었다. 이름의 나이가 1,000살을 넘었다. 강화도만큼 한반도 역사에서 각종 이야기가 얽힌 곳도 없을 것이다.

박술희를 '갑곶'으로 유배를 보냈다는 이야기가 『박시백의 고려사』에 나오고, 고려의 희종에 이어, 조선의 임해군, 영창대군, 광해군과 폐위된 연산군이 강화도에 유배된 뒤 두 달 만에 병으로 죽었다(최용범). 이렇듯 유배지로도 알려진 곳이 강화도다.

강화도는 우리나라 역사가 시작된 섬으로, 국조 단군의 개국과 역사를 같이하는 고장이다. 단군왕검이 마니산 참성단에서 하늘에 제사를 드린 때부터 오늘날까지 숱한 역사가 펼쳐졌다. 나라가 위급해지고 풍운이 몰아칠 때마다 호국의 숨결이 가빴던 곳이다. 또한 몽고의 침입과 병인·신미양요에 이르기까지 수많은 전란을 겪은 역사 유적이 산재해 있는 곳이다. 그리고 외국의 문물이 강화도 바닷길을 통해 육지로 드나들던 관문이기도 했다.

최북단 바다 NLL이 있음에도 불구하고 한국전쟁인 6·25 와중에서 자유를 찾아 내려와 정착해 살고 있는 사람들이 적지 않다는 말에 그럴 수도 있겠다는 생각이 들고. 섬 자체가 하나의 역사관이자 박물관인 강화도로 떠나는 역사 탐방길. 지금 출발한다.

곧 추워질 것이라는 기상예보와는 달리 날씨는 내 편이다.

초지진을 꼭 보고 가자

초지대교를 건넜다면 초지리草地里에 있는 초지진草芝鎭을 보고 가야 한다.

1871년 신미년 6월 1일 존 로저스 제독이 지휘하는 미美 아시아함대 군함 5척이 강화도 앞바다에 도착했다. 군함에는 해군과 해병대 1,230명이 승선해 있었다(함민복).

기록에 의하면, 미군은 1871년 6월 10일 12시에 함대 포격을 시작하고, 2시에 상륙작전을 시도해, 4시에 초지진을 점령했다. 이날은 음력으로 4월 23일이다. 조금날 미국 군함은 초지진을 공격하였다. 김포와 강화 사이를 통과하는 염하鹽河의 물살은 세고 간만의 차가 크다. 물이 천천히 들고 나는 날을 미군들은 선택했던 것이다. …

초지진에 이어 덕진진을 함락한 미군들은 6월 11일 광성보를 공격했다.

이때 조선군 주력 중화기인 홍이포紅夷砲는 사정거리가 너무 짧아 무용지물이었다. 그 불꽃 속에 염하를 북상하며 초지진을 함포로 박살내고 덕진진을 무혈점령하고 광성보에서 백병전 끝에 조선군을 전멸시키고 퇴각했다. 신미양요辛未洋擾, 신미년에 양놈들이 벌인 소동이라고 박종인 작가는 적고 있다. 어재언 장군과 조선군 350여 명이 순국했다. 그러나 미군 사망자는 겨우 세 명뿐이었다.

강화대교에서 바라본 강화염하

  이처럼 강화도는 신미양요^{1871년} 때 미국 함대와 격전을 벌이고 병인양요 ^{1866년} 때 프랑스 함대와 싸웠다. 1875^{고종12년}에는 일본 군함 운요호가 포격전을 일으켰던 현장이다. 1876년에 체결된 강화도조약^{조·일수호조규}은 강화도의 지역명이 붙은 국가의 되돌릴 수 없는 치욕적 사건이 되고 만다.

  1876년 2월 黑田淸隆^{구로다 기요타카}와 井上馨^{이노우에 가오루}가 이끄는 군함 7척이 강화도 앞바다에 들어왔다. 이들은 바로 전해에 일본이 일으킨 운양호 사건의 책임을 거꾸로 조선이 져야 한다고 주장하면서 이를 빌미로 통상문호의 개방을 요구했다. 이에 조선 조정은 접견대관 신헌^{申櫶}과 윤자승^{尹滋承}을 보내어 이들과 회담하고 수호조약, 강화도 조약을 체결했다. 조약 체결 직전인 2월 16일 유학자 면암^{勉菴} 최익현^{崔益鉉}은 이에 반대하는 상소문을 썼다. 지부복궐척화의 소^{持斧伏闕斥和疏}이다. 도끼를 가지고 궁궐 앞에 엎드려 회의를 배척하는 상소라는 뜻이다(최익현). 잊을 수 없는, 잊어서는 안 되는 민족 시련의 역사적 현장이며 호국 정신의 교육장이기도 하다. 꼭 들려보자.

초지리^{草芝里}는 옛날에 이곳에 광활한 풀밭이 있어 초지동^{草芝洞}이라 하였는데 1914년 행정구역 개편 때 초지리라 하였다. 초지리의 내진^{內津}마을은 앞 재 너머 동쪽에 있는 마을로 초지진 안쪽으로 김포시 대곶리를 왕래하는 나루터가 있어 내진이라 하였으며 '터진개'라고도 불렀다(江華史).

길상면 초지리에 위치한 초지진은 외적의 해상 침입을 막기 위해 1656년^{효종7년}에 구축한 12개의 진보$^{鎭堡(요새)}$ 가운데 하나이다. 초지진은 이미 복원되어 관광지로 되어 있는 초지돈^{草地墩}에서 북쪽으로 약 200m 지점 부근에 있었다(강화군). 이 부근 민가 주변에서 기와편 등이 많이 수습되고 있는 증거다. 이곳에서 서편으로 구릉이 있는데, 이곳은 신미양요 때 미군들의 주둔지였을 것으로 추정되고 있다.

현재 초지진은 원래 안산의 초지량에 있던 조선 수군의 만호영을 1666년^{현종7년}에 강화로 옮겨 강화수로 수비의 요새로 새롭게 축조하였다. 군관 11명, 사병 98명, 돈군^{墩軍} 18명, 목자 210명 등이 배속돼 강화해협을 수비했으며, 초지돈대^{草地墩臺}, 장자평돈대, 섬암돈대를 맡아 지휘했다.

1973년 초지돈대만 복원되었는데 높이 4m의 타원형으로, 포좌 3개소와 총좌 100여 개가 있으며, 조선시대 대포 1문이 전시되어 있다. 말없이 서 있는 커다란 두 그루 소나무가 인상적이다. 성축 한편에는 당시의 치열했던 전항을 말해주듯 신미양요나 운요호 사건 때 포탄에 맞은 흔적이 아직도 그대로 남아 있다.

강화에는 나들길이 있어요

김포시에 '평화누리길'이 있다면 강화에는 '강화나들길'이 있다. '나들이 가듯 걷는 길'이라는 뜻이다. 강화나들길은 섬과 섬을 잇는 길로, 바다가 있고 호수가 있으며 생태계의 보고인 갯벌을 품고 있다.

'강화나들길'은 1코스 '심도역사문화길'부터 20코스 '갯벌 보러 가는 길'에 이르기까지, 섬 구석구석에서 역사의 숨결과 자연의 넉넉함이 느껴진다. 총 20개 코스 310.5km로 낭만이 넘치는 길이라고나 할까(https://www.nadeulgil.org).

어제와 오늘의 삶을 잇고 일과 휴식과 놀이를 잇는 강화 나들길. 화남 고재형 선생이 1906년 강화도의 유구한 역사와 수려한 자연을 노래하며 걸었던 강화의 끊어진 길을 잇고 잊힌 길을 찾아 강화가 품고 길러낸 자연과 땅 위의 모든 것과 연결한 길입니다.

이 길은 걸어서 여행하는 사람들을 위한 길이며 이들이 바로 강화 나들길 주인입니다. 문신처럼 한반도 역사를 새기고, 화석처럼 문화를 남긴 유인도 9개, 무인도 17개로 이뤄진 수도권 제일의 청정지역인 이곳에 14개 코스 174.9km, 교동도 2개 코스 33.3km, 석모도 2개 코스 26km, 주문도 11.3km, 불음도 13.6km 등 20개의 나들길이 있습니다.

이처럼 강화나들길은 강화군을 시대별로 역사와 문화를 만나고 보고 느낄 수 있는 도보여행길이다.

먼저 세계문화유산으로 지정된 선사시대의 고인돌을 접한다. 고려시대로는 왕릉과 건축물을 만난다. 조선시대에는 외세 침략을 물리치고 막아 나라를 살린 진보鎭堡와 돈대墩臺 등을 보며 과거의 역사를 접할 것이다. 몽골항쟁과 병인양요, 신미양요 등 민족의 국난극복과 의지가 담겨져 있는 전적지와 함께 한다. 또한 선조의 지혜가 스민 생활과 문화를 나눈다. 그리고 세계적 갯벌과 저어새·두루미 등 철새가 서식하는 자연생태 환경을 보고 느끼게 된다. 건강한 나들길이다.

강화나들길 가운데에는 일부 코스가 서해랑길과 함께 한다. 강화나들길 3코스 '고려왕릉 가는 길 16.2km'이 서해랑길 100-101코스와 겹친다. 온수공용주차장-가릉 구간에서 전등사, 이규보 묘, 곤릉과 가릉을 만난다.

강화나들길 4코스 '해가 지는 마을길 11.5km'에서는 서해랑길 101코스의 일부 구간이 함께 이어진다. 가릉에서 시작해 정제두 묘-하우약수터-건평나루-건평돈대-외포여객터미널-외포어시장-망양돈대 구간이다.

강화나들길 16코스 '서해 황금 들녘길 13.5km'은 서해랑길 102코스와 겹치면서 창후여객터미널-계룡돈대-용두레마을-덕산산림욕장-외포여객터미널까지로 일부 구간과 만난다. 망월평야에서 더위를 식혀주는 싱그러운 초록 바람이 불어와 나들이 꾼의 온몸을 흔들어 깨워주는 코스다. 절반가량이 바다를 보며 걷는 둑길이다.

바람이 불어도 좋다. 어차피 불어올 바람이다. 바람은 계산하는 것이 아니라 극복하는 것이다. 지평선까지 드러난 서해와 저절로 배부르다는 생각이 들게 하는 망월평야의 끝없이 펼쳐진 옅고 짙은 녹색의 향연을 보면서 걷자. 길고 긴 둑길은 바람이 동무가 되어 내 안으로 들어가는 길이다. 이 참에 걸으면서 강화를 속속들이 내 것으로 만들어 보자.

전등사 가는 길에 의미를 더하는 이야기가 내 서재에 있다. 함민복 시인의 「전등사에서 길을 생각하다」이다. 강화도 시인이라는 호칭이 낯설지 않은, 1996년부터 강화도에 정착하여 살고 있는 함민복 시인의 글이다. 『길들은 다 일가친척이다』에서 나온 이야기다.

단군의 세 아들 부소, 부우, 부여이 쌓았다는 정족산성鼎足山城. 전등사에 들어가려면 이 산성을 통과해야 한다. 산성의 동문을 통과하려다가 물러서서 성벽 바깥에서 성벽을 본다. 수많은 돌로 쌓인 성벽. 성벽은 가장 치열한 길이다. 길을 끊으려는 자와 뚫으려는 자의 경계이다. 길과 길이 아님의 경계이고 공격과 방어의 경계다. 부딪힘이다. 목숨을 걸거나 바쳐야 길을 끊든, 잇든, 지키든, 허물든 할 수 있는 곳이다. 성벽 그 사적인 담이 아닌 공적인 담. 담 중에 목숨 비린내가 가장 짙게 배어 있는 담. 성벽은 길을 인정하지 않으려는 길이고 길을 인정하려는 길이어서 늘 긴장감이 팽팽한 길이다. 그러나 어찌하랴. 그 길도 세월의 공격엔 어쩔 수 없는지, 허물어져 새로 개축한 흔적이 눈에 들어오는 것을.

성벽은 외세의 침략으로부터 거기에 사는 모든 사람들을 보호하는 역할을 한다. 그뿐만 아니라 성벽이 있으면, 그 나라의 정치권, 자주권이 있다는 것을 만방에 보여주는 상징이기도 했다.

전등사는 삼랑성三郞城이 품고 있는 안으로 들어가야 한다. 〈세종실록지리지〉에 기록된 바와 같이 삼랑성三郞城은 단군이 세 아들三郞을 시켜 쌓았던 고대의 토성이었고, 삼국시대에는 토성 자리에 석성을 쌓아 올려 오늘날까지 이어지고 있다.

템플스테이를 신청했을 때 교통편을 물어오기에-
"대명항에서 걸어서 갈 거예요." 하자 놀라는 기색이 느껴졌다.
"지금까지 걸어서 온 사람은 없었는데요. 그런데 2시까지는 오셔야 합니다." 서둘러야만 했다.

한 박자 쉬고

나를 버리고 나를 찾는 귀한 시간.
아름답고 참된 나를 찾아서.

전등사 아침 울력 시간

자연 속에서 '진정한 나'를 만나는 시간. 나만의 등불 밝혀 내 마음 찾는 여정. 템플스테이를 표현한 명언名言들이다.

대명항에서 전등사傳燈寺까지만 걷기로 마음먹었다. 미리 전등사 템플스테이를 신청했기 때문이다. 우리나라에서 가장 오래된 사찰을 돌아보고, 가을에 흠뻑 물들고, 나만의 호젓한 시간을 가져보고자 그렇게 정했다.

전등사의 템플스테이는 당일형, 체험형, 휴식형으로 나뉘는데, '한 박자 쉬고'는 휴식형 1박-5박 프로그램명이다. 휴식형은 말 그대로 사찰에 머물며 지친 몸과 마음을 잠시 쉴 수 있도록 도와주는 프로그램이다.

얼마나 바쁜 사회이기에 '한 박자 쉬고' 가, 매력적으로 들리는가?

똑.

딱.

'분초사회.' 분과 초를 쪼개가며 일상의 스피드를 더욱 가속하는 지금의 사회를 표현한 단어다. 스피드가 미덕이 되어가는 시대, 몇 년 전부터 15초 이내의 짧은 영상인 쇼츠, 릴스, 틱톡 등의 콘텐츠가 화제다. 빨리 진행되는 자극적 콘텐츠를 보고 있으면 시간이 훌쩍 지나간다. 원하지 않지만 손가락은 다음 영상을 보기 위해 계속 움직인다. 잠자리에 들어야 할 시간이 지나도 졸린 눈을 비벼가며 스마트폰을 손에서 내려놓지 못한다. 이러한 행동이 사실은 과도한 도파민에 중독됐다는 신호. 도파민은 쾌감, 즐거움을 느끼게 하는 신경전달 물질로 기분을 좋게 만드는 호르몬의 일종이다.

그러나 막상 스마트폰을 멀리 하려 해도 실천하기 쉽지 않다. 우리의 몸과 마음은 재충전리프레시이 필요하다는 신호를 보내고 있으니 이참에 서해랑길 걸으면서 온전한 휴식을 취해보자. 올가을, 그동안 혹사했던 뇌와 신체를 잠시 멈추고 전등사 템플스테이에서 분초사회 속 심신의 피로를 푸는 도파민 디톡스 여행을 해보자.

스튜어트 브랜드의 『느림의 지혜』에서 보면 종교적 시간은 잠시 쉬는 휴지休止의 시간이라고 말한다. 통상적인 시간 개념을 벗어나 쉬었다 가자.

역사적 고찰 전등사에서 사물 퍼포먼스를

오후 6시, 저녁 예불을 알리는 시간.

템플스테이 신청자 모두가 '전등사 사물四物' 앞에 모였다. 불교에서 사물은 법고法鼓, 운판雲版, 목어木魚, 대종大鐘의 네 가지 법구를 말한다(국악사전). 총림에서 새벽과 저녁에 연주하는 네 가지 큰 악기다.

사물은 법계의 중생을 청해 공양을 베풀기 위한 용도로 쓰였다. 1882년, 추담 징행秋淡井幸이 찬술한 「승가일용식시묵언작법僧家日用食時默言作法」,「식시사물연기食時四物緣記」에서는 '사물이란 곧 총림의 법기法器이다. 대체로 아침에 죽을 먹고 점심때에 이르러 밥을 먹을 때 '사물을 울린다'고 되어 있다. 밥을 먹을 때 사물을 치는 것은 사부四部의 무리를 불러 청하는 것이니 누구나 함께 공양한다는 것이다(국립국악원).

사물치지- 대북(법고)

  곧이어 '사물 퍼포먼스'가 진행되었다. 스님 두 분이 정자로 올라가 먼저 스님 한 분이 대북^{법고}을 두드리기 시작하였다. 둥그런 하늘을 그대로 담아 안은 것 같은 북, 대북은 네 발 가진 털 있는 짐승들이 듣고서 깨치라고.

  두둥 둥 둥 두리 둥둥

  뒤이어 대종이 울린다.

  띵- 띵- 땡땡뗑 뗑-

  이 험난한 사바 예토에, 생노병사生老病死 고통을 겪으며 나와 남에 집착하여 허덕이는 사람들과, 태산 같은 업이 쌓여 지옥에 간 중생들을 구제하는 부처님의 자비와 진리의 소리를 멀리 보내는 소리다.

  그리고 잉어 모양의 속 빈 나무 물고기 목어를 두드린다. 물속에 있는 수류중생水流衆生들을 위하여.

또독 딱 또드락 딱

운판, 납작한 금속판에다 구름의 모양을 만들어 당초 문양 아로새긴 운판은 청천 하늘 복판인 양 높다랗게 매달아 허공 가운데 날아다니는 새와 날 것들의 영혼을 위하여 친다.

챙 챙 챙 채앵-

마지막으로 참석자 한 사람씩 정자로 올라가 대종을 치고 그 울림을 몸으로 느끼는 퍼포먼스가 우리의 몫이다. 아주 귀중한 시간이 아닐 수 없다. 일몰의 석양을 받으며 행해지는 사물 퍼포먼스는 잊을 수 없는 추억거리가 되었다.

참석자 모두는 대웅전으로 가서 예불과 관련된 간단한 예에 대해 배우고 예불에 참석했다.

전등사는 현존하는 한국 사찰 중 가장 오랜 역사를 가졌으며, 부처님의 가피로 나라를 지킨 호국불교 근본 도량으로 역사와 권위를 간직한 사찰이다. 고려시대 항마군이 그랬고 조선시대 승병이 나라를 지켰듯이 말이다. 1866년 병인양요 때는 전략적 요충지였던 전등사에 쳐들어온 프랑스군을 승군 50명이 물리치고 나라를 위기에서 구한 당시 조선수비대장이던 양헌수梁憲洙 장군 승전비가 전등사 동문 입구에 세워져 있다(전등사). 1873년고종10년에 건립한 것이다.

전등사가 창건된 것은 381년고구려 소수림왕11으로 전해진다. 처음 전등사를 창건한 분은 진나라에서 건너 온 아도화상我道和尙이었다. 당시 아도화상은 강화도를 거쳐 신라에 불교를 전한 것으로 알려지고 있다. 아도화상이 강화도에 머물고 있을 때 지금의 전등사 자리에 절을 지었는데, 그때의 이름은 진종사眞宗寺라 하였다.

이후 고려 왕실에서는 삼랑성 안에 가궐假闕을 지은 후 진종사를 크게 중

창시켰다. 16년이 지난 충렬왕 때 왕비인 정화궁주가 진종사에 경전과 옥등玉燈을 시주한 것을 계기로 전할 전傳, 등불 등燈자를 써서 '전등사傳燈寺'라 개명한 사찰이다.

그러나 조선 광해군 때인 1614년에 화재로 인해 건물이 모두 소실되었다가 지경 스님을 중심으로 재건을 시작하여 1621년 2월에 전등사의 옛 모습을 되찾았다.

전등사에는 대웅전보물제178호, 약사전, 범종보물제393호 등의 보물이 있다. 대웅전 안에는 1544년 정수사에서 판각되어 옮겨진 법화경 목판 104매가 보전되고 있다. 명부전 맞은편 왼쪽 언덕을 약100m 오르면 조선 왕실의 실록을 보관했던 정족산 사고史庫 터가 복원되어 있다. 강화에는 마니산에 사고를 설치하였다가 1660년 이곳 전등사 경내로 옮겨 1678년 이래 실록 및 서적을 보관하였고 그 후 정족산 사고가 복원되었다.

범종은 중국의 종으로 중국 하남성 숭명사에서 북송시대1097년, 고려숙종2년에 주조된 것으로 우리나라 종과는 달리 종머리에 음관이 없고 용머리 주위에는 아름다운 16개의 연잎이 둘려 있는 것을 볼 수 있으며 견대와 요대 사이에는 8괘가 둘려있어 특이함을 나타내고 있다.

이규보 묘를 지나며

마을의 끝자락 서해랑길에 사당과 묘소가 자리한 산등성이에 이른다. 이규보李奎報의 묘이다.

고려의 문신이자 문장가인 백운거사白雲居士 이규보의 묘소이다. 고려 무신정권기에 활동한 문인으로 명종 20년1190에 과거에 합격한 후 여러 관직을 거쳐 문하시랑평장사에 올랐다. 시문에 능하였으며 민족정신에 바탕을 두고 많은 글을 썼다. 고구려 「동명

성왕」 이야기를 서사시로 엮은 「동명왕편」, 몽골군의 침입으로 강화도로 천도하여 대장경을 조판할 때 지은 「대장경각판군신기고문」을 남겼다. 이외에도 동국이상국집, 백운소설, 국선생전 등 다수의 저서가 있다.

-인천광역시 기념물

    이규보[1168-1241]는 무신 집권기의 최고 시인으로 통한다. 이규보의 자는 춘경春卿이며, 그 전 이름은 인저仁氐로 황려현[경기도 여주] 사람이다. 그의 부친 이윤수李允綏는 호부낭종 벼슬을 지냈다. 이규보는 어려서부터 총명하고 민첩하여 9세부터 글을 잘 지었으므로 기동奇童이란 별호를 얻었다.

    과거에 합격하고서도 18년간 벼슬을 얻지 못하고, 기껏 얻은 지방관 자리도 떼여 끼니를 거를 정도로 고생하던 이규보가 드디어 6품 참상관參上官에 오른 것은 그의 나이 마흔여덟 되던 1215년[고종2년] 일이다(박종기). 그를 고려 문명에 대한 자부심을 노래한 문인으로 평가한 박종기 작가는 이런 문명의식이 세계 최강의 군사력을 갖춘 몽골에 굴하지 않고 저항하는 힘의 원천이 되었다고 말한다.

    고려는 몽골의 침략에 맞서 약 30년간[1231-1258] 전투를 치른다. 전쟁을 직접 체험한 이규보는 몽골에 대한 적대감을 강하게 드러내는 글을 남겼다.

    심하도다. 달단韃靼, 몽골이 환란을 일으킴이여! 그 잔인하고 흉포한 성품은 이미 말로 다할 수 없고, 심지어 어리석고 엄금함은 금수보다 심하다. -동국이상국집 권25

    그는 시와 더불어 풍류생활을 즐기며 버틴 것으로 보인다. 이규보는 한때 자신을 삼혹호 선생三酷好先生이라 부른 적이 있다. 시와 술, 그리고 거문고를 좋아했기 때문에 붙여진 아호이다. 그에게는 줄 없는 거문고가 있었다. 줄이 없을 때는 그냥 어루만지며, 누군가 줄을 매어준 뒤로는 자기 마음대로 뚱땅거리며 즐겼다. 나름대로의 취미생활이랄까. 강민경 작가의 『이규보 선생님, 고려시대는 살 만했습니까』에서는 이규보의 시와 그의 풍류생활이 전개된다.

> 한 잔 마시고 한 곡조 타서 이것으로 가락을 삼으니, 이것 또한 일생을 보내는 한 가지의 낙이다. -동국이상국집

하여튼 술을 가지고 찾아가면, 평소보다 더욱 반가워하면서 서로 권커니 잣거니 취하도록 마셨다. 그러니 모든 이들과 정은 날로 두터워져서 백년지기처럼 다정해졌다.

강진청자박물관을 방문했을 때이다. 우연히 李奎報이규보가 지은 '녹자술잔' 시가 2층 벽을 장식하고 있는 것을 보고 반가웠다. 술맛이 돋우어지는 술잔에 대한 깊은 뜻이 전해지는 시다. '김군君이 녹자綠瓷 술잔을 주고 시를 지어 달라기에 백거이의 시운을 따라 짓다'라고 되어 있다.

> 나무를 베어 남산이 빨갛게 되었고
> 불을 피워 연기가 해를 가렸지
> 푸른 자기 술잔을 구워내
> 열에서 우수한 하나를 골랐구나.
> 선명하게 푸른 옥빛이 나니
> 몇 번이나 매연 속에 파묻혔었나.
> 영롱하기는 수정처럼 맑고
> 단단하기는 돌과 맞먹네.

> 이제 알았네. 술잔 만든 솜씨는
>
> 하늘의 조화를 빌려왔나 보구려.
>
> 가늘게 꽃무늬를 놓았는데
>
> 묘하게 화가의 솜씨와 같구나 …
>
> −東國李相國集^{동국이상국집}

또한 유명한 일화가 남아 있다. 몽골 병사가 국경을 위협하며 자주 시비를 걸고 있었을 때였다. 이규보가 오랫동안 양제兩制를 담당하고 있었으므로 그가 진정서를 만들어 보냈다. 원나라 황제가 그 글에 감동되고 뉘우쳐서 철병하였다는 것이다. 왕이 그의 공을 크게 가상히 여기고 특별히 추밀부사 우상기상시右散騎常侍로 임명하였다가 지문하성사 호부상서 집현전 태학사太學士로 올리고, 또 정당문학 수태위 참지정사로 승직시켰다. 이런 연유로 그의 사직 후에도 외교 문건과 왕의 명령에 관한 집필은 모두 이규보에게 맡기고 녹봉도 전과 같이 주게 하였다고 한다.『고려사열전』에 나오는 이야기다.

그뿐 만이 아니라 더 중요한 기록도 남아 있다. 금속활자를 사용한 기록이『東國李相國集^{동국이상국집}』에 남아 있다(최용범).「상정고금예문詳定古今禮文」28권을 금속활자로 인쇄해서 여러 기관에 나누어 보관하게 했다는 기록이다. 학자들은 이때를 1234년^{고종21}으로 보고 있다. 이 기록은 금속활자를 만들었다는 기록이 아니라 '사용'했다는 기록이므로 발명 연대는 훨씬 더 앞당겨 질 것이다.

어느덧 나이 일흔이 가까워 오자, 이규보는 그렇게 오르고 싶었던 벼슬길에서 내려가기를 바라게 된다. 그가 꿈꾼 퇴직 후의 벗은 술, 그리고 가야금이었다.

쇠잔한 이내 몸 벼슬에서 물러나고자

허리에 찬 인수印綬를 풀고자 하네.

한가히 집으로 물러가

무엇으로 나날을 보낼까 하니

때로는 가야금을 타며 연달아 두강주杜康酒를 마시리

-東國李相國集동국이상국집

고려 역사와 문화의 화수분, 동국이상국집東國李相國集은 '고려의 이씨 성을 가진 재상의 문집'이라는 의미로 이규보 생전生前에 편집이 시작되었다. 일흔이 넘은 이규보가 병을 얻어 앓아눕자 집권자 최이崔怡가 직접 그의 문집을 만들라는 명을 내렸다. 문집을 보여줘서 이규보의 지친 마음을 위로하려는 뜻에서였다고 한다. 이에 그의 아들 이함李涵이 부지런히 곳곳에서 아버지의 글들을 모아 1241년고종28 8월에 전집 41권을 우선 만들었다. 하지만 그해 9월 이규보 선생은 숨을 거둔다.

문집 편집은 마쳤지만 판각은 채 끝내지 못한 채였다. 그러나 그의 문집을 보충하는 작업은 끊이지 않고 이어졌다. 이후 여러 차례에 걸쳐 간행되었고 널리 읽혔다.

마을을 지키는 노거수

이규보 묘를 지나면 우거진 소나무 숲길로 들어선다. 소나무가 쭉쭉 뻗어 있는 사이로 낙엽이 되어 떨어진 솔잎에 발이 호사를 누린다. 소나무의 은은한 향에 코끝도 행복하다. 숲에서 불어오는 바람결도 달콤하다. 숲에 들어서서 숲에서 숨을 쉬는 것만으로도 건강해지는 곳. 애써 무엇인가 하려고 노력할 필요도 없다. 숲에서 서성거리거나 숲에서 잠시 쉬는 것만으로도 족하다. 호젓하게 혼자 걷기에 제격이다. 싱그러운 숲 내음에 발걸음도 한결 가붓해진다. 자연 청정기가 따로 없다.

숲이 끝나는 곳엔 마을이 시작된다. 까치골 마을이다. 아름드리 큰 소나무가 마을 입구에서 호위무사처럼 버티고 있다. 수령 오랜 소나무가 가지마다 푸르다. 200년이나 된 소나무, 일명 '까치골 소나무'다.

옛날 옛적에는 마을마다 큰 소나무가 마을입구를 지키고 있었다. 당산나무라고 부르는 그런 큰 나무로 지금은 보호수로 애지중지하는 나무다. 큰 나무가 마을 사람들의 지지목이 되었고 삶의 버팀목이 되어주었다. 강화에는 이런 '큰 나무'가 꽤 많다. 마을마다 큰 나무 이야기가 전해진다.

까치골도 마찬가지다. 까치골 소나무가 그들의 전부였던 적이 있었다. 이 소나무가 서 있는 까치골은 울창한 소나무 숲으로 사계절 푸르름이 가득한 마을이었다. 그러나 40여 년 전 강화도 전역이 송충이의 피해로 푸르고 아름답던 소나무들은 모두 고사하고 현재 유일하게 살아 있는 몇 그루의 소나무가 까치골을 지키고 있다. 까치골 사람들은 이 소나무를 지금까지도 '큰 나무'로 귀하게 여기고 산다.

「푸른인천가꾸기운동시민협의회」에 따르면, 소나무는 오래 사는 나무로서 장수를 상징하는 십장생의 하나로 삼았다.

적송은 소나무의 일본 이름이라고 한다. 한국의 옛 문헌에서 소나무를 적송이라 부른 예에는 없다는 것이다. 이는 일제징짐기에 우리밀을 없애고 강세농화 성책을 쓸 때 나무 이름도 일본식으로 부르도록 강요하면서 적송으로 부르게 했기 때문이다. 우리나라의 옛 문헌에 나오는 소나무는 송松 아니면 송목松木이었다고 한다.

척박한 곳에서도 깊이 뿌리를 내리고 자라며, 사시사철 푸르고 강인한 인상을 주기 때문에 대나무와 함께 송죽지절松竹之節을 상징하거나 송교지수松喬之壽를 가리키기도 한다.

오랜 세월 한자리를 지키며 마을을 품어 온 나무가 또 있다. 잎이 무성해 그늘을 드리우고, 넉넉한 품으로 사람을 모이게 했던 나무, 바로 느티나무다. 멋진 느티나무가 길직리 마을 앞에서 기다린다. 하나가 아니고 둘이 마주보고 함께 말이다. 길직리의 큰 나무 '부부느티나무'다. 나무 크기가 각각 크고 작아 부부라 칭한 것이다. 양쪽으로 마주보고 있는 모습이 정겹고 기이하다. 부부나무라고 칭할 만하다.

예전에는 길직리 마을의 유일한 정자목이었던 느티나무였다. 허나 나무

길직리 부부느티나무

둘이 있으니까 동네 처녀들이 그네를 타고 놀았고, 여름에는 시원한 그늘을 제공했고, 가을에는 고운 단풍으로 관심을 받았던 길직리 마을의 자랑거리였다. 하지만 마을의 아낙네들을 애타게 했던 느티나무 이야기도 전해진다(길직리).

너무 시원한 나무 그늘 때문에 한 여름 농사철에 잠시 휴식을 즐기며, 한 잔 두 잔 마시던 술로 하루해가 저물게 되고, 남자들이 농사일을 제대로 못하게 되자 이를 참다못한 아낙네들이 직접 농사일을 하게 되었다.

우리네 삶의 한 토막이 이곳에서도 마찬가지로 전개된 것이다. 시대가 변하면서 이젠 부부느티나무에 대한 고마움과 관심이 모두 사라져 예전 같지는 않다. 하지만 아직도 부부느티나무는 마을의 정자목으로 자리매김하고 있다. 그리고 문화적, 생태적으로 보호수로 인정받고 있다.

오랜 세월을 견뎌 온 노거수는 역사의 증인이자 중요한 유산이다. 백년을 버텨온 느티나무는 우리에게 강인한 생명력과 쉼을 선물하며 때론 삶의 위로가 된다.

서해랑길 101코스 인천 강화군

곤릉버스정류장- 강화가릉- 정제두묘- 건평항- 외포항 / 13.6km

왕릉王陵 가는 길

101코스의 시작점 곤릉버스정류장이다. 그곳에 '곤릉坤陵'이 있기 때문에 붙여진 명칭이다. 곤릉은 고려 22대 강종康宗의 비 원덕태후元德太后 유씨의 능을 말한다. 마을 뒤편에 자리한다.

강화에는 능陵이 4개 있는데 곤릉, 이외에 홍릉, 석릉碩陵, 가릉嘉陵이 있다. 서해랑길 101코스에서는 곤릉을 비롯하여 석릉과 가릉을 만난다.

곤릉버스정류장을 출발하여 마을을 에돌아 올라가면 진강산鎭江山으로 이어진다. 진강산 기슭에는 고려 희종의 능인 석릉을 비롯하여 가릉과 곤릉이 있어 옛 도읍지의 면모를 엿볼 수 있다. 또한 고려시대 이래로 유명한 진강목장鎭江牧場이 있었던 곳으로 조선조 효종임금의 명마 벌대총伐大驄의 전설이 서려 있다. 진강산의 아름다움을 화남華南 고재형1846-1916 선생은 '진강산 귀운歸雲'으로 읊었다.

진강산 산색은 푸른 병풍을 친 듯 하고
흐르는 조각구름 비단에 수놓은 듯하다.
수지현 옛터는 어디쯤에 있을까.
조물주의 붓끝 아래 단청이 그려졌네.

강화나들길 3코스. '왕릉 가는 길' 따라 서해랑길을 걷는다. 며칠 전 눈이 많이 왔다는 사실을 깜박 잊었는데, 눈길을 보고야 기억났다. 산속이라 아직도 눈이 녹지 않아 언덕이 온통 눈 속에 묻혀 모든 공간을 고요하게 만들어 놓았다. 하얀 세상이 꽤나 아름답다. 눈이 부셨다. 뽀드득뽀드득 소리를 내는 눈도 좋았고 나무들이 얼어붙은 모습도 좋았다. 서해랑길에서 만나는 겨울풍경은 이처럼 덤이다.

바람 한 점 없이 고요하고 맑으면 모든 것은 제 모습을 드러낸다. 눈 위에 나무 하나하나가 너무나 뚜렷한데 그 가운데 '강화석릉江華碩陵 50m' 안내판 또한 말끔한 모습으로 시선을 끈다. 구불구불한 언덕을 올랐다. 왕의 일생이 끝난 다음의 그의 무덤은 어떤지 궁금증을 안고. 양도면 길정리. 돌담에 둘러싸인 아담한 봉분이 자리한다. 그 앞에는 글씨조차 알아볼 수 없는 초라한 작은 비석이 있을 뿐이다.

고려 21대 왕인 희종熙宗의 무덤이다. 희종은 최충헌의 횡포가 심해지자 그를 제거하려다 실패하고 재위 7년[1211]에 폐위되어 교동도로 유배되었다. 그는 고려 고종 24년 [1237] 용유도에서 세상을 떠나 이곳에 안장되었다.

2002년에 발굴조사를 통해 돌로 만든 사람 조각인 석인상 등이 발견되었고, 청자상감 국화문 잔탁 등 12-13세기 상감청자 전성기에 만들어진 유물이 출토되었다. 강화 석릉은 남한 역사에 남은 5기의 고려 때 왕릉과 왕비 능 중의 하나로 고려 대 황실의 묘지를 직접 보고 연구할 수 있는 문화유산으로 가치가 있다.

초라한 뫼일지라도 안내판이 희종의 묘임을 밝혀주고 있다. 희종은 1181년[명종11]에 신종의 맏아들로 태어나 1237년[고종24]에 57세로 생을 마쳤다(박기백). 이름은 영韺, 초명은 덕曬, 자는 불피不陂였다(강화군 국사편찬위원회).

희종은 1200년에 태자에 책봉되고 4년 후 신종의 양위를 받아 대관전大

觀殿에서 즉위하였다. 재위 기간은 1204-1211년까지 7년이었다. 1205년 희종1에 최충헌을 진강군 개국후에 봉하였으며, 1206년에 진강후에 봉하고 영흥부永興府를 세우게 하였다. 1207년 최충헌의 요청으로 유배자 300명을 가까운 곳으로 옮겨 방면하였다. 1208년 개성 대시大市 좌우의 긴 행랑 1,080칸을 다시 짓게 하였으며, 오부방리五部方里와 양반의 집에서 그 비용을 충당케 했다. 1211년 내시 왕준명王濬明 등과 함께 당시 정권을 장악하고 있던 최충헌을 죽이려다가 실패하였다. 이로 인하여 도리어 최충헌에게 폐위를 당하여 강화로 쫓겨났으며 뒤이어 자연도紫燕島, 현재 용유도로 옮겨졌다.

최충헌을 이어 최우가 정권을 장악함에 따라 희종은 1215년 다시 교동으로 옮기게 되었다. 1219년 희종은 개경으로 봉영되었는데, 개경에 들어와서 딸 덕창궁주德昌宮主를 최충헌의 아들 성城과 혼인시켜 최씨 정권과 타협을 모색하였다. 그러나 1227년 복위 음모가 있다는 무고를 받아 다시 강화로 쫓겨났다가 교동으로 옮겨져 1237년에 법천정사法天精舍에서 세상을 떠났다. 강화에서 장사하여 능호를 석릉이라 하고, 묘호는 정종貞宗이라 했다가 희종으로 고쳤으며, 시호는 성효誠孝이다. 석릉은 사적제369호으로 1992년에 지정되었다.

산길로 이어지는 서해랑길은 햇살에 눈이 녹아 드러난 낙엽을 밟으며 낙엽 소리에 장단을 맞추며 걸었다. 조산리를 지나고 능내리 마을을 지나 산길로 약 500m 정도 가면 '강화 가릉嘉陵'에 이른다.

강화 가릉은 고려 제24대 원종의 왕비인 순경태후1222-1237의 능이다. 순경태후는 고종 22년1235 원종이 태자가 되자 태자비인 경복현비가 되었으며, 다음 해에 아들인 충렬왕과 딸을 연이어 낳고 1237년에 16세 나이로 세상을 떠났다. 순경태후는 무신정권 최고 권력자인 최우의 외손녀로 외증조부는 최충헌이다. 순경태후의 아버지는 김약

선으로 그는 당시 임금이었던 고종의 신임을 받던 문신이었다.

 가릉은 돌방무덤으로 지하에 구멍을 파고 돌로 돌방과 입구를 만든 무덤이다. 무덤 주변의 석조물은 파괴되어 없어지고, 봉분도 무너졌으나 1974년에 보수, 정비하였다. 이후 2004년에 국립문화재연구소에서 발굴조사사업을 시행하여 재정비하였다.

 강화 가릉은 고려 강종의 비인 원덕태후의 공릉과 함께 남한 지역에 단 2기밖에 남아 있지 않은 고려시대 왕비의 능으로 고려 왕실의 묘지를 직접 보고 연구할 수 있는 문화유산으로서의 가치가 있다. 지정 당시의 '가릉'이라는 명칭은 2011년 '강화 가릉'으로 변경되었다.

 순경태후順敬太后는 1235년고종22 태자로 책봉된 고종의 맏아들 왕식王植의 비로 책봉된다. 태자비인 경목현비敬穆賢妃가 되었으며, 다음해에 충렬왕을 낳았다. 1262년원종3 정순왕후로 추대되고 아들인 충렬왕이 즉위1274하여 순경태후로 높여졌다(박종기).

 고려왕 가릉高麗王嘉陵이라 새겨져 있는 가릉은 강화에 있는 왕릉과는 달리 지상식 석실 구조를 갖추고 있는 것이 특징이다. 현재 석실의 전면에는 유리벽을 설치하여 내부를 볼 수 있도록 되어 있다. 일반적으로 봉분 뒤에는 반달 모양으로 두둑하게 토성土城을 둘러쌓거나 돌담을 쌓은 곡장曲墻이 있으나 가릉에는 사성莎城, 곡장 없이 약간 경사진 평지에 봉분을 쌓아 올린 형태이다. 묘역은 3단의 장대석단을 설치한 것으로 보아 고려시대 왕릉의 형태를 갖추었음을 알 수 있다.

 봉분이 붕괴되고 석조물은 파괴된 채 폐허가 되었던 것을 1974년 보수하였다. 그리고 2004년 국립문화재연구소에서 발굴한 후 현재의 모습으로 복원하였다. 봉분 주변에는 현재 한 쌍의 석수가 있고 봉분 앞에는 석인상 한 쌍이 남아 있을 뿐 석물들이 파괴 또는 유실되어 당시의 모습을 확인할 수 없다(국립문화재연구소). 강화 가릉은 사적^{제370호}이다.

이참에 잠깐. 혹시 조선 왕릉이 유네스코 세계문화유산에 등재된 사실을 알고 있나요?

우리나라에 있는 40기의 조선시대 왕릉으로 구성된 조선 왕릉이 2009년에 유네스코 세계문화유산에 등재되었다. 조선 왕조는 태조에서 순종에 이르기까지 519년간 존속되었다. 왕위에 올랐던 27명의 왕과 왕비, 사후 추존된 왕과 왕비가 묻힌 총 42기의 왕릉이 있다. 40기는 대한민국에 2기는 북한에 있다(암사동선사유적박물관).

정제두의 묘

서해랑길은 자동차 도로로 이어진다. 강화군 양도면 하일리[62-5]. 언덕 위로 이어지는 도로변 오른편에 위치한 2기의 묘가 보인다. 위쪽이 정제두^{鄭齊斗}의 묘이고 아래쪽이 정상징^{鄭尙徵}의 묘이다.

하곡^{霞谷} 정제두¹⁶⁴⁹⁻¹⁷³⁶는 조선 영조 대의 학자로 18세기 초 강화도로 옮겨 살면서 양명학 연구와 제자 양성에 힘써 '강화학파'라 불리는 하나의 학파를 이루었다. 현종9년¹⁶⁶⁸ 별시문과 초시에 급제했으나 정국의 혼란을 통탄하며 벼슬을 포기하고 학문에 전념하였다. 처음에는 주자학을 공부하였으나, 뒤에 지식과 행동의 통일을 주장하는 양명학을 연구하고 발전시켜 최초 사상적 체계를 세웠다. 문집으로 하곡문집 등이 있다. 묘비는 순조3년¹⁸⁰³에 건립된 것으로 비문은 신대우가 짓고 서영보가 썼으며, 묘 앞에는 정제두의 아버지인 정상징과 그의 어머니인 한산 이씨의 합장묘가 있다.

묘역은 완만한 경사지에 사성이 없이 용미만이 길게 되어 있고, 그 앞에 원형봉분이 있다. 봉분 앞에는 혼유석, 상석, 향로석이 있다. 하계 부분에는 좌우에 민무늬로 된 상단에 띠를 2개 두른 망주석과 금관조복에 양관을 한 문인석이 있다(강화군사편찬위원회).

정제두의 본관은 영일迎日, 자는 사앙士仰, 호는 하곡이며, 시호는 문강文康이다. 정몽주의 후손으로 우의정 유성維城의 손자이고, 진사 상징尙徵의 아들이며, 어머니는 한산 이씨로 호조판서 기조基祚의 딸이다.

정제두는 서울에서 출생하여 24세에 과거 공부를 그만두고 양명학 연구에만 전념하였다. 61세에 선조들의 무덤이 있는 강화군 양도면 하일리 하곡霞谷마을로 옮겨와 살았다. 아들 후일厚一을 비롯하여 이광명李匡明, 신대우申大羽, 심육沈?, 윤순尹淳, 이광사李匡師 등이 그의 문인으로 학풍을 이었다. 그가 속한 소론의 가학으로서 학파를 형성하여, 강화도를 중심으로 계승되어 '강화학파'라 불리게 되었다.

조선후기 양명학이 사문난적斯文亂賊으로 배척당하는 분위기 속에서 양명학적 실학의 이념을 강조하며 민족 주체적인 학풍을 형성하고, 새로운 인간 발견의 정신세계를 심화시켜 나갔던 문인학자들은 강화를 중심으로 활동하기 시작하였다. 『강화사江華史』에서는 이들을 '강화학파'라고 부르는데, 이들은 숙종 연간에서 구한말까지 이어졌다.

강화학파의 학인들은 양명학을 중심으로 하되 주자학적 인식론을 취하기도 하고, 유학적인 사유의 틀에만 머물지 않고 도교와 불교를 수용하기도 하였다. 그들은 각각의 성향과 시대적 요구에 대응하여 외형적으로는 다른 모습을 띠었지만, 내면을 닦는데 힘쓰고, 자기를 충실히 할 것을 강조하였는데, 이를 실학이라 불렀다.

양명학을 중심으로 한 강화학파는 정제두를 시작으로 한말 이건창, 이건승을 이어 박은식과 정인보에게로 그 학통이 계승되었다.

건평항

　인천광역시 강화군 양도면 건평리에 있는 항구가 건평항이다. 건평리 마을 이름을 그대로 가져온 항구다. 강화나들길 제4코스 '해가 지는 마을 길'에 위치한다. 한적한 항구에서 일몰을 감상하는 시간을 가질 수 있다.

　건평나루에서 건평항2014년으로 거듭났다. 건평항은 어촌 및 어항법에 의하여 어촌정주어항이다. 어촌의 생활 근거지가 되는 소규모 어항으로 지정되어 어항시설 관리가 철저한 곳이다.

　건평항에는 민물장어, 새우, 숭어, 망둥어가 주로 거래된다. 조용하고 한적한 곳을 찾아 힐링을 즐기는 차크닉, 자동차 타고 소풍을 다니는 것을 즐기는 사람들에게 인기 있는 장소로 알려졌다.

　건평항에는 자그마한 건물, '쉼터'가 마련되어 있는데, 이곳에서 신선한 회와 먹거리를 판매한다. '대흥호, 만석호, 덕성호, 필승호, 경인호, 대성호, 자연호, 황금호, 은석호'라 불리는 배들이 열일한 증거다. 각자 그들의 배로 잡은 생선生鮮을 먹을 수 있는 기회를 가져보자.

강화함상공원의 체험

　웅장한 군함이 항구에 접안해 있다. 이름하여 '강화함상공원'이다. 군함 한 척이 공원이라는 큰 역할을 담당한다. 사람들이 꽤나 많이 관람하고 있었는데 직접 관람해 보니 꽤 괜찮은 공원이었다.

　이 강화함상공원은 1985년 취역 이래 34년간 우리 바다를 지켜오다 2019년 퇴역한 마산함을 최대한 원형 그대로 보존하는 방식으로 재생한 공간이다. 마산함은 한국형 호위함으로 1984년 10월 26일 진수돼 1985년 7월 20일 취역하였다. 국산 호위함 최초로 태평양을 횡단하였으며, 림팩RIMPAC 훈련에 참여했다. 해군 최우수 포슬함으로 선정되어 대통령 부대표창을 받는 등 맹활약한 전적이 있다.

평소 쉽게 접하기 어려운 군함에서 해군생활과 각종 전투 장비를 체험하고자 티켓팅을 하고 군함 안으로 향했다. 누구나 티켓을 구입해야만 입장이 가능하다. 관람 방향 표시가 있어서 순서대로 가면 군함 전체를 빠짐없이 볼 수 있다. 먼저 외부에 있는 76mm 함포를 구경하게 된다.

이탈리아산 76mm 함포는 별도의 운용요원이 전탐실에서 원격으로 조준하여 발사한다. 1분에 최대 85발까지 발사가 가능하며 최대 사거리는 16.3km, 유효 사거리는 최대 약 7km이다.

이러한 기록을 보면서 고개만 끄덕이고 감탄했지만 실감이 나지 않는다. 실전 경험이 없어서일까? 1초에 1발 이상이 발사된다는 점에 놀랄 뿐이다.

곧이어 내부 공간으로 들어가는데, 내부 공간에서는 함장실, 조타실, 통신센터, 전투정보실, 71포 상비탄약고, 사병식당, 이발소, 그리고 화장실 등을 둘러보았다. 화장실은 우리가 사용하는 도기가 아니라 스테인리스로 제작된 것이었다. 물론 대부분의 모든 시설물이 나무와 스테인리스로 제작된 것이었다. 이발소도 구경했다.

마산함은 출동을 나가게 되면 보통 1개월 이상 육지와 떨어진 해상에서 경비임무를 수행하였다. 따라서 마산함에 탑승한 150여 명의 승조원들은 출동기간 중 2회 이발을 실시하였다. 이발요금은 수병은 무료였으며, 장교 부사관들은 일정한 금액을 지불하여 복지금이나 이발기구 구입에 사용되었다.

외부공간에는 76mm 함포 2문과 하푼미사일, 청상어뢰, 미스트랄발사대가 있고, 대함레이더 및 대공레이더가 구경거리였다. 볼거리의 하나는 레이더 장비가 아닐까? 영화에서 보던 커다란 레이더 장치가 눈길을 끈다.

마산함에는 테이칸레이더, 대함레이더, 그리고 대공레이더가 있었다. 테이칸레이더 바로 아래에 선수 쪽으로 붙어 있는 망 형태의 장치가 대함레이더이며, 테이칸레이더 뒤쪽에 검은 기둥 위에서 돌아가는 커다란 그물망 형태의 장치가 대공레이더이다.

그리고 대함레이더 앞에 따로 있는 작은 기둥 꼭대기에 설치된 땅콩같이 생긴 장비가 사격통제레이더이다. 이는 대함레이더 및 대공레이더에서 탐지된 목표물의 위치를 지정해 놓으면 자동으로 표적을 추적하고 조준을 하게 된다.

함장이 공격을 하고자 하면 야간이나 악천 후에도 공격이 가능하고 포대에 사격 인원이 필요하지 않으며, 명중률도 우수하다. 대함레이더의 최대 탐지거리는 40km이고, 대공레이더의 최대 탐지거리는 131km이다.

사다리계단을 타고 3층으로 올라가면 관측, 탐지를 하는 전탐실이 있다. 4층으로 올라가면, 꽤나 높아 아찔할 정도지만, 조타실로 배의 위치, 방향 및 상황 등 각 위치에서 할 수 있는 체험이 가능하다. 조타실에서 내려다보는 바다는 어마무시하게 넓은 인상을 준다. 그런 바다를 헤쳐 적의 동태를 파악하는 임무가 상상되는 순간이다.

강화함상공원에서 처음 접하는 군함의 이모저모는 하나하나 신기할 뿐이다. 눈요기는 물론 이해의 시간이 된 강화에서의 특별한 체험이었다.

외포항에 진돗개와 돌하르방이 있는 이유

외포리 선착장은 강화도 내가면 외포리^{연안서로885}에 위치한 소규모 연안여객터미널이다. 볼음도, 아차도, 주문도행 선박이 운행된다. 석모도 출입을 위한 주민과 여행객들이 주로 찾는 곳이었지만 석모대교가 개통되면서 주문도 등 강화 부속 섬을 출입하기 위한 여객터미널로 바뀌었다.

배를 타는 것은 그 동네를 돌아볼 수 있는 좋은 방법이다. 배를 타고 섬으로 떠나보자.

외포항에는 강화도 주변 드문드문 떠 있는 작은 섬들로 이어지는 해안선들과 한가롭게 날고 있는 갈매기 떼를 유난히 많이 볼 수 있다. 그래서 강화의 숨겨진 사진 촬영지로 소문난 명소가 되었다. 조용히 밀려오는 파도, 파도에 실려 오는 바람과 바다냄새, 삶의 에너지가 넘치는 사람들의 이야기 소리, 그리고 일몰 풍경이 사람들을 끌어 들인다.

사람을 끌어 들이는 또 다른 이유는 젓갈시장이다. 김포에 대명항이 젓갈시장의 큰손이라면 강화도에서는 외포항이 큰손이다. 싱싱한 수산물을 만날 수 있는 외포항. '젓갈 수산물 직판장' 네온사인 간판이 낮인데도 반짝인다. 그래서일까. 수산물 직판장에 들어서기도 전에 진하고 짭조름한 젓갈 냄새가 코끝을 간질인다. 직판장 안은 해산물과 젓갈을 구입하려는 사람들로 붐빈다. 특히 서해에서 잡은 것으로 담근 새우젓이 유명해 김장철이면 많이 찾는 편이란다. 맛깔스럽고 감칠맛 나는 토속음식 젓갈들. 조개젓, 꼴뚜기젓, 황석어젓, 밴댕이젓, 낙지젓, 오징어젓, 명란젓, 토하젓, 가리비젓 등등.

그런데 외포항 끝자락엔 진돗개 모형이 있고, 제주 돌하르방이 양쪽에 우뚝 서 있다. 이상한 생각이 들었으나 그 뒤에 있는 삼별초군三別抄軍항몽抗蒙유허비遺墟碑기 길문의 답이 되어 주있다.

진도군이 삼별초 호국 항몽의 역사를 바탕으로 자매결연을 한 강화군과의 우호증진과 공동번영을 기원하는 뜻에서 4만 진도군민의 뜻을 모아 진돗개 상을 기증한 것이었다. 제주 돌하르방 역시 북제주군과의 자매결연의 상징으로 '돌하르방 문·무관' 한 쌍을 기증한 것이었다.

외포항 삼별초항몽 유허비와 제주 돌하루방 기념비

1993년 6월 1일 강화군민들이 삼별초의 몽골에 대한 항쟁을 기려 세운 비석, 삼별초 항쟁비의 골자다.

좌별초·우별초·신의군으로 이루어진 삼별초는 고려 원종이 몽골에 복속하여 개경으로 환도하자 강화도에서 봉기하였다. 이들은 1270년 6월 1일 강화도에서 전라남도 진도로 이동하여 항쟁하였으며, 다시 제주도로 거점을 옮겨 여몽연합군에게 무너질 때까지 항전을 지속하였다. 항쟁비는 삼별초가 몽골의 지배에 항거하여 궐기한 유허遺墟에 세워졌다.

삼별초군이 강화에서 진도, 제주도로 이동하며 끝까지 항전한 근원지로서의 역사적 의의를 기리기 위해 비를 건립하였음을 밝히고 있다. 앞면에는 '삼별초군호국항몽유허비三別抄軍護國抗蒙遺墟碑'라 새겨져 있고 뒷면에는 비석을 세운 취지가 새겨져 있다.

서해랑길 102코스 인천 강화군
외포항– 황청저수지– 계룡돈대– 망월돈대– 창후항 / 10.4km

돈대를 만나는 여행

외포항에서 곧바로 언덕으로 올라가면 망양돈대가 자리한다. 강화군 내가면 외포리.

망양돈대는 1679년숙종5년에 축조된 48개 돈대 중의 하나로 해안으로 상륙하는 적군을 차단하기 위하여 설치된 중요한 방어시설물이었다. 당시 돈대에는 곡식과 땔감을 비축하여 두고 3명이 1조로 상주하며 경계기능을 유지하였다. 망양돈대 윗부분에는 몸을 숨기고 적을 공격할 수 있도록 쌓았던 낮은 담장의 흔적이 남아 있다.

지금의 망양돈대는 복원된 것이다. 성벽 돌의 색이 오래된 돌과 새 돌이 쉽게 구별될 정도로 차이가 난다. 망양돈대 안에서 조선 병사들이 밥을 짓거나, 순찰을 돌거나, 화약이 폭발하는 열에 돌 성벽이 뜨거워지는 듯한 여러 상상을 해본다.

서해랑길 102코스는 여러 돈대墩臺를 만나는 여행이나 다름없다. 한양을 지키는 전략적 요충지로 서쪽 해안을 따라 조성된 외세 침략 방어시설인 돈대, 망양돈대-계룡돈대-망월돈대를 만나기 때문이다. 나들길 코스, 일명 호국돈대길이다. 강화도의 돈대의 역사를 고스란히 보여준다.

돈대는 적의 움직임을 살피거나 공격에 대비하기 위해 영토 내 접경지역, 해안가나 접경지역에 쌓은 소규모 관측, 방어시설이다. 병사들이 돈대

안에서 경계근무를 서며, 외적의 척후활동을 비롯한 각종 수상한 정황을 살피고 대처한다. 적이 침략할 때는 돈대 안에 비치된 무기로 방어전을 펼친다(m.cha.go.kr) 대개 높은 평지에 쌓으며 밖은 성곽으로 높게 하고 안은 낮게 하여 포를 설치해 둔다(강화군). 또한 돈대墩臺는 경사면을 절토切土하거나 성토盛土하여 얻어진 계단 모양의 평탄지를 옹벽으로 받친 부분을 말한다. 분수, 연못, 솟밭 등이 조성되는 정원시설이 있고, 성곽이나 변방의 오지에 구축하여 총구를 설치하고 봉수시설을 갖춘 방위시설이 있다(이재언).

『프랑스 군인 쥐베르가 기록한 병인양요』에서 기록된 강화도의 요새돈대 이야기다.

강화도에 속하는 서안西岸은 한쪽 끝에서 다른 쪽 끝까지 총안을 낸 성벽으로 보강되어 있고 성벽을 따라서 대부분 고지 위에 축조한 작은 요새들이 나란히 세워져 있다. 이 통로를 뚫고 진입하는 데에는 상당한 어려움을 겪을 것 같았다.

실제로 나중에 우리는 강화도에 들어가서 그 섬에 수많은 요새들과 화약고들과 무기고들이 있는 것을 보고는 이 통로가 조선의 군사軍史에 중요한 역할을 해왔음을 알 수 있었다. 조선 정부는 국방 지원에서는 좀처럼 인색하지 않았다.

망양돈대는 1679년숙종5년 황해도, 강원도, 그리고 함경도 승군僧軍 8,900명과 어영청御營廳 소속 어영군 4,262명이 80일 정도 걸려서 쌓았던 것으로 기록에 남아 있다(강화도). 돈대 축조를 기획하고 감독한 이는 병조판서 김석주金錫胄였고, 실무 총괄은 강화유수 윤이제尹以濟였다. 남쪽으로 3.2km 떨어진 곳에 건평돈대가 있고, 서쪽으로 1.3km 떨어진 곳에 삼암돈대가 있는데 석각돈대와 함께 정포보井浦堡관찰 하에 있었다.

망양돈대의 구조는 방형 구조이며, 둘레가 130m, 석벽의 높이가 300-340cm, 폭 2.5m이다. 대포를 올리기 위한 포좌 4개소와 치첩성 위에 낮게 쌓은 담 40개소가 있고, 윗부분에는 벽돌로 만든 여장의 흔적이 남아 있다. 이는 몸을 숨기고 적을 공격하기 위해 성 위에 덧쌓은 낮은 담을 말한다(강화군 문화재과). 동쪽으로는 외포리 항港이 있고 남쪽은 급경사로 거의 절벽에 가깝다.

서해랑길을 따라 올라가면 계룡돈대도 만난다.

계룡돈대는 화강암으로 축조된 장방형의 돈대로 길이 30m, 너비 20m, 석축 높이 3-5m 규모로 쌓았다. 북쪽 벽만 원형대로 남아 있었던 것을 복원하여 현재의 모습으로 갖추었다. 동벽 석축 하단에 '강화 18년 4월 경상도 군위어영軍威御營'이라는 명문銘文이 새겨져 있다. 이는 강화지역 54돈대 중 유일하게 쌓은 연대를 알 수 있는 것이다.

'황금들녘길'. 양지바르고 조용한 마을길을 따라가면 넓은 평야를 만난다. 망월평야다. 고려 후기부터 20세기까지 간척사업의 결과물로 얻어진 평야로 오늘날 강화에서 가장 넓다. 간척한 평야에 설립된 마을 중에서도 가장 규모가 크고 역사가 깊은 마을로, 마을이 벌판 가운데 있어 달을 먼저 바라본다고 하여 망월동望月洞이라 하였다. 연간 약 760톤의 쌀을 생산하는 전형적인 농촌마을이다.

망월돈대아 함께 있는 장성長城은 고려 고종이 강화도로 도읍을 옮기면서 해안방어를 튼튼히 하기 위해 길이 7m, 너비 1.5m로 쌓아 올린 것으로 누각을 설치한 출입문이 6곳, 물길이 드나드는 문이 7곳 마련되어 있었다.

망월리에는 망월돈대부터 무태돈대까지 이어진 만리장성이 있었다. 그

망양돈대

러나 1998년 대규모 해일로 인해 한국 간척사의 상징이라 할 수 있는 망월 평야의 만리장성 둑이 일부 소실되었다(망월리).

인천 강화군 하점면 망월리. 그곳에서 망월돈대望月墩臺를 만난다.

조선 숙종 5년1679년에 강화지역 해안선 방어를 위하여 축조한 것이다. 0.4-1.2m 의 돌을 장방형으로 다듬어 가로 38m, 세로 18m, 높이 2.5m 규모로 축조하였다. 돈 대 북측 장성長城은 고려 고종 19년1232에 강화로 천도하면서 해안방어를 위해 처음 쌓 았다고 한다. 조선 광해군 10년1618 안찰사 심돈이 수리를 하였고, 영조 21년1745 유수 김시환이 다시 고쳐서 쌓았으며 '만리장성'이라고도 불렀다고 전한다.

망월돈대는 40-120cm의 돌을 직사각형으로 쌓아 올린 형태로, 성곽 위 로는 흙벽돌로 낮게 쌓은 담장이 둘려져 있다. 그러나 지금은 그 흔적만 남

계룡돈대

아 있을 뿐이다. 방형구조로 둘레 124m, 석벽의 높이는 180-300cm에 달한다. 대개 돈대들이 해안가 높은 지대에 위치하는 것과는 달리 망월돈대는 갯가 낮은 지대에 설치되었다. 시야를 가리는 방해물이 없어 경계초소로 부족함이 없었기 때문이다.

창후항의 추억

 갈매기 떼가 무리 지어 빙글빙글 돌다 자맥질하고 우짖는 소리. 요란하지만 생동감이 넘친다. 바다의 숨결이 훅 끼쳐 왔다. 사진을 찍는 사람들. 과자를 던지는 아이들. 경이로운 광경이 펼쳐지는 활기찬 창후항이다.

 4월이라서 일까? 지난번 겨울철과는 또 다른 창후항의 정경이다. 102코스 종착지 창후항에 도착했을 때는 갈매기를 본 기억이 전혀 없다. 그 당시에는 조용하다 못해 쓸쓸한 포구로 인식되었다.

 갈매기무리의 활기찬 이유는 다른 데 있었다. 수산물센터 뒤편에서 알게 되었다. 사람들이 모여 앉아 열심히 일을 하고 있는데, 주로 잡어들 속에서 새우를 걸러내고, 잡어를 갈매기의 밥으로 준다는 것이다.

 "갈매기들이 얻어먹으려고 우리 위를 빙빙 도는 것에요."

 "먹이를 주는지 알고 있어요."

 그래서일까 망망한 바다가 손짓하면 갈매기들이 날카롭게 울어대며 바다를 내려다보고 원을 그리다가 다시 돌아와 건물 주위를 빙빙 돈다. 먹이를 줄 것인가? 기대했다가, 다시 바다로 나갔나가 나시 수산물센터 수위를 돌다가, 또 다시 바다로 나가는 갈매기 떼 광경이 장관이다. 갈매기들도 먹이를 주는 이들을 알아보는 것인가? 신기하다.

 우리나라 최북단에 있는 포구 창후항, 그리고 비무장지대에 있는 작은 포구, 창후리 선착장은 강화도의 서북단 교동도와 마주보고 있는 별립산

창후항 갈매기 떼

하단에 위치한 작은 선착장이다.

  이곳은 칠면초 군락지로 유명한데 해변에 자란 잡초들이 칠면조와 같이 색이 변한다고 해서 이름 붙여졌다. 해변 들판에 펼쳐진 잡초들은 계절마다 색을 달리해 바다와 대비되는 멋진 풍광을 자아낸다.

서해랑길 103코스 인천 강화군
창후항- 송산삼거리- 양사파출소- 별악봉- 강화평화전망대 / 13km

진달래 즈려밟고 성덕산을 넘어서

서해랑길의 마지막 103코스다. 창후항에서 출발해 최종점인 강화평화전망대에 이르면 1,800km 완보完步다. '아-악! 해냈어' 하고 소리를 질러보고 싶은 충동이 인다.

서해랑길은 철책길로 이어진다. 사람들이 다니지 않는 길인 양 폐허가 되어 버린 길. 철조망이 없어질 그날을 기원하며 철책길을 한 발 한 발 지워나간다. 철책길이 끝나면 농로로 이어진다. 인화리 농로를 따라 이리저리 돌아나간다. 평범한 시골길이다. 농로를 휘돌아 나가면 송산삼거리에 이르고, 양사면사무소가 있는 곳에서 등산로 입구를 들어선다. 성덕산215m 등산로다.

성덕산에는 이야기가 산재散在한다. 다름 아닌 바위 전설이다. 장군바위, 두꺼비 바위, 그리고 선녀바위다.

아주 큰 바윗덩어리가 보인다. 바위 자체가 우람하다 못해 웅장하다. 장군바위. 보기만 해도 장군바위답다. 장군바위 팻말이 전설을 말해준다.

옛날 성덕산 기슭에 힘이 센 9척 장사가 살고 있었다. 힘이 얼마나 센지 앉았다 일어나기만 해도 자리에 흔적이 생기고 바위가 부서지거나 두 동강이가 났다. 바위가 파여 지금도 바위 표면이 움푹 파인 흔적이 고스란히 남아 있다. 이후 사람들은 이 바위를 장군바위 또는 장사바위라고 부르고 있다.

다음은 두꺼비 모양의 두 개의 바위다. 쌍으로 되어 있는 두꺼비 바위는 두꺼비부부 이야기다.

옛날에 물과 공기가 좋아 먹잇감이 풍부한 생설미 쪽 태미산 자락에 두꺼비 부부가 행복하게 살았다. 그런데 아내는 늘 경치가 아름답기로 소문이 난 벼락봉 꼭대기에 올라가서 세상을 보고 싶어 했다. 남편은 아내의 간청에 따라 경사가 급하고 오르막이 험한 벼락봉으로 올라가던 중, 해가 저물어 갔고 허덕이며 힘에 지친 아내가 쓰러져 숨을 거두고 말았다. 아내를 살리려고 백방으로 애를 써 보았으나 허사였다. 남편은 그 자리에서 한없이 눈물을 흘리다가 아내와 함께 바위로 변했다.

슬프고 깊은 부부애를 담은 이야기다. 성덕산 산길에는 바위가 거의 보이지 않았지만 몇 개의 큰 바위가 특징적으로 두드러져 이런 전설이 만들어진 것이 아닐까.

이번에는 '선녀바위'를 만난다. 아주 큰 바위와 다소 작은 바위 사이에 조그만 바위가 끼워져 있다. 큰 바위는 총각이고 다소 작은 바위는 선녀이며, 조그만 바위는 아이를 일컫는다. 선녀바위의 전설은 이렇다.

이 마을에는 외모가 출중하고 힘이 센 총각이 살고 있었는데, 어느 날 하늘나라에 살고 있는 선녀가 지상을 내려다보다가 우연히 이 총각을 발견하고 흠모하게 되었다.
옥황상제의 허락을 받고 잠시 내려와 총각을 만나 깊은 사랑에 빠지게 되었으며 총각의 아이를 임신하여 다시 하늘로 올라갈 수 없는 상황에 이르자 이 바위에서 고독한 출산을 해야만 했다. 뒤에 옥황상제가 이 내용을 알고 노여움이 생겨 선녀와 아이, 총각까지 세 토막의 바위로 변하게 만들었다고 전해 내려오고 있다. 아직도 해산의 고통을 참기 위해 옷자락을 끌고 다녔던 흔적이 바위에 새겨져 있다.

옷자락을 끌고 다녔다는 흔적이 바위에 새겨져 있다고? 매끈한 바위가 어디 있겠는가? 울퉁불퉁한 바위의 겉모양이 눈에 들어온다.
숲길은 넓은 임도로 이어진다. 성덕산 등산로와 별악봉으로도 이어진다. 산길이 조용하고 고즈넉하다. 기분이 편안해지고 행복감마저 들 정도로 아담한 산 중의 산길이다.
산기슭에 진달래꽃 무리가 진분홍 꽃잎을 펼쳐 마음껏 자랑한다. 소나무가 가지마다 갈색 대궁을 뾰족이 내민 채 하늘을 쳐다보고 있는 사이로. 마음이 따뜻해진다.
어머! 진달래가 아직도 피었네. 그렇다. 강화도는 우리나라 최북단 지역으로 꽃 피는 계절이 다소 늦은 것으로 알려져 있다. 4월 중순인데 이제야 진달래와 목련이 한창인 강화.

 길 따라 아름답게 피었을 뿐만 아니라 산허리를 따라 골짜기마다 진달래가 온통 진분홍색 일색으로 산을 환하게 밝힌다. 나만이 알고 있는 비밀의 진달래 화원이 있다면 바로 이곳 성덕산의 진달래 꽃동산이다. 강화도가 특히나 진달래가 유명하다는 이야기를 들은 적이 있었는데. 서해랑길 덕분에 진달래 즈려밟고 성덕산을 넘는다.

 하늘과 바람과 나무와 꽃들이 함께 몸짓으로 춤을 추듯 펼쳐지는 몽환적 분위기에 젖어 드는 여유롭고 편안한 길이다. 성덕산의 보물은 진달래다. 내년 4월 중순에도 다시 성덕산 비밀의 정원으로, 혼자만의 약속을 해본다.

강화평화전망대

 민간인 출입통제선^{민통선} 검문소에서 출입신고서를 적고 들어간다. 누구도 피할 수 없는 이런 현실이 분단된 나라에 살고 있다는 사실을 재인식케 한다. 비로소 현재의 한국 사회가 어떠한 과정을 거쳐 지금, 이곳에 이르렀는지를 확인하게 된다. 현재 우리의 세계 내적 위치를 정확하게 파악할 수 있는 것인가? 같은 민족 두 나라의 변경邊境이 맞닿아 있는 이 땅에 서서 강화평화전망대가 어떤 의미로 예견되고 있는지.

 강화평화전망대에 올라가기 전 주차장에 '남북1.8평화센터'가 있다. 이곳은 2022년 준공된 휴식센터다. 전시실, 식당과 카페테리아, 그리고 옥상쉼터가 있는데, 식당은 북한 음식을 맛볼 수 있는 것이 특징이란다. 옥상에서는 북한을 육안으로 조망할 수 있는 쉼터가 조성되어 있고. 하지만 평일이라 그런지, 아니면 이제는 사용하지 않는지 남북1.8평화센터는 문이 닫혀 있다.

 매표소에서 관람료를 내고 강화평화전망대로 향했다. 4층 규모의 아담한 건물. 공식 명칭이 '강화도 제적봉 평화전망대'다. 인천광역시 강화군 양사면 전망대로797. 강화도 최북단 양사면 제적봉에 있는 전망대. 갈 수 없는 땅과 건너지 못하는 바다를 바라보며 분단의 아픔을 실감하게 하는 강화평화전망대. 건물 앞에는 다음과 같은 기록이 강화평화전망대를 일깨운다.

> 강화평화전망대는 우리나라에서 북한과 가장 가까운 거리에 있는 곳으로 다른 지역의 전망대들과는 달리 날씨가 좋을 때는 북한 주민들이 농사를 짓는 모습, 주택, 학교, 마을회관 및 선전용 위장마을 등 북한 주민의 생활상을 육안으로 생생히 볼 수 있는 곳입니다.
> 민통선 지역으로 일반인의 출입이 엄격히 통제되었었고, '공산당을 제압한다'는 의미로 제적봉으로 불리기도 하는 양사면 철산리 산6-1번지에 2008년 개관하였습니다.
> 평화전망대에서 우측으로 2.3km 해안가를 건너 개풍군, 개풍군과 배천군 사이를 흐르고 있는 예성강, 송악산과 개성공단직선거리 15km이 있는 개성시를 볼 수 있고, 좌측으로는 과거 연백군으로 불리고 연백평야가 넓게 펼쳐진 황해남도의 연안군과 배천군을 볼 수 있습니다.

이곳은 남한에서 가장 가까운 거리에서 북한을 바라볼 수 있는 전망대다. 변경邊境이란 특수한 주변은 특별한 왜곡이 가능한 곳이다. 민족 동질성 회복과 평화적 통일의 기반구축을 위한 문화관광 공간으로 활용하기 위해 민통선 북방지역에 개관하였다. 실향민과 관광객이 많이 찾는 강화도의 명소가 되었다.

실향민. 고향이 있어도 고향에 다시 갈 수 없는 사람들. 손에 잡힐 듯 가까운 고향땅이 이토록 멀게 느껴질 수 있을까? KBS의 특별 생방송 '이산가족을 찾습니다.'가 기억의 저만치서 아물거린다. 「보고 싶은 얼굴」이란 노래로 가슴을 저미던 그때 말이다. 김혜자 배우의 『생에 감사해』에 따르면 1983년 6월 30일부터 11월 14일까지 KBS가 생방송으로 방영한 이산가족 찾기 운동에서, 10만952건의 신청 건수가 접수되어 1만180여 이산가족이 상봉했다.

실향민들의 간절한 마음을 어떻게 전할 수 있을까?

저 또 왔어요.
소나무 그루터기에
노오란 민들레 한 송이 눕혀 두고
오늘은 안동소주 대신 막걸리 대신에
꽃 피는 봄 사월 돌아오면-
산이 듣고 새가 듣고
꽃이 듣고 들이 듣는 비나리
홀로 부르며 홀로 사무치는
사월의 망향

유귀자 시인의 「망향」이란 시가 실향민의 마음을 대변해 주지 않을까?
'그대들 쉽게 고향에 돌아가지 못하리라'는 엘리엇의 시 구절, 토머스 울프의 저서 『그대 다시는 고향에 가지 못하리』, 우리나라 이문열 작가의 『그대 다시 고향에 가지 못하리』, 등등 고향은 모든 이들의 귀향적 장소다. 여기서 말하는 고향은 의미가 다양하지만, 분단국의 국민이 생각하는 고향은 특별하다.

평화전망대

통일염원소

평화전망대가 보여주는 것들

　강화평화전망대 건물 안으로 들어가 본다. 1층으로 들어가면 중앙에 '통일염원소'가 있다. 이산가족의 한을 달래고 통일을 염원하는 마음으로 디지털 나무가 설치되어 있다. 관광객들이 소망을 이곳에 적어 뜻을 기리게 한 것이다. 디지털 나무에 적힌 수많은 소망기록지에는 평화, 통일을 기원하는 메시지가 그득하다.

　- 통일을 기원합니다.
　- 우리 가족 모두 건강하게 해주세요. 평화 통일되어서 OO집에서 살게 해주세요. ;2004. 12. 30
　- 우리의 소원은 대한민국 하나 되길. 이해와 사랑과 화합으로 뭉치자. 충주에서; 2025. 3. 6
　- 평화가 찾아오길.
　- 하루빨리 통일되어 우리 모두 하나 되길.
　- 평화 통일을 간절히 기도합니다.
　- 통일 이루어져라!
　- 꿈은 이루어진다.

　한편에는 '북한전시관'이 넓은 공간을 차지하고 있다. 북한의 의복이 전시되어 있으며, 먹거리도 다양하게 보여주고 북한 주민들의 놀이문화도 전시되어 있다. 전시된 북한 주민의 생활 모습이 2008년도의 오래된 것으로 보여 시대적 차이가 나는 현실이 아쉽기만 하다. 하지만 재미난 것은 북한에서 사용하는 용어와 남한 언어를 비교한 퀴즈놀이다. 북한 용어 뒷면에는 남한 용어가 적혀 있었는데 맞추다 보니 의미가 통하는 것이 신통했다.

지금까지 살아온 것의 몇 배가 되는 세월이 서로를 다르게 만들고 있다는 사실이 두렵기도 하고.

한번 맞춰보세요? 우리는 무엇이라고 말하는지.

하루살이 양말, 나들문, 손전화, 랭풍기, 맛있는 음식점, 꼬부랑 국수, 소시지, 밥상칼, 위생실, 망각증.

2층 전시실로 올라가면 강화의 역사와 강화전쟁사, 그리고 교류와 협력의 한반도를 알기 쉽게 설명하고 있다.

강화는 39년간이나 사실상 고려왕조의 왕도王都 역할을 하였다. 고려가 몽골의 공격을 받으면서 개성으로 환도하기까지 강화도는 고려의 도읍지가 되어 강도江都라 불리었다. 고려의 도읍지가 된 강도에는 궁전, 사찰, 사직 등 모두 당시의 송도를 모방케 하여 조성되기 시작했고, 내성과 외성 등 성곽을 축조하였다. 또한 천도 이후 식량의 자급력 향상을 위한 간척사업이 추진되어 강화 땅의 해안선 모습이 확연히 달라졌다.

조선시대 강화는 임금과 조정의 피난처이자, 실록과 왕실의 서적을 보관하는 보장처保藏處였다. 임진왜란 이후 강화에는 정족산 사고가 설치되어 역대 실록과 서책들이 보관되었다. 1782년에는 외규장각이 설치되어 왕실 관련 서적을 보관하였다. 후금과 청의 무자비한 침략 후 효종은 강화에 성과 무기를 정비하고, 군사시설인 진·보를 강화에 설치하였다. 속종 때에는 진·보에 소속되는 돈대와 포대가 구축되면서 강화는 전략적 요새의 모습을 갖추었다 조선 후기 병인양요, 신미양요, 운요호사건은 개항기 강화의 치열한 역사를 보여준다.

이처럼 고조선 개국마니산 참성단부터 삼국시대를 거처 고려시대 강화 천도 고려궁지, 조선시대에는 왕족들이 유배지로, 또한 시대마다 역사적 항쟁지돈대 및 진·보였던 강화의 역사를 살펴볼 수 있다.

삼국시대부터 1950년 6월 25일에 발발했던 한국전쟁까지 강화의 전쟁사를 시간대별로 일목요연하게 정리하여 보여주고 있다. 또한 사진 자료를 통해 현대사에서 가장 비극적인 한국전쟁에 관한 내용도 확인할 수 있다.

그리고 남북 상호 간의 신뢰를 쌓고 평화를 이루기 위한 지난 50년간의 교류와 협력의 노력을 소개하고 있다. 1971년부터 2018년까지 668번의 공식적 만남을 시간대별로 나열하여 알기 쉽게 설명하고 있다.

전망대로 나가면 고성능 망원경을 통해 북한 땅과 주민생활 모습을 직접 조망할 수 있다.

3층에도 가보자. 북한 땅 조망실이 있다. 전망대에서 조망되는 북한 지형을 모형으로 제작하여 정확한 위치를 확인할 수 있도록 하였다. 관광객에게 북한의 현황을 설명하는 공간이다. 안내인이 비디오를 통해 좀 더 자세하게 설명을 들을 수 있게 도와준다. 비디오가 아니라 직접 가서 설명을 듣는 그날이 오길 기대한다.

후기

서해랑길을 완보하고

　3년 남짓 오랜 시간이 걸렸다. 1코스 해남 땅끝에서 시작한 서해랑길 걷기가 103코스의 끝자락 강화 평화전망대에서 끝이 났다. 6개 지선을 포함해서 109개 코스, 1,800km를 완보한 것이다. 서해랑길을 걷고 자료를 모으고 구상하고 남들의 생각을 참조하고 해서 겨우 여기까지 다다랐다.
　결코 쉽지 않았다. 쓰는 것도 힘들었지만 걷는 것도 힘겨웠다. 일단 한 발짝을 떼는 것, 그것이 시작이며 끝이었다. 그렇게 한 발짝 한 발짝 내딛는데 집중하다 보면 어느새 목적지에 도착해 있는 나를 발견한다. 스스로 놀란다. 오늘도 한 코스를 끝내다니. 이렇게 한 코스씩 걷는 즐거움이 컸다.
　『서해랑길 워킹투어』와 『서해랑길 워킹투어2』에 이어 3권의 마지막 책자가 나온다. 3권에서는 서해랑길 71코스의 충청남도 태안군에서부터 103코스 인천광역시 강화군 강화 평화전망대에 이르는 구간의 이야기가 들어간다. 충청남도와 경기도, 그리고 인천광역시의 11개 시·군에 걸쳐 있는 33개 코스로 마무리된다.
　각 시·군별 구간과 거리는, 태안군[71-75코스] 78.9km, 서산시[76-79] 50.1km, 당진시[80-83] 69.3km, 아산시[84] 18.3km, 평택시[85-86] 38.0km, 화성시[87-88] 37.1km, 안산시[89-91] 50.1km, 시흥시[92-93] 28.6km, 인천광역시[94-98] 71.6km, 김포시[99] 13.5km, 강화군[100-103] 53.5km로 총

509.0km가 된다.

  바다와 맞닿은 해안선으로 이어진 서해랑길은 생명선이나 다름없다. 생명이 깃들어 있는 길을 따라 아름다운 해변과 조용한 숲길을 걸으며 시원한 바닷바람을 즐겼다. 맑은 공기, 태양, 바다, 쌀로 만든 밥처럼 단순하면서도 영원한 것이다. 그래서 엄청난 힘이 에너지로 전환되는 느낌이 들기도 했다. 그만큼 서해랑길에서 나는 많은 기쁨을 누리는 힐링의 시간이었다.

  태안의 해안을 따라 계속 이어지는 작고 아름다운 해변과 숲길은 자연의 신비로움 그 자체로 추억이 되고. 삽교천의 물줄기는 바다로 향하고 아산호와 평택호의 맑은 물에는 문화가 깃들어 있다. 바다 향을 품은 싱싱한 먹거리와 여객선을 타고 만나는 섬은 바다의 설렘을 전한다.

  옛사람들의 고된 길에서 산천을 만나고 사람들을 만나고 거기 사는 사람들의 인심을 만나고 바람 소리, 새소리, 작은 미물까지, 만나지 못하는 것이 하나도 없다. 서해랑길을 구석구석 바라보며, 풀잎에 맺힌 이슬같이 아주 사소한 것에도 세상의 이치와 아름다움이 있다는 것을 알게 되었다.

  일상과 가까운 곳에도 바다가 있다. 화성 제부도의 물길을 따라 물안개가 흐르고 안산의 마을 곳곳에 고운 노을이 내려앉는다. 소래포구와 생태습지공원, 협궤열차는 바다 풍경과 함께 옛이야기를 들려주는 풍성하고도 소박한 여행지다.

　매번 낯선 곳을 걸었듯이 모든 사물을 매일 처음 보는 듯 신비로운 길이었다. 걸을 때마다 서해랑길에 만 있는 무언가 새로운 발견을 선물로 받았다. 하여튼 낯선 장소가 주는 불편함보다 편안함을 느껴 비로소 나의 공간이라는 이름을 살포시 붙이는 건 여행 중 스스로에게 할 수 있는 최대의 선물이다.

　역사와 바다, 즐거움이 넘실넘실 살아 숨 쉬는 강화도. 강화도는 섬 자체가 하나의 역사관이자 박물관이라 할 수 있을 만큼 역사 유적지가 많은 곳이다. 선사시대부터 구한말까지, 섬 곳곳에 이야기가 널려 있다.

　사람들은 이제 그 나름의 이야기들을 품고 있어, 마을로 가는 길에는 모두 복잡한 이야기가 널려 있게 되었다. 이것이 우리가 서해랑길을 걸으면서 만나는 과거와 현재라는 사실이다. 그래서 역사와 문화와 이야기가 있는 의미 있는 장소들이 서해랑길을 더 매력적으로 만든다. 매력이 무궁무진한 곳이라 오래오래 걸어 다닐 수 있었다.

　고백하건대, 나는 서해랑길을 걷고 쓰기 전에는 그곳에 사는 사람들의 삶과 문화에 대해서도 보통 사람들보다도 아는 게 별로 없었다. 이 세상에 내가 태어나 살면서 처음 대하는 것들이 수도 없이 많았다. 서해랑길의 이야기를 따라가면서 생각하며 느끼며, 내가 살고 있는 땅에 관해 많은 것을 배웠다. 걷고, 쓰고, 읽으면서 나의 무지를 깨우치는 배움의 과정이기도 했다. 또한 그 수많은 책을 읽지 않았더라면 나는 내 생각을 아무 검증도 없이 글로 쓸 뻔했다. 무엇인가를 안다는, 앎의 길이 얼마나 소중한가를 나는 서해랑길을 통해 깨우치게 되었다.

걸을 수 있어서, 볼 수 있어서, 들을 수 있고, 생각할 수 있어서 내내 행복했다. 나이 들면서 아리스토텔레스가 말하는 관조적 삶에 관심이 기울여진다. 앞으로도 길을 걸으면서 길에서 만난 이야기를 적어보고 자료를 찾고 책을 읽으며 공부하는 시간을 가져보려고 한다. 그러면서 더 건강하고 행복하고 평화로워지고자 한다.

3년 동안 수많은 사람들로부터 셀 수 없는 많은 도움과 지지를 받았다.
'대단히 감사합니다.'라며 두 손을 모아 소중한 마음을 전합니다.

2025년 9월

知明 **趙留香**

인용 및 참고문헌

주로 서적 중심으로 작성함

충남 태안군
구수환 감독 〈울지마 톤즈〉 영화, 2010
김홍신 『인생견문록』 해냄, 2017[대활자본]
김훈 『허송세월』, 나남, 2024
김형석 『남아 있는 시간을 위하여』 김영사, 2019, 큰글자책
박종인 『땅의 역사』 상상출판, 2021
벤 몽고메리 지음·우진하 옮김 『할머니, 그만 집으로 돌아가세요』 책세상, 2016
이태석 『당신의 이름은 사랑』 다른우리, 2011
이태석 『친구가 되어 주실래요?』 생활성서, 2011
태안군 관광진흥과 『바다 빛 여행 in 태안』 ㈜지오마케팅, 2023
캐서린 메이·이유진 『우리의 인생이 겨울을 지날 때』 웅진지식하우스, 2021

충남 서산시
김형광 『하룻밤에 읽는 고려야사』 시아, 2017
서산문화원 『서산군지(상)』 1926년 서산군지 번역판, 2005
서산문화원 『서산군지(하)』 1926년 서산군지 번역판, 2005
서정오 『옛이야기 보따리』 보리, 2011
야마와키 리코·이소담 옮김 『50세에 떠나는 기분 좋은 혼자 여행』 북포레스트, 2023
이문열 『대륙의 한1』 실크로드, 2010, 3판2쇄
장그르니에 『지중해의 영감』 이른비, 2018
최용범 『하룻밤에 읽는 한국사』 페이퍼로드, 2021

충남 당진시
김미리 『금요일엔 시골집으로 퇴근합니다』 휴머니스트출판그룹, 2022
김미리 『아무튼, 집』 제철소, 2025

김병규 『봄날은 본디 따뜻하다』 가톨릭출판사, 2016
김영연 『나는 혜화동 한옥에서 세계 여행한다』 한국학술정보, 2022
김윤환 『아무튼, 서재』 제철소, 2023
당진시 『희망기록』 2022 (https://www.dangjin.go.kr/html/kor/sub04/hope)
심훈 『그날이 오면』 심훈상록문화제집행위원회·심훈선생기념사업회, 2021
양한정 『요즘 당진여행』 당진시청 문화관광과 관광기획팀, 2022
영랑사 「아름답고 참된 나를 찾아서 영랑사 템플스테이」 리플렛, 2024
조유향 『서해랑길 워킹투어2』 현자, 2024
뿌리 깊은 나무 『한국의 발견 충청남도』, 뿌리 깊은 나무, 네째판, 1987

충남 아산시

김영하 『단 한 번의 삶』 복복서가, 2025
아산시 『아산시지』 아산시, 2025
정지안 「아산만의 조용한 마을 공세리, 이야기를 품다」 인문360, 2018

경기 평택시

노동은 지영희 평전, 민속원, 2015
성금연 『다시 보는 지영희 민속음악 연구자료집』 경기관광공사 지역문화한마당1, 2014
평택시 『모든 걸 바쳐 온 국민이 즐거워한다고 말하는 사람이 있어요?』 지영희국악관, 2020
평택시한국근현대음악관 「창가, 근대를 노래하다」 2023
평택시 경기관광공사·평택문화원 「지영희국악관」 2025
평택시 문예관광과 『바람이 머물다 간 그 곳 평택』 2018
평택시 『평택시지』 2025

경기 화성시

경기관광포털(https://ggtour.or.kr)
노중국·권덕영·榼瑾·沙武田·박남수 『동아시아 실크로드와 당성』 화성시·신라사학회, 2017
심승구 「화성 당성의 역사적 가치와 콘텐츠 전략: 고대 항구도시와 교역로의 탐색을 중심으로」 국제문화&예술학회, 4(3):45-56, 2023

이규철『매향리 쿠니사격장: 우수건축자산이야기』건축공간연구원 건축문화자산센터, 2021
이용범「국제도시로서의 경주」역사도시 경주 열화당, 1984
이재언『한국의 섬, 인천시, 경기도』이어도, 2021
이정하 고대 해상 실크로드 관문 화성당성.송도 당진까지 보이는 그곳, 한겨레.
　　　https://www.hani.co.kr/arti/area/capital/1179631.html, 2025
장태우『문무-신라의 새로운 희망』BF북스, 2010, 큰글자도서
조유향『서해랑길 워킹투어』현자, 2024
화성시시편찬위원회『화성시사 5』2020
화성시청 공식블로그(https://blog.naver.com/hsview)
화성시「매향리의 모든 것」E-Book, 2025

경기 안산시

경기도「경기도 둘레길 안내책자」2024
선감역사박물관「선감학원, 국가가 감춘 소년들」지붕없는 박물관(경기에코뮤지엄) 지원사업, 2024
박흥열「국가폭력의 희생자 선감학원 아이들」선감역사박물관·경기만에코뮤지엄, 2024
안산시「안산의 아름다운 비경 대부광산 퇴적암층」안산톡톡, 2024.10 Vol.530
이재언『한국의 섬, 인천시, 경기도』이어도, 2021
이하라 히로미츠『아! 선감도』행림출판사, 1955
장동익『나는 대부도가 좋다』SUN, 2024
장영희『살아온 기적 살아갈 기적』샘터, 2017, 큰글자책
정경훈『대부도 이야기: 이웃이 좋은 동네 보물』좋은 땅, 2021
최건수『선감도 아리랑』생각나눔, 2023

경기 시흥시

시흥시『시흥시오이도박물관 상설전시실 도록』시흥시, 2020
시흥시청 '기석의 시화호, 미래를 여는 물결이 되자'「뷰티풀 시흥」2024. 10. Vol. 256
심용환『세상의 모든 지식이 내 것이 되는 1페이지 한국사 365』빅피시, 2021
전덕재『이슈와 쟁점으로 읽는 한국고대사』역사산책, 2020
한국신석기학회『시흥 오이도유적의 위상과 가치 재조명』시흥오이도박물관, 2018

인천광역시

강성우 『개항기 인천의 문화접변과 시각적 모더니티』 보고사, 2016

고은혜 「배다리 헌책방거리」 인문지도, 인문360, 2024

김명환 『모던 씨크 명랑』 문학동네, 2016

김훈 『허송세월』 나남, 2024

김탁환 『대장 김창수』 돌베개, 2017

대한민국 6·25참전유공자회 「6·25전쟁 그리고 자유와 평화의 소중함을 알자!」 6·25학습지

손장원 『건축가의 엽서』 글누림, 2022

박종인 『땅의 역사』 상상출판, 2021[큰글자책]

어반플레이Urbanplay '차이나타운' 「아는 동네 아는 인천1」 2019

연합이매진 「IMAZINE」 한국최초의 공원 자유공원, 2025. 04

유동현 『시대의 길목 개항장』 글누림, 2016

인천광역시 『2002년도 인천광역시사』 인천광역시, 2023

인천광역시 『2015세계책의 수도인천백서』 인천광역시청 문화예술과, 2016

인천광역시 「굿모닝인천」 2024. 7월호

인천광역시 「인천둘레길」 2024.

인천광역시 미추홀구·문학산역사관 『문학산 역사관』 미추홀구 문화예술과, 2022

장병극 「한국 철도, 근대의 풍경」, 『보보담』 20-43, 통권 35호, 2019

전덕재 『이수와 쟁점으로 읽는 한국 고대사』 역사산책, 2020

조택상 『걸어서 주민 속으로』 바른기록, 2014

한국근대문학관 기획 이연경·문순희·박진한 『인천, 100년의 시간을 걷다』 북멘토, 2021 [큰글자책]

홍명희 『임꺽정』 사계절, 2012, 4판5쇄

황승경 '인천 역사문화의 거리, 차이나타운' 「꿈」, Vol24, 고려대학교의료원, 2024

경기도 김포시

김포시 『김포시지』 김포시, 2024

조성신 '강과 바다로 둘러싸인 필색조 도시 김포' 매일경제;C1, 2023. 7. 12. 수요일

뿌리 깊은 나무 『한국의 발견 경기도』 뿌리 깊은 나무, 네 째 판, 1987

인천 강화군

강민경 『이규보 선생님, 고려시대는 살 만했습니까?』 푸른역사, 2024
江華郡史編纂委員會 『新編 강화사 중 문화와 사상』 증보, 2003
江華郡史編纂委員會 『新編 강화사 하 강화의 현재』 증보, 2003.
강화군·강화문화원, 『강화금석문집』 2006
강화군시설관리공단 「고려궁지」 2025
국가유산청 「국가유산사랑」 2025. 04; vol.245
김혜자 『생애 감사해』 수오서재, 2024, 큰글자책
권순형 『고려사열전』 타임기획, 2007
미추홀구 「미추홀구 테마별 문화관광지도」 2024
박시백 『고려사』 휴머니스트, 2024
박종기 『고려열전』 휴머니스트, 2022[큰글자도서]
박종인 『땅의 역사』 상상출판, 2021[큰글자도서]
스튜어트 브랜드·박근서 옮김 『느림의 지혜』 해냄, 2000
암사동선사우적박물관 「조선 유학과 정신문화를 찾아, 파주」 2025 2차 세계문화유산 답사 자료집, 2025. 5. 22.
유귀자 『새벽빛 스러지면, 詩와에세이, 2025
이재언 『한국의 섬, 인천시, 경기도』 이어도, 2021
이지누 강화도의 돈대, 보보담 2018, 여름(통권 29호)
최용범 『하룻밤에 읽는 한국사』 페이퍼로드, 2021[큰글자도서]
최익현 외·이주명 편역 『원문 사료로 읽는 한국 근대사』 필맥, 2014
한민복 『길들은 다 일가친척이다』 현대문학, 2009
토머스 울프·진형준 『그대 다시는 고향에 가지 못하리 I 』 살림, 2023
토머스 울프·진형준 『그대 다시는 고향에 가지 못하리 II 』 살림, 2023
H. 쥐베르·CH마르탱, 유소연 옮김 『프랑스 군인 쥐베르가 기록한 병인양요』 살림출판사, 2010

궁평항에서 시작되는 서해랑길 입구 데크길-
2코스의 황금해안길은 궁평항-궁평해변-궁평해송림-
궁평관광지- 백미리어촌체험마을-공생염전-
살고지-까치섬을 보며 걷다가 전곡항에 이른다.
서해랑길과 거의 동일한 노선이다.
4개의 길 가운데 오늘 황금해안길을 걷는다.